KB037229

상가·꼬마빌딩 재테크

상가·빌딩 투자는 손오공의 5L2V가 답이다

TEST
당신을 위한 맞춤 문제

아래 질문 중 나에게 해당하는 분야를 골라 답을 찾아보자.

1. 나는 준비된 투자자인가?

좀 더 안정적인 삶을 위해 또는 노후 준비를 위해 재테크에 관심이 많던 차에, 급매물로 나온 상가(꼬마빌딩)가 있다는 공인중개사의 연락을 받았다면, 당신은 이 상가(꼬마빌딩)의 입지조건은 우수한지, 가격은 적정한지를 판단할 수 있는가?

2. 나는 상가분양의 성공은 물론 입주민의 만족도를 극대화할 수 있는 개발자(건설회사·상가개발 및 분양··LH·SH 관계자)인가?

상가(토지) 개발(분양) 관련 일을 하는 당신은 입주할 주민들의 거시동선과 주동선을 미리 파악하고 단지를 구획·설계하여야 상가분양과 상가임대가 성공할 수 있으며, 주민의 편익이 극대화됨을 알고 있는가?

3. 나는 신뢰받을 만한 공인중개사인가?

좋은 상가를 소개해주면 중개수수료를 후하게 지불하겠다는 고객의 의뢰가 있었다. 당신은 매물로 나와 있는 많은 상가 중 좋은 물건들만 신속하게 찾아낼 수 있는가? 그리고 상가의 가치를 높이는 방안까지 조언해줄 수 있는가?

4. 나는 장사가 잘될 목(입지)을 찾을 수 있는 예비 자영업자인가?

(목에 의해 좌우되는 장사라는 가정에서)

장사가 잘될 상가를 하나 얻어 장사하려고 발품을 팔았더니 여러 매물을 소개받을 수 있었다. 당신은 주변의 많은 구매수요가 내 상가를 이용할 수밖에 없고 전체 상가공급량은 아주 적은 그런 입지의 상가를 구별할 수 있는가?

5. 나는 현재의 임대수입을 넘어 건물의 가치를 최대한 끌어올릴 수 있는 건물주인가?

건물주인 당신은 현재 소유한 상가의 임대수입을 늘리고 매도가격까지 올릴 수 있는 방법 다섯 가지를 알고 있는가?

=== 상기 1, 2, 3, 4, 5의 질문에 대한 답을 이 책에 담았다.

손오공	상가·빌딩 투자는 손오공의 5L2V가 답이다	5L2V

- '좋은 입지' 분석법 **5L** 거시동선 상의 입지, 주동선 상의 입지, 좋은 접근성과 가시성, 큰 구매수요, 적은 상가공급
- '좋은 가격' 분석법 **2V** 상가가치 분석법, 상가가치 증대법

서문

"**잠**자는 동안에도 돈이 들어오는 방법을 찾아내지 못한다면 당신은 죽을 때까지 일해야만 할 것이다."라는 워런 버핏의 말이 있다. 100세를 살아야 하는 이 시대에 딱 맞는 말이어서 꽤 공감이 간다. 하지만 모든 명언이 그렇듯이 앞에 달린 조건이 만만하지 않다. 잠자는 동안에도 내 통장에 차곡차곡 잔고가 쌓이는 '마술'을 어떻게 부려야 할까?

이러한 화두는 4포 세대라고 불리는 젊은이들, 아직 내 집 마련을 못한 가장들, 노후준비가 부족한 말년 직장인들에게는 더더욱 절실한 숙제가 된다. 그래서 일확천금을 노리고 비트코인, 리스크가 큰 종목의 주식, 로또 분양권에 매달리기도 한다. 아예 그런 사람이 없으면 모르지만 누군가는 이런 투자로 꽤 큰돈을 벌고 있으니 무작정 말리기도 어렵다. 마음이 급해지면 상식보다는 운을 택하려 하는데 그럴수록 확률이 높은 것에 승부를 걸어야 한다. 워런 버핏의 말을 따른다면 최소한 쥐꼬리만한 월급이라도 아껴서 seed money를 만드는 게 우선이어야 한다. 그리고 그것을 밑천으로 마술을 찾아야 한다.

그러한 마술은 무엇일까? 안정적인 종목의 주식일까? 아무리 우량주라도 매달 황금알을 낳지는 못한다. 아니면 이자? 저금리시대라서 60억은 예금해야 300만원 남짓 나온다. 아파트? 각종 규제로 1주택 외에는 사실상 투자의 대상에서 이미 멀어졌다. 죽을 때까지 입에 풀칠하는 수준이 아니라 여유로운 제2의 인생을 누리게 해 줄 수 있는 뭔가 다른 방법이 필요하다.

상가투자는 많이 알려진 재테크 수단임에도 선뜻 마음이 가지 않는다. 익숙한 분야도 아니고, "잘못 사면 喪家(상갓집) 된다."라는 섬뜩한 말도 떠오른다. 실제로 주변을 둘러보면 장기간 공실로 방치된 상가들이 내 옆에 얼씬도 하지 말라고 손을 내젓는 듯 보인다.

하지만 2006년 이후 주택투자를 시작으로 상가, 토지 등 여러 분야에서 수도 없이 많은 투자를 직접 진행하고 상당한 성과를 낸 필자는 "제대로 된 분석법(5L2V)으로 투자를 진행한다면 상가·꼬마빌딩만큼 안정적인 수입과 수익률 그리고 큰 시세 차익까지 얻을 수 있는 재테크 수단은 없다."라고 자신 있게 말할 수 있다.

상가투자가 어렵고 위험하다고 생각하는 건 그동안 제대로 된 분석법으로 공부할 기회가 없었기 때문이다. 이제 이 책에서 필자가 소개하는 방식을 적용하여 마치 수학문제를 풀어나가듯 일정한 법칙에 따라 상가투자를 진행해 보기 바란다. 물론 주변에서 상가투자 실패로 고통받는 많은 사람을 지켜본 독자들은 필자의 이러한 확신에 대해 당장 이렇게 반문할지 모르겠다. "도대체 이처럼 복잡한 사회 속에서 어떻게 그런 법칙이 존재한다는 말인가?"라고.

그 물음에 대한 답을 이 책에 담았다.
이 책은 기존의 상가투자 서적에서는 찾아볼 수 없는 새로운 개념을 토대로 100전 100승 할 수 있는 실전 상가투자성공법칙(5L2V)을 제공한다. 새로운 개념이란 필자가 실전경험에서 얻은 깨달음을 체계적으로 이론화한 것으로서 이를 제대로 습득한다면, 상가입지 및 상가가치분석, 상권분석에 관한 한 새로운 開眼을 이루게 될 거라 확신한다.

또한 필자가 통찰하고 있는 상가분석의 본질은 단순히 상가투자에 국한된 게 아니라 상가입지, 상권개발 그리고 신도시 입지선정에 이르기까지 많은 분야를 아우르고 있어서 이와 관련된 전문가(투자자·공인중개사·건물주·개발업자·분양업자·LH·SH·국토부관계자 등)들에게도 직·간접적으로 많은 도움을 줄 수 있다.

끝으로 책을 내는데 큰 도움이 되어 준 상호와 창곤, 좋은 자료를 사용할 수 있게 도와주신 여러 회사(다음 지도, 네이버 지도, 하우빌드, 디스코, 벨류맵, 굿옥션 등), 상가(토지) 실력을 다질 수 있게 평소 좋은 글과 강의를 선사해 주신 강사 혹은 책의 저자(김장섭님, 최원철님, 김종율님, 안요셉님, 안수현님, 송희성님, 이주왕님, 윤세영님, 강공석님, 황성환님, 김용남님 등), 여러모로 도움을 주신 네이버 대표 재테크 카페 '월급쟁이부자들' 운영진 여러분(너바나님, 너나위님, 코크드림님, 양파링님 등), 글자 한자까지 꼼꼼히 마무리해 주신 '도서출판 북마을', 무엇보다 책을 낼 때마다 자기 일보다 더 신경 써 주는 진정한 친구 류원선과 내 인생 행복의 원천인 우리 가족에게 특히 고맙다는 말을 전하고 싶다.

이 책의 새로운 점

이 책은 다음과 같은 점을 새로이 혹은 강조하여 싣고 있다.

첫째, 상가투자의 성패를 가르는 '좋은 입지'와 '좋은 가격(싼 가격)'의
 기준을 제시하였다.

"좋은 입지를, 좋은 가격에 사라."는 말은 매우 당연한 이야기로 들
리겠지만, 어디가 '좋은 입지'이고 얼마가 '좋은 가격'인지를 판별할
수 있는 눈과 기준이 없다면 이는 결코 쉬운 명제가 아니다.

필자가 제시하는 신개념의 '좋은 입지'란 ①거시동선에 순응하는 입
지, ②주동선 상의 입지, ③우수한 접근성 및 가시성, ④큰 구매수요,
⑤적은 상가공급 등 다섯 가지 요소를 충족하는 경우이다. 그리고
'좋은 가격'이란 현재 싼 가격 혹은 미래 대비 싼 가격을 의미한다.
아무리 좋은 상가라도 비싸게 산다면 사지 않는 것만 못하다. 그래
서 '좋은 입지'를 판별하는 능력 못지않게 '좋은 가격(싼 가격)' 여부를
평가하는 능력 또한 매우 중요하다. 하지만 시중에서 상가의 가치평
가에 대해 제대로 설명하는 책을 본 기억이 없다.

필자는 이 책에서 '좋은 가격인지, 아닌지'를 판별할 수 있는 상가가
치 분석법은 물론 상가 구입 후 '상가가치를 상승시키는 방법 5가지
(리모델링, 용도변경, 접근성과 가시성 개선, 자투리땅 활용, 건축설계)까지 상세
하게 기술하였다. 또한 상가가치를 증대시키면 매매가격이 어떻게,

그리고 얼마나 급등하는지도 사례를 들어 자세히 설명했다. 특히 상가건물의 가치는 사실상 건축 설계단계에서 결정되며 이후에는 바꾸기가 거의 불가능하므로 설계하기 전 상가가치의 관점에서 충분한 검토가 이루어져야 함을 강조하였다.

둘째, 주동선 분석의 한계를 극복할 수 있는 '거시동선'이라는 신개념을 제시하고, 이를 상가입지와 상권분석에 적용하였다.

인구의 이동이 상가입지와 상권에 미치는 영향력이 결정적임을 모르는 사람은 없다. 그런데 그간 대부분의 투자자는 물론 전문가조차 거시동선(가령 집에서 직장으로의 이동)은 배제한 채 인구의 이동을 미시적인 관점(특히 주동선 분석)에서만 다뤄 왔다는 사실을 아는 사람은 거의 없을 듯하다. 필자 역시 거시동선 분석의 필요성을 깨달았을 때 "설마 이 개념을 내가 처음 생각한 것일까?" 하는 의문이 들 정도였다.

마치 우리가 숨 쉬는 걸 의식하지 않고 살듯이 너무도 당연해서 잊고 있던 그런 개념이다. 하지만 사고란 방심에서 일어난다. 필자가 이 책에서 거시동선의 중요성을 역설하는 이유도 이를 염두에 두지 않으면 얼마나 심각한 문제들이 발생하는지를 잘 알기 때문이다.

① 거시동선을 고려하지 않은 채 신도시를 개발할 경우 자원이 어떻게 낭비되고 주민의 불편은 얼마만큼 커지는지를 아래의 사례에서 입증하였다.
  ▶ 파주 운정 신도시 운정역 이용이 저조한 이유는?

▶ 하남 신도시 미사역의 최적 위치는?

② 거시동선 분석이 전제되지 않은 주동선 분석은 왜 불완전할 수밖에 없는지를 아래의 사례에서 심도 있게 다루었다.
　▶ 세종시 제일풍경채 아파트 버스 정거장 설치 최적 장소는?

③ 거시동선 분석이 이루어지는 경우, '해당 지구에서 최고의 상가입지는 어떻게 결정되는지' 그리고 '아파트 단지내 상가동이 들어설 최적의 입지는 어떻게 결정되는지'에 대해 아래의 사례를 들어 설명하였다.
　▶ 남양주 도농지구 부영그린타운 아파트단지의 최고의 상가입지 관련 사례
　▶ 부천 목련마을 상록아파트 상가동의 최적입지 관련 사례

무엇보다 근린상가, 단지내상가를 개발(분양·투자·중개)하려는 분, 신도시나 대규모 택지를 개발(분양)하려는 분들만큼은 반드시 이 책을 통해 거시동선의 중요성을 인지하고 사업수행 시 이를 적용할 수 있기 바란다. 그래야만 사전에 큰 손해를 예방하고 이익을 극대화할 수 있다.

셋째, 빈틈없이 상권(상가입지)을 분석할 수 있는 강력한 무기(도구) 몇 가지를 제시하였다.

실패의 확률이 제로에 수렴할 수 있도록 심혈을 기울여 다음과 같은 점을 새로이 제시하거나 강조하여 설명하였다.

① 업무시설 내 구매수요의 크기를 측정할 수 있도록 '오피스빌딩(업무시설) 내 근무자수 간단 산출법'을 제시하였다.

② 지도 상의 면적만으로 구매수요 크기를 측정하는 경우 오류가 발생할 수 있음을 낙성대역 상권과 명동역 상권의 크기 비교를 통해 입증하였으며, 사용 시 유의점을 설명하였다.

③ 상가 배후에 똑같이 2,000세대가 있더라도 한 곳은 장사가 잘 되고, 다른 곳은 파리를 날릴 수 있다. 그 원인 중 한 가지가 '구매수요의 결집과 분산현상'임을 논리적으로 정립하였다. 이 개념은 특히 근린상가 혹은 단지내상가의 입지분석과 관련해 큰 의미가 있다.

④ 주변에 상가공급이 많으면 매출 신장에 한계가 있으므로 주변 상가공급량을 분석해야 하지만 그간 상가공급 측면을 분석하는데 도움이 될 만한 책이 없었다. 따라서 일일이 건축물대장을 확인할 수밖에 없었는데, 이러한 답답한 현실을 감안해 지도 상에서 쉽게 상가 공급면적을 구할 수 있는 간단계산법을 제시하였다.

⑤ 구매수요가 많고 주변 상가공급이 적어도 장사가 안 되는 이유를 구매수요와 상가공급의 단절 사례로 설명하였다. 또한 출입구와 횡단보도가 구매수요와 상가공급을 이어주는 핵심 매개체가 됨을 강조하였다.

⑥ 실전성을 높이기 위해 마곡지구 C-12구역의 층별 상가분양가 비율분석, 여의도 지역 사무실 임대료 현황, 그리고 상가주택의 실제 평균 건축비를 소개하였다.

⑦ '인구유출입시설' 특히 '대규모 인구유출입시설'(예 : 강남역)이란 신개념을 고안하여 이들이 동선 형성이나 상가입지, 상권분석에서 얼마나 중요한 역할을 하는지 설명하였다. 또한 상가입지와 상권형성의 기반이 되는 동선에 대해 보다 심층적으로 분석·서술하였다.

넷째, 상가 공실발생의 원인을 보다 심층적으로 분석하였다.

상가투자는 공실과의 싸움이기도 하다. 필승의 첫 관문은 적을 정확히 아는 것이다. 그래서 기존의 책처럼 상가 공급과다나 안 좋은 입지라는 일반론으로 공실의 문제를 가볍게 넘기지 않았다. 필자는 공실의 원인을 12가지로 세분화하여 논리적으로 분석하였다. 원인을 잘못 짚으면 잘못된 방법을 찾을 수 있으므로 더 각별한 정성을 기울였다. 일례로 많은 상가 전문가들이 위례 신도시 중심상가와 헬리오시티 단지내상가의 공실발생 원인을 단순히 '상가의 과다공급' 문제로 보고 있으나, 필자는 이 책에서 그 원인과 해결책을 다르게 제시한다.

위례 신도시는 '층 위계구조의 파괴(1층 상가의 과다공급)'에 의해, 헬리오시티는 '상가가치적 측면(지나친 고분양가)'에 의해 발생된 문제로 본다.

다섯째, 100전 100승 할 수 있는 상가투자 성공비법을 제시하였다.

필자의 상가투자 성공사례를 토대로 수립된 손오공의 상가투자 성공법칙(5L2V)을 만들어 제시함으로써 실전 상가투자에서 누구나 실패없이 성공할 수 있는 길을 열었다.

힘들게 사시던 부모님은 1973년 5월 인천 외곽의 아주 허름하지만 대지는 넓은 상가주택(사진 상의 건축 중인 건물 부근으로 예전에는 대부분 나대지였음)을 싸게 사서 개량하여 일부는 주택으로, 일부는 상가로 임대를 놓기 시작하셨고, 매달 월세수입을 얻으며 10년 이상 보유한 후 상당한 시세차익을 얻고 매각하셨다. 이 물건을 매각하기 직전 싸게 나와 있던 다른 상가건물을 미리 구입해 놓으셨고 이후에도 비슷한 투자 패턴을 이어 가셨다. 부모님은 1973년 상가임대를 시작한 이후 IMF 사태, 리먼브라더스 사태 등 경제위기 상황을 수차례 겪었으나, 별 탈 없이 2021년 현재까지 거의 하루도 빠진 날 없이 지금도 상가임대를 하고 계시다.(일정 이상의 상가는 경제 위기에도 상당히 안전한 자산이며 마르지 않는 화수분이므로 상당한 시세차익이 생기지 않는 한 매도할 이유가 별로 없다. 반면 안 좋은 입지의 상가는 인생을 망치는 지름길이다.)

큰 부자는 아니셔서 아주 좋은 입지의 상가를 사신 적은 거의 없고 항상 그냥저냥 한 상가를 매입하여 임대를 놓으셨기 때문에, "이 정도의 입지는 임대 때문에 고생하는구나, 이 정도면 별문제가 없구나." 하는 상가입지 보는 법과 상가가치 판별법을 36년이라는 긴 시간 동안 부모님 곁에서 자연히 체득한 것 같다. 상가투자의 성공은 상가 법규를 마스터하는 것과는 큰 상관이 없다는 것도, 건물주가 상가입지를 보는 시각과 임차인이 보는 시각이 다를 수 있다는 것도, 실전 상가투자는 상가 이론과는 많이 다르다는 것도 절로 알게 된 것 같다.

13년간의 수많은 실전 상가투자에서 필자가 단 한 번의 실수 없이 나름 성공할 수 있었던 것, 그리고 다른 투자에 비해 상가투자는 너무 쉽다고 생각하는 것은 어린 시절부터 상가에 대해 자연히 체득할 수 있는 토대를 만들어 주신 부모님 덕분이라고 생각한다. 다시 한번 감사드린다.

〈1973년 5월 부모님이 처음으로 구입했던 상가주택자리 부근으로 당시에는 주로 나대지였다.〉

참고 1) 이 책에서 상가라 함은 상가·상가건물·상가주택·꼬마빌딩 등을 말한다.
　　2) 안내문 : 글 작성의 편의를 위해 다소 딱딱하고 거칠 수 있는 ' ~한다, ~이다'식으로 문장을 쓰고 있으니, 독자들이 너그럽게 이해해 주기 바란다.

차 례

| 손오공 | 상가·빌딩 투자는 손오공의 5L2V가 답이다 | 5L2V |

- '좋은 입지' 분석법 **5L** 거시동선 상의 입지, 주동선 상의 입지,
  좋은 접근성과 가시성, 큰 구매수요, 적은 상가공급
- '좋은 가격' 분석법 **2V** 상가가치 분석법, 상가가치 증대법

1부

상가·꼬마빌딩
투자 입문

1장

상가·빌딩 투자의 지름길을 제시하다

01

발품을 그리 팔고도
실패했다고?

학창시절, 한 친구가 떠오른다.

  그 친구는 항상 책을 끼고 살며 누구보다 열심히 공부했지만 시험결과는 늘 좋지 않았다. 집중력이 떨어져서일까? 아니면 머리가 안 좋은가? 등등 그 이유를 궁금하게 여기던 차에 우연히 밑줄이 빼곡하게 그어진 그 친구의 참고서를 보고 나서야 그 답을 알 수 있었다. 무엇을 중점적으로 공부해야 하는지를 모르고 모든 내용을 외우려 하니 당연히 버거울 수밖에.

  종종 발품을 많이 들여서 상가를 매입했는데도 실패했다고 푸념하는 사람들을 볼 때마다 그 친구가 생각난다. 발품을 많이 들이고도 실패하는 이유 역시 마찬가지다. 애초에 접근방법부터 잘못되었으니 성공 가능성이 높을 리가 없다. 낚시를 잘하려면 물고기가 살만한 포인트를 잘 찾아, 물고기가 올라오는 타이밍에 맞춰, 물고기 특성에 맞는 미끼와 낚시 장비를 사용해야 한다. 상가투자도 똑같다. 상가투자를 잘하려면 상가입지 보는 법과 상가 가치 분석법에 대해 제대로 알아야 한다.

그런데 현실은 어떨까?

그간 시중에 출간된 상가 책의 대부분은 주로 상가중개에 필요한 내용 위주로 구성되어 있어서 상가투자와는 크게 관련 없는 중개분야 위주로 공부할 수밖에 없었다. 10년을 공부해도 상가입지와 상가가치에 관해서는 초보와 크게 다를 게 없었던 이유가 여기에 있다. 상가중개 분야도 분명 알아두면 좋은 내용이기는 하나, 이는 중개업에 종사하시는 분들에게 특히 필요한 부문이고 상가투자자에게는 상가입지, 상권분석, 상가공급, 상가가치평가 분야가 훨씬 더 중요하고 필요한 부문이다.

최근에 상가입지와 상권분석에 관련된 좋은 책이 소개되어 주동선과 유효수요(배후수요, 구매수요)분야에서 많은 진척을 보여주었다. 아쉬운 점은 구매수요의 거시적 이동 흐름(거시동선)과 상가공급, 상가가치평가와 가치증대에 대해서는 제대로 분석한 책을 아직도 찾기 힘들다는 것이다. 필자가 이 책을 출간하게 된 가장 큰 이유가 바로 이 점이다.

올바른 상가투자법칙을 모르고서는 아무리 많은 시간과 노력을 기울여도 성공할 수 없는 게 상가투자이므로 필자의 실전경험에서 검증된 모든 노하우를 빠짐없이 이 책에 담고자 노력했다. 특히 기존의 책에서는 쉽게 찾아볼 수 없는 거시동선을 포함한 상가입지 분석기법, 상가가치평가와 상가가치 증대방법 그리고 상가공급 분야까지 상세하게 설명하였다. 이 책을 읽고 상가 '입지'와 '가치'를 보는 눈이 뜨인다면 아마도 전처럼 발품을 많이 파는 수고를 들이지 않고도 좋은 상가를 쉽게 고를 수 있으리라 생각한다.

02

당신의 재테크는
행복한가?

마음까지 편한 재테크

서문에서 언급했던 워런 버핏의 말, "잠자는 동안에도 돈이 들어오는 방법을 찾아내지 못한다면 당신은 죽을 때까지 일해야만 할 것이다."를 조금 더 풀어서 생각해 보자. 이 말속의 '잠자는 동안'이란 단지 '무노동'을 의미하는 것일까? 필자는 그렇게 보지 않는다. 이 어구에는 '무노동' 외에 '숙면'이라는 의미가 담겨야 한다. 나이가 들면 노동력과 노동기회를 상실하니 '노동 없는 수입원'이 필요한 게 당연하지만 그것을 위해서 늘 신경을 쓰며 선잠을 자야 한다면 그건 진정한 잠이 될 수 없기 때문이다. 우리가 바라는 건 행복한 삶이지 돈 그 자체가 아니다. 큰돈을 벌면서도 늘 불안하다면 그건 반쪽의 행복일 뿐이다. 숙면을 취하면서 돈 버는 방법을 찾아야 한다.

대표적 재테크 수단으로 주식과 주택(아파트)투자가 있다.

그중 주식은 아주 많은 돈을 벌 수도 있는 방법이지만 원금을 날릴 수 있는 부담이 있다. 게다가 매입·매도 타이밍을 놓치지 않으려 조마조마한 마음을 안고 살아야 한다. 후하게 점수를 줘서 늘 돈을 번다고 가정하더라도 숙면은 절대 취할 수 없는 방법이다.

약 십 년간 광풍을 일으킨 주택(아파트)투자 역시 시기를 잘 만나면 큰 매매차익을 얻을 수 있는 장점이 있지만 매도하지 않으면 수입이 없는 큰 단점이 있다. 시쳇말로 '부동산 거지'라는 말이 나온 이유다. 실제로 내 지인도 100억 부자(현재 아파트 몇 채, 토지, 주식 소유)인데 늘 먹고 살 걱정을 한다. 매달 일정하게 들어오는 수입이 없다보니 항상 돈 걱정이란다. 100억 부자가 생계비 걱정을 한다면 모두들 믿지 못하겠지만 사실이다. 게다가 주택은 규제가 강화되어 보유비용도 만만치 않고 1가구 1주택 외에는 양도세등 세금 폭탄까지 맞아야 해서 장기간 보유하면 오히려 손해를 볼 수도 있다. 솔직히 당분간 투자대상이 될 수 있을지 모르겠다.

그 밖에 요즘 식지 않는 열기를 보이는 비트코인이 있다. 이를 일확천금을 벌 기회로 보는 사람들도 있는데 문제는 아직 검증이 안 된 상품이라는 점이다. 그래서 항상 긴장감을 달고 살아야 한다. 한마디로 무늬는 '무노동', 실제론 '불면'이 될 수 있는 투자상품이라고 본다.

그렇다면 숙면을 취하면서 돈을 벌 방법, 다달이 안정적인 수입을 받으면서 원금도 보전할 수 있는 그런 상품은 무엇일까?

현재로서는 예금과 상가·꼬마빌딩 재테크밖에 없다고 본다. 그런데 예금의 경우 초저금리시대라서 60억을 예치해야 월 300만원 정도의 이자가 나오니 어지간한 부자가 아니라면 다리를 뻗고 잘 만큼의 수입원이 될 수 없다. 60억? 말이 쉽다.

숙면하면서 돈이 들어오게 하는 방법은 '상가·빌딩 재테크'뿐이다.

두 마리 토끼(안정성, 고수익성)를 모두 잡는 재테크를 찾아라

투자가 예금과 다른 가장 큰 차이점은 불확실성이다. 정해진 이자도 원금 보전에 대한 언약도 없는 게 투자다. 대신 'high risk high return'의 원칙에 따라 성공 시 큰 수익을 얻을 수 있는 게 투자다. 그런데 만일 예금과 투자의 장점 즉 안정성과 고수익성을 모두 가진 투자상품이 있다면 이를 믿을 수 있겠는가?

바로 그러한 투자상품이 상가다. 좋은 상가는 안정적인 고수익(월세)을 보장하는 동시에 미래의 손익까지 예측할 수 있는 최고의 부동산 투자상품이다. 주택이나 토지와 달리 본질적으로 수익형 상품이란 점에서 이 모든 게 가능하다. 즉 기본적인 수익(월세)이 보장될 뿐만 아니라 현재의 월세(혹은 가치증대를 통해 얻게 될 월세)를 기초로 수익률만 계산하면,

①매입할 만한 가치가 있는가? ②얼마에 매입할 것인가? ③향후 얼마에 매도할 것인가?

라는 핵심 문제 모두를 해결할 수 있다는 장점을 가지고 있다.

이 말에 의구심이 들겠지만 경험이 축적될수록 정말 상가만큼 다른 투자상품과는 비교할 수 없을 정도로 쉽고 안정적인 투자대상은 없을 거라 느낄 것이다.

'어떻게' 상가·빌딩 투자를 해야 하는가?

모든 분야가 그렇듯이 알려고 하면 끝이 없이 알게 많지만 상가투자의 성패는 잡다하게 많이 알기보다는, 핵심 요소를 놓치지 않는 게 무엇보다 중요하다. 매입단계에서의 핵심 조건 즉 "좋은 입지의 상가를, 좋은 가격(싼 가

격)에 매입하라."라는 매우 상식적인 이치만 지키면 필승할 수 있다. 대부분 너무도 당연한 소리라며 코웃음 치겠지만 상가투자 시 가장 흔한 실패의 원인이 이 명제를 소홀히 여긴 탓에 있다.

뒤에서 더 자세히 설명하겠지만 간략히 말해 '좋은 입지의 상가'란 5가지 조건(거시동선 상에 있는 입지, 주동선 상에 있는 입지, 접근성과 가시성이 좋은 입지, 주변에 구매 수요가 많은 입지, 주변 상가공급이 적은 입지)에 부합하는 물건이다. 그리고 '좋은 가격'이란 '현재의 상가가치보다 싼 가격 혹은 미래가치 대비 싼 가격'을 의미한다.

특히 가장 흔한 실패의 원인은 상가가치를 제대로 판단하지 못한 데서 나온다. 아무리 좋은 입지의 상가라도 비싸게 산다면 아무 소용이 없다. 헬리오시티 단지내상가가 그 좋은 예이다. 좋은 입지의 상가를 좋은 가격 즉 싸게 사야 한다. 필자가 그간 수많은 상가투자에서 단 한 번도 실패한 적 없이 언제나 은행이자 몇 배 이상 또는 수십 배의 월세수입을 얻고 큰 매도차익까지 얻었던 이유는 이 명제를 늘 지켰기 때문이다.

매입(혹은 입찰)단계에서 입지 혹은 가치에 대한 판단이 힘들어 투자 여부에 대한 확신이 들지 않으면 어떻게 해야 할까? 상가는 주택(특히 아파트)에 비해 투자가 잘못됐을 때 훨씬 더 큰 손실을 입게 될 수밖에 없어서 반드시 안 좋은 상황이 올 수도 있음을 염두에 두고 대비책을 마련해야 한다. 즉 싸게 사야 한다. 그래야만 혹시 상황이 안 좋게 꼬여도 손해가 거의 없고, 있더라도 충분히 감내할 수 있다. 여유 있게 기다리다 보면 이후 상황이 좋아져 어느 정도의 이익이 발생할 수 있다.

한 가지 문제라면 이렇게 싸게 살 수 있는 물건이 많지 않다는 것이다. 상가는 부자의 투자대상 물건이어서 주택만큼 회전이 빠르지 않다. 특히 좋은 입지의 상가라면 더욱더 매도할 이유가 없어 장기 보유하려고 한다. 그러니 물건의 잠김현상이 심하여 매물이 부족할 수밖에 없다. 투자는 남기려고 하는 것이지 매입의 기쁨을 느끼려고 하는 게 아니다. "산다면 반드시 남긴다."라는 명제를 지켜야 한다. 1년에 단 한 건, 아니 몇 년에 한 건만 성공해도 인생이 훨씬 편해지는 게 상가투자이다. 반면 실패하면 인생이 망가질 수 있음을 꼭 기억하자.

기회를 놓치지 않고 좋은 상가를 얻고 싶다면 이 책을 통해 평소 상가입지 보는 눈과 상가가치 판단하는 기준에 대해 꾸준히 공부하기를 바란다. 좋은 상가를 얻으면 일생이 편해질 수 있다.

- 필자의 경험상 환산임대료가 1층 기준 전용평당 10만원 미만의 상가는 취급하지 않는 것이 좋다. 공실 위험성이 너무 높고 공실이 아니어도 상가임대인은 항상 을의 입장에 설 가능성이 높다. 전용평당 10만원 이상이 되어야 상가라고 할 수 있으며, 임대인 입장에서는 전용평당 임대료가 높을수록 수월한 입장에서 계약을 체결할 수 있음을 기억해라.

- 실패하지 않으려면 투자대상 물건의 범위를 좁혀라. 눈에 상가로 보인다고 다 상가라고 생각하면 오산이다. 특히 경매물건으로 나온 상가는 거의 대부분 투자가치가 없으므로, 사실 투자대상으로 삼을 만한 물건은 1% 이하이니, 감정가에서 좀 떨어졌다고, 많이 싸 보인다고 잘 샀다고 생각하는 것은 큰 오산이다. 상가의 경우 감정가가 주는 환상에 혹하다간 인생 종 친다. 일반 매물도 공인중개사무소에 나와 있는 물건 100개 중 한 개 정도만 입지와 가치적 측면에서 매력 있는 것으로 보면 크게 틀리지 않을 듯하다.

- 상가중개의 경우에는 전 분야에서 박사가 돼야 하지만, 상가투자는 위에서 말한 필승조건 특히 매입단계에서의 핵심 조건 2가지(세부적으론 6가지)만 완성하면 성공할 수 있다.

100세 시대를 대비하는 재테크, 무엇을 선택해야 하는가?

초고령화시대의 도래

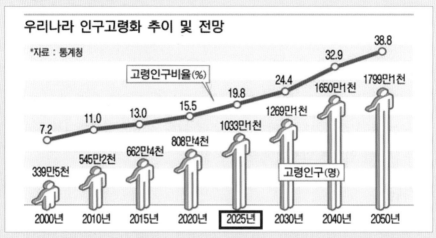

우리나라 인구고령화 추이 및 전망

*자료 : 통계청

고령인구비율(%)

7.2 11.0 13.0 15.5 19.8 24.4 32.9 38.8

339만5천 545만2천 662만4천 808만4천 1033만1천 1269만1천 1650만1천 1799만1천

고령인구(명)

2000년 2010년 2015년 2020년 2025년 2030년 2040년 2050년

우리나라는 불과 4년 후인 2025년에 65세 이상 인구가 20%를 넘는 초고령사회로 접어든다고 한다. 먼 나라 일로만 들렸던 이야기가 바로 코앞에 다가온 것이다. 그렇다면 이처럼 급속하게 진행되는 고령화를 맞아서 우리는 무엇을 대비해야 할까? 국가가 감당해야 할 재정과 복지문제는 논외로 하고 개인으로서 나는 무엇을 준비해야 할까? 아마도 길게 따질 것도 없이 노후생활을 영위할 수 있는 경제력을 제1순위로 꼽을 것이다. 그런데 통계자료를 보면 우리가 노후를 대비하여 갖춰야 할 경제력의 수준은 녹록하지 않다.

국민연금공단에서 발표한 자료에 따르면 2020년 기준 서울에서 생활하는 50대 부부의 적정 노후생활비는 월 319만원인데 문제는 평균수명이 82세(WHO 기준), 은퇴하는 평균 연령이 50세이므로 무려 32년간을 수입 없이 살아야 한다는 데 있다. 귀촌이나 모기지론을 거론하는 사람도 있는데 필자의 경험상 100억을 가진 사람도 원금이 줄면 불안해지고 스트레스를 받기 때문에 좋은 방법은 아니다. 원금을 깨지 않는 수입이 있어야 한다.

2020년 기준 중고령자 인구 특성별 주관적 노후 필요생활비 수준

(단위 : 만원/월)

구분		최소 노후 생활비		적정 노후 생활비	
		부부기준	개인기준	부부기준	개인기준
전체		194.7	116.6	267.8	164.5
성별	남	201.1	120.7	276.1	169.8
	여	190.2	113.7	261.8	160.7
연령	50대	215.4	129.7	296.1	182.3
	60대	199.3	118.4	275.4	167.3
	70대	172.4	104.2	235.5	146.8
	80대 이상	155.2	91.3	213.5	130.3
거주지역	서울	224.4	137.3	319.1	194.8
	광역시	193.1	108.3	265.7	151.6
	도	186.0	113.8	252.3	160.6

자료 : 국민연금공단 국민연금연구원 「국민노후보장패널 8차 조사」

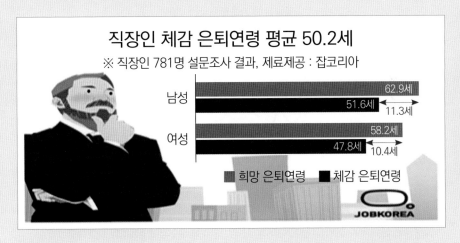

월급 대체수단, 무엇이 가장 좋을까?

월급처럼 매월 고정적으로 나오는 대표적인 수입은 이자와 월세다. 이 중 어느 것이 더 가성비가 좋은지 비교해 보자.

얼마를 예금해야 월 319만원 이상의 이자소득을 받을 수 있을까?

2020년 9월 현재 저축성 수신금리는 0.81%다. 1억원을 예금하면 월 6만 7,500원의 이자가 나오는 수준인데 이마저도 이자과세(15.4%)를 제하면 손에 쥐는 건 5만 7,000원에 그친다. 즉 56억원을 넣어두어야 월 319만원의 이자수입을 받아 부부 적정 생계비(서울 기준)를 간신히 충당할 수 있다는 의미이다.

예금 이자수입(2020년 9월 현재 금리 기준)

(단위 : 천원)

은행예금		1억원	8억원	12억원	56억원	100억원
연간은행이자수입		810	6,480	9,720	45,360	81,000
월기준	은행이자수입	67	540	810	3,780	6,750
	이자과세(15.4%)	10	83	125	582	1,040
	은행이자순수입	57	457	685	3,198	5,710

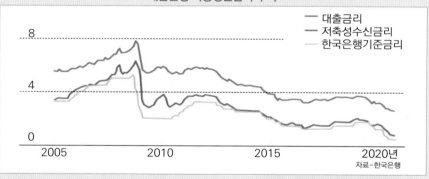

예금은행 가중평균금리 추이

자료-한국은행

그렇다면 얼마짜리 상가를 구매해야 월 319만원의 월세수입을 받을 수 있을까?

상가주택(혹은 꼬마빌딩)과 일반상가는 매매수익률에서 차이가 나므로 두 가지로 나눠 살펴보자. 상가주택이나 꼬마빌딩 등에 투자 시, 강남처럼 최고의 입지가 아니라면 임대수익률이 연 4% 정도 되는 경우가 많다. 이를 적용하여 12억원을 상가주택이나 꼬마빌딩 등에 투자하면 월 임대수입은 400만원, 세금(약 20%)을 제외한 순 임대수입은 약 320만원이 나온다. 즉 서울에서 생활할 부부의 적정 생계비가 해결될 가능성이 높다.

꼬마빌딩이나 상가주택, 상가건물과 같은 통건물에 투자 시 임대수입 (수익율 4% 기준)

(단위 : 천원)

매입가격		1억원	8억원	12억원	56억원	100억원
연간임대수입		4,000	32,000	48,000	224,000	400,000
월기준	임대수입	333	2,666	4,000	18,666	33,333
	세금(20%)	67	533	800	3,733	6,666
	임대순수입	266	2,133	3,200	14,933	26,667

1) 세금은 사람마다 차이가 크므로 편의상 일률적으로 20%를 적용한다.
2) 수익률은 입지, 지역, 층, 임차인의 업종, 이자율, 통건물 여부, 경제상황 등 여러 변수에 의해 차이가 난다
3) 꼬마빌딩 같은 통건물의 경우 그렇지 않은 경우보다 수익률이 낮은데, 강남이나 입지가 매우 좋은 곳은 2~3% 정도, 그 이외의 경우는 4% 정도 될 듯하며 이는 여러 변수에 의해 차이가 있음을 유의해야 한다.

용어해설 수익률 = (월임대료 × 12개월) ÷ (매매가 − 보증금)

반면 일반상가의 경우는 약 8억원 정도면 부부의 적정 생계비가 해결될 가능성이 높다. 일반상가는 상가주택이나 꼬마빌딩같은 통건물에 비해 임대수익률이 높은 게 일반적이다. 따라서 수익률 6%를 적용하면 8억원을 일반상가에 투자 시 월 임대수입은 400만원, 세금을 제외한 순 임대수입은 약 320만원이 된다.

일반상가에 투자 시 임대수입 (수익률 6% 기준)

(단위 : 천원)

매입가격		1억원	8억원	12억원	56억원	100억원
연간임대수입		6,000	48,000	72,000	336,000	600,000
월기준	임대수입	500	4,000	6,000	28,000	50,000
	세금(20%)	100	800	1,200	5,600	10,000
	임대순수입	400	3,200	4,800	22,400	40,000

1) 나중에 설명할 수도권 핵심 전철역 출입구 부근 괜찮은 입지의 상가수익률이 현재 6% 정도라고 하니, 이에 따라 계산한다.
2) 세금은 사람마다 차이가 크므로 편의상 일률적으로 20%를 적용한다.

은행 예금으로 서울에 사는 노후 부부의 적정 생계비를 해결하려면, 56억원이 필요한 반면, 상가건물은 12억원, 일반상가는 8억원 정도면 해결 가능하므로 제대로 된 상가를 고를 수만 있다면 두말할 필요 없이 무조건 상가에 투자해야 한다. 게다가 입지가 괜찮은 수익형 부동산은 자산 가치가 상승함이 일반적이라 큰 매매차익을 얻을 수 있는 또 다른 장점까지 갖고 있다.(현실에 있어서는 수익형 부동산 매입 시 대출을 받으므로 실투입금 대비 수익률이 위에서 제시한 4~6%보다 훨씬 높은 경우가 많다.)

이 정도면 여러분 모두 답을 찾았으리라 본다. 재벌이 아니라면 안정적 월세수입과 큰 시세차익까지 기대할 수 있는 상가(일반상가·상가주택·꼬마빌딩)를 택해야 하는 게 당연하다. 다만 시장에 나와 있는 많은 상가 중에서 문제가 안 생길 제대로 된 상가를 고를 수 있는 안목이 필요할 뿐이다.

수익률은 은행금리, 입지, 지역, 층, 임차인 영업업종, 통건물 여부, 경제상황, 매도인 성향, 제정여건, 위험성향, 개발기대감 등 여러 요인에 따라 차이가 난다. 층이 올라갈수록 수익률을 많이 주어야 매도가 가능하고 지하는 더 많이 주어야 한다. 이 책의 제3부 1장 심화편에 나오는 '강남역 앞 1층 10평, 시골 지하층 100평, 임대료가 같다면 매매가도 같을까?'를 읽어보기 바란다.

2015년 1월 6일 서울시 서초구 서초동의 대형 아파트에서 실직 가장에 의해 온 가족이 살해당하는 참변이 발생한다. 범인인 가장은 전형적인 엘리트코스를 밟아온 온순한 사람으로, 가족관계도 아주 화목했다고 한다. 2009년경 외국계 건축설계 소프트웨어 회사에서 회계 및 재무파트 상무직으로 근무하다 퇴사하면서 재취업에 어려움을 겪게 된다. 이후 매달 생활비는 필요한데, 벌기는커녕 오히려 주식투자로 2억 7천만원을 날려 미래에 대한 불안감에 휩싸여 자살하기로 결심한다. 그런데 자신만 죽으면 아내와 두 딸들도 불행해질 거라고 생각해 일가족을 살해하게 된다.

사건 발생 후 밝혀진 바에 따르면 채무를 다 변제하고도 약 10억 정도의 순재산을 가진 것으로 조사되었다.(대출금 5억인 서초동의 146㎡ 대형 아파트, 본인 소유 현금 1억 3천만원, 아내 통장 잔고 2억원)

약 10억을 가지고 있는데도 왜 이런 끔찍한 일을 벌였을까?

자신이 가진 10억원으로 일반적인 상가·빌딩 투자만 하였어도 한달 500만원의 월세수입(수익률 6%)을 실현하는 게 충분히 가능(대출을 받아 조금 더 큰 상가투자를 하면 대출이자를 제외하고도 약 7~800만원 이상의 월세 수입도 가능)하다는 걸 알았다면 과연,,,

참으로 안타까운 이야기이다.

초고령화, 팬데믹 시대에도
살아남는 상가입지는?

팬데믹 시대의 동선변화

　팬데믹(전염병 대유행) 상황에 의한 재택근무로 집과 직장을 잇던 동선은 아예 사라지거나 줄어들고 집을 축으로 하는 점의 동선만 현상 유지된다. 따라서 집 부근의 상가는 그나마 영업 유지가 되지만 집과 직장이라는 두 축을 양 끝단으로 이어온 무수히 많은 동선 상의 중심상가나 유흥상가 등은 당연히 영업이 안 될 수밖에 없다.

〈코로나 시대의 동선〉

동선 변화에 따른 상가입지, 상권의 움직임

　팬데믹 상황처럼 대면접촉이 힘든 시기에는 집 안에서의 활동시간이 점증하므로 물리적 이동 동선보다 심리적 이동 동선 상에 놓이려는 활동, 사람들의 마음속에 각인되게 하는 온라인 활동이 더 필요해진다. 즉 TV광고, 인터넷 광고, SNS 미디어 광고, 유명 배달 앱에의 게시 등과 같은 노력이 요구된다. 현재 배달업이 번성하는 이유가 이를 잘 증명한다. 이는 집 밖을 나가지 못하여 점으로 나타나는 코로나 시대의 동선에 정확히 부응하는 업종이기 때문이다.

"코로나 희비, 대형상권 지고 근린상권 선방"
코로나19의 여파로 명동이나 강남역 상권과 같은 대형상권이 직격탄을 맞은 반면 주거단지 인근의 근린상권은 상대적으로 타격이 덜하고 오히려 매출이 느는 경우도 상당히 있다. 〈2020년12월28일 조선비즈〉

"코로나19가 바꾼 소비패턴 – 대형상권보다 집 가까운 동네상권 선호도 급격히 높아져"
코로나19이후 소비패턴이 변화하면서 주거단지 내의 상업시설이 재조명되고 있다. 롯데카드가 신용카드 결제데이터를 분석(2020년 3월말부터 4월 중순까지)한 바, 전체 오프라인 결제건수가 전년대비 6.9% 감소한 가운데 집 주위 반경 500미터 이내에 있는 가맹점에서의 결제는 오히려 8.0% 증가했으며, 대형 및 유명 상권에서의 소비는 급격히 줄어들었다. 〈2020년9월15일 이데일리〉

위 기사에서 보듯이 팬데믹 상황 하에서는 동선이 짧아지고 작아지는 경향이 뚜렷해서 이에 부응하는 온라인 업종과 주거지 인근의 단지내상가나 근린상가 위주로 살아남을 수밖에 없다.

초고령사회의 동선은 팬데믹 상황의 동선을 닮아간다.

그렇다면 코로나19 시대가 지나간 이후 우리 사회의 모습은 어떨까?

우리 사회는 고령화의 급속한 진전에 의해 노인인구가 크게 증가하게 된다. 따라서 코로나19로 인해 만들어지던 동선의 모양을 비슷하게 닮아갈 가능성이 높다. 노인층이 늘어나면, 직장이란 한 축이 무너지면서 집이라는 한 축만 존재하기 때문이다. 2050년에는 65세 이상 고령인구 구성비가 인구 2.5명당 1명이 되므로 그만큼 집과 직장을 잇는 동선이 사라진다고 보면 된다. 게다가 노인들은 활동성이 부족하므로 자신이 사는 거주지 부근에서만 소비하려는 경향이 더 뚜렷해질 것이다.

〈노인의 동선〉

결론적으로 초고령사회로 진입할수록 코로나19 시대의 동선을 점점 닮아가고 이에 따라 코로나19 시대에 보여주던 업종별 호황과 불황, 상권(상가)별 호황과 불황도 대체로 비슷한 모습을 보일 것이다. 시기에 따라, 유행에 따라 일시적으로 뜨는 상권도 나타나겠으나, 활동성이 강한 유동인구를 바탕으로 한 상권보다는 든든한 고정인구를 바탕으로 한 상권, 활동성 있는 동선이 존재해야 성장과 유지가 가능한 중심상가나 유흥상가보다는 대단지 아파트단지 부근의 단지내상가, 근린상가가 보다 안정적이고 좀 더 유망할 듯하다.

04

내게 수백 %의 투자 순수익을 가져온 상가·빌딩 투자 성공법칙

= 손오공의 상가·빌딩 투자 성공 법칙(5L2V)

필자가 상가투자 시 꼭 염두에 두는 100전 100승의 상가투자법칙이 있다. 100%를 다 채울 수는 없겠지만 투자 여부를 결정할 때는 언제나 유념하여 살펴보는 조건들이다. 이 조건을 지키려 노력한 결과 단 한 번도 실패한 적 없이 항상 대박 수준의 수익률과 수익을 얻었다. '100전 100승의 상가투자법칙'이다.

- '좋은 입지'의 상가(상가부지)를 매입한다.

  '좋은 입지'란 다음의 다섯 가지 요소를 갖춘 입지를 말한다.

  '거시동선에 순응하는 입지', '주동선 상의 입지', '좋은 접근성과 가시성', '큰 구매수요', '적은 상가공급'

- 그리고 '좋은 가격'(저렴한 가격)으로 구입한다.

  '좋은 가격'이란 '현재가치보다 싼 가격' 혹은 '미래가치 대비 싼 가격'이다. 이는 상가가치 분석법 및 상가가치 증대법과 관련이 있다.

- 기존 건물을 산 경우라면 '리모델링이나 용도변경을 통해 건물 가치를 증진시킨다.'

- '미래의 상권변화 가능성을 미리 염두에 둔다.'

- '매도 타임을 여유 있게 기다린다.'

  급하면 아무리 좋은 물건도 제 가격을 받을 수 없다. 기다릴 줄 알아야 한다.

- '좋은 가격(높은 가격)'을 제시하는 자에게 매도하여 매도수익을 극대화한다. 이때 양도세 등 비용 계산을 철저히 한다. 특히 세금 부분은 취득단계에서 미리 검토가 되어야 할 사항이다.

  위에 열거한 조건을 만족하면 상가투자에 성공할 수 있다.

  이런 조건 하나하나가 만족될수록 상가투자의 성공확률이 높아지는 반면, 이 조건에서 벗어날수록 실패의 가능성이 점증하게 되며, 이득은커녕 큰 손실을 입을 수 있다. 상가투자에 실패한 경험이 있는 분, 상가투자가 토지나 주택투자에 비해 어렵다고 생각하는 분들은 필자가 위에서 제시한 원칙 중 어느 부분에서 소홀했는지 분석해 보았으면 한다.

  위의 여러 조건을 두 가지로 요약하면 '좋은 입지'의 상가를 '좋은 가격'에 구입한다는 것으로, 이는 매입단계와 관련이 있다. 매입 시 좋은 입지를 싸게 사면 사실 그다음 단계는 쉽게 풀린다. 이 책을 정독하면 어떤 자리가 좋은 입지인지, 소개받은 상가의 가치는 얼마나 되는지, 어떻게 상가의 가치를 올릴 것인지 등에 대해 그 답을 얻게 되리라 본다.

2장

喪家를 부르는 상가 공실
– 원인을 알아야 예방할 수 있다

01

상가 공실의 무서움

상가 잘못 사면 喪家(상갓집) 된다.

상가는 공실과의 전쟁이다. 상가가 주택에 비해 손실이 클 수 있는 주요한 이유는 공실 때문이다. 공실이 장기간 발생하면 주택에 비해 관리비 부담이 훨씬 커서 손실이 막대해진다. 역으로 공실이 발생하지 않으면 매달 월세수입을 받으므로 주택투자에 비해 훨씬 안정적이고 큰 수익까지 얻을 수 있다.

공실 여부는 앞으로 설명할 좋은 상가인지, 나쁜 상가인지에 따라 판가름 나는 경우가 많다. 좋은 입지의 상가를, 좋은 가격에 사면 공실은 발생하지 않으며 혹시 발생해도 최단기에 그쳐 장기적으로는 큰 이득을 볼 수밖에 없다. 반면 좋지 않은 상가를 구입했거나 좋은 상가이지만 비싸게 구입한 경우에는 공실이 발생할 가능성이 높고, 혹시 운이 좋아 공실이 발생하지 않아도 장기적으로는 큰 손실을 입을 가능성이 높다.

'좋은 입지'의 상가, and '좋은 가격'의 여부가 상가투자의 성패를 결정한다.

"월세가 '0원', 강변 테크노마트의 몰락"

강변 테크노마트 8층에 소액의 보증금과 20만원 내외의 관리비만 내면 사용할 수 있는 무월세 점포 매물이 7개나 있으며, 다음 달부터는 가격이 인하돼 15만원 선까지 내려갈 가능성도 있다.(2019년8월28일 머니투데이)

월세가 '0원'... 강변 테크노마트의 몰락

머니투데이 | 박미주 기자   VIEW 394,733 | 2019.08.28 04:00

▎보증금 200만원에 관리비만 내면 돼... 경기침체·온라인 유통 활성화 등 영향

테크노마트 모습/사진= 머니투데이 DB

"상가가 텅텅 비었다, 세종시 상가 공실 심각"

상가건물마다 공실이 넘쳐나 임대 홍보현수막이 곳곳에 걸려 있다. 세종신도시 내 공실률은 집합상가 32%, 아파트 단지내상가와 주상복합상가 등을 포함하면 50%까지 치솟는다. 〈2019년12월28일 연합뉴스tv〉

"1년도 못 버텨, 위례 신도시 1층 상가마저 텅 빈 이유"

판교와 함께 가장 주목을 받던 위례 신도시는 신도시 상가 공실문제를 보여주는 대표적인 곳으로, 분양은 다 됐지만 공실이 30~40% 수준에 이를 정도로 심각한 상황이며, 공실의 원인은 상가의 과다공급에 기인한다는 전문가의 견해도 싣고 있다. 〈2020년11월4일 머니투데이〉

신도시 상가의 경우 임대료 책정 시 상가입지를 고려하기보다는 건축비를 과도하게 반영할 수 있어서 매입 시 상가입지를 더 철저하게 분석해야 한다. 시간이 지날수록 입지가 가치를 결정하기 때문이다. 역으로 입지는 좋아 내재된 가치는 훌륭한데, 실제 가격은 이에 미치지 못하는 경우도 있을 수 있다.

02

상가 공실은 왜 발생하나?

필자의 100전 100승 상가·빌딩 투자법에 따른 분석

　상가입지나 상권을 제대로 분석하기 위해선 상가 공실발생의 원인을 정확히 분석할 수 있어야 한다. 필자의 상가투자 성공조건에 따라 분석한 12가지 원인을 하나하나 살펴보자.

1) 구매수요의 부족

　상가 주변 구매수요(인구)의 크기 자체가 부족할 때, 또는 구매수요가 크더라도 구매의사가 없거나 구매력이 약한 경우에는 상가 공실이 발생할 수 있다.

2) 거시동선 상의 문제
　　– 파주 운정 신도시 운정역 이용률이 저조한 근본 원인

　특히 중심상가는 해당 지역 인구의 거시적 이동 흐름의 방향(거시동선)에 역행하여 위치한다면 활성화되기 어렵다. 운정 신도시의 운정역과 그 주변 상권이 정확히 그런 예이다. 주민의 상당수가 서울 방향으로 출근하는데

운정역은 서울 쪽 반대방향에 자리 잡고 있으니 이용률이 저조할 수밖에 없다. 똑같은 이유로 아무리 구매수요가 많이 이용하는 주동선 상에 위치하더라도 거시동선 반대방향에 자리하고 있다면 이용률은 상대적으로 낮아질 가능성이 높다.

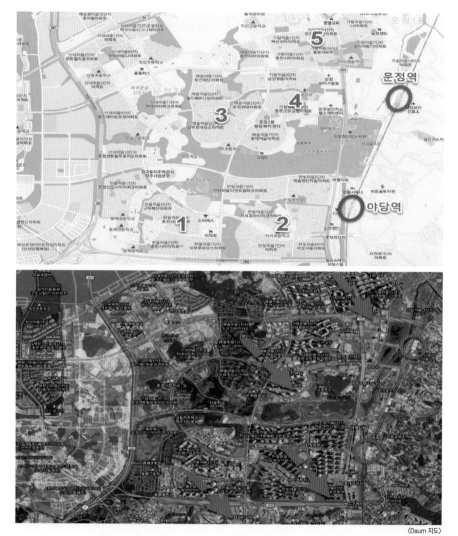

〈Daum 지도〉

〈1, 2, 3, 4에 거주하는 주민의 서울방향 출근길 반대 쪽에 위치하고 있는 운정역〉

3) 주동선 상의 문제

거시동선 상에는 문제가 없으나, 구매수요가 주로 이용하는 주동선 상에 위치하지 않으면 상가 공실이 발생할 수 있다. 특히 단지내상가와 근린상가가 이 경우에 해당하는데 구매수요가 충분하고 주동선 상에 위치한다면 주변에 상가공급이 다소 많더라도 상가 공실이 발생하는 일은 별로 없다. 이런 입지조건을 갖춘 상태인데 공실이 발생한다면 대부분 상가 자체의 접근성이나 가시성에 특별한 문제가 있거나 상가가치적 측면에서 문제가 발생하는 경우(특히 고분양가로 인한 고임대가)가 많다.

4) 접근성과 가시성의 문제

거시동선과 주동선, 구매수요의 크기에 아무 문제가 없어도 상가 자체가 접근하기 곤란하거나 사람들의 눈에 띄지 못하면 공실이 발생할 수 있다.(참고페이지 : 183, 308)

5) 주변 상가공급의 과다

위의 조건을 다 충족하더라도 상가공급이 과다하여 경쟁상가가 너무 많으면 상가 하나 당 수요의 크기가 작아지므로 장사가 안 돼서 공실이 발생할 수 있다. 우리나라는 수요에 비해 상가공급이 많은 게 보통이라 상가공급 자체를 줄일 필요가 있다.(참고로 필자의 경험상 주변 상가의 공급이 좀 과다하여도 입지가 좋은 상가라면 상가임대료를 높게 책정하지 않는 한 공실이 발생하는 일은 별로 없다.)

6) 층 위계구조의 파괴로 발생하는 문제 :
1층 위주로 상가를 공급하는 스트리트형 상가의 문제
(위례 신도시 중심상가 공실의 근본 원인)

상가 전체 면적으로는 초과공급이 아닐 수 있으나, 한 층 특히 1층을 과다하게 공급함으로써 층 위계구조를 파괴하여, 결과적으로 상가공급 전체에 문제를 야기하는 경우이다. 필자의 판단으로는 위례 신도시 공실의 근본 원인은 상가 전체의 공급과다에서 기인한 문제라기보다는 스트리트형 상가 조성으로 인한 1층 상가의 과다공급이 층 위계구조를 파괴함으로써 벌어진 필연적 연쇄반응이다.(참고페이지 : 56)

7) 상가의 가치와 관련된 문제 :
헬리오시티 단지내상가 공실의 근본 원인

수요와 공급 그리고 이 둘을 이어주는 매개체까지 문제가 없지만 고분양가에 따른 고임대가로 인해 임차인이 들어올 수 없으면 상가 공실이 발생한다. 신도시에서는 주변에 공실이 웬만큼 많아도 입지가 정말 좋은 곳까지 공실이 발생하는 일은 거의 없다. 입지가 정말 좋은데 공실이라면 다른 이유보다는 고분양가와 관련된 경우가 대부분이다. 헬리오시티 대단지 아파트처럼 '큰 수요'가 존재하고, 이들이 이용하는 '주동선' 상에 있으며, 접근성과 가시성에서도 전혀 문제가 없음에도 불구하고 장기간 대량의 공실이 발생하고 있는 근본 원인은 필자의 판단으로는 지나친 고분양가 때문이다.(참고페이지 : 49)

8) 도시계획 상의 문제

도시계획 혹은 단지설계 등이 잘못되어 수요와 공급이 만나는 점을 제대로 연결해 주지 못하면 공실이 발생할 수 있다. 가령 횡단보도나 출입구 등을 제대로 배치하지 못해 구매수요와 상가공급이 만나는 접점을 잘 이어주지 못할 때 공실이 발생할 수 있다. 구매수요가 충분하고 상가공급이 과다하지 않아도 생활동선과 상가를 연결해 주는 매개체가 없으면 상가 공실이 발생할 수 있다.(참고페이지 : 222, 258)

9) 신도시나 택지개발지구의 구조적 문제

상기 1~8의 문제가 아님에도 신도시나 대규모 택지개발지구는 일시적으로 상가가 대량 공급될 수밖에 없는 구조이므로 일정 기간 어느 정도의 상가 공실은 필연적으로 발생할 수밖에 없다.

10) 코로나 사태 등의 비상사태 발생 시 구매수요의
이동 제한으로 발생하는 문제

코로나19와 같은 비상사태가 발생하여 사람들의 이동이 제한됨에 따라 구매행위 감소에 의해 공실이 발생하는 경우이다. 사람들이 만들어내는 동선을 따라 상가가 형성되고 번성하는데, 동선 자체가 만들어지기 힘들면 당연히 상가의 존립 자체가 위협을 받게 된다. 이런 때에도 단지내상가나 근린상가는 어느 정도 유지되는 게 일반적이나, 중심상가나 유흥상가는 치명적인 타격을 받게 된다.(참고페이지 : 73)

11) 초고령 사회로의 진입에 따른 문제

고령화가 급속히 진행되면 노인들은 직장을 잃게 되고 이에 따라 집과 직장 사이의 동선, 직장을 중심으로 만들어지던 동선이 급속히 줄어들게 된다. 즉 직장이란 축이 무너지면서 집이라는 한 축만을 중심으로 한 동선만이 그나마 현상 유지되는 시대로 급속히 진입하게 된다. 이에 따라 집과 직장을 사이에 두고 발달하던 상가, 직장 주변의 상가들은 점점 활기를 잃어 공실이 늘어나게 되는 경우이다. 이는 코로나19로 인해 만들어지던 동선의 모습과 매우 유사하다.

12) 복합적 요인에 따른 문제

상가 공실은 어느 하나의 특정 사유로만 발생하기는 쉽지 않고 위에서 언급한 여러 요인이 복합적으로 작용하여 발생하는 게 일반적이다.

상가투자는 공실과의 싸움이다. 공실을 예방하기 위해선 필자가 제시하는 100전 100승의 상가투자 성공조건 하나하나를 잘 검토해봐야 한다.

03

좋은 입지조건을 지닌

헬리오시티 단지내상가
공실발생의 진짜 원인은?

상권 장애요인이 오히려 단지내상가를 이용할 수밖에 없게 한
헬리오시티 단지내상가

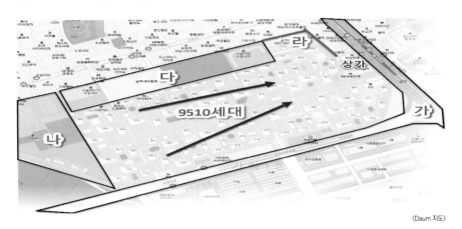

〈Daum 지도〉

　헬리오시티 아파트단지는 특이한 여건을 가지고 있어서 단지내 구매수요
와 송파역 주변 상권이 단절된다. 따라서 단지내의 막대한 구매수요가 단

지내상가를 이용할 수밖에 없다. 즉 갖가지 요소가 복합적으로 작용하여 헬리오시티의 구매수요(9,510세대, 약 3만명)는 주변으로부터 철저히 차단되고 오로지 전철역이 있는 단지내상가 방향으로만 진행할 수밖에 없다. 주변 상권과 구매수요를 단절시켜 단지내상가가 활성화될 수밖에 없는 특이한 구조인 셈이다.

자세히 살펴보면 헬리오시티 하단부는 8차선의 도로가 구매수요의 이동 흐름을 막고 있으며, 우측으로는 10차선의 도로가 거대한 장벽을 치고 있는 모양새다. 그림의 나)부분에는 탄천유수지와 탄천이 위치하고 다)부분은 초등학교 2곳과 박물관, 공원 등이 자리하여 헬리오시티 상단부에 있는 근린상가의 이용을 막고 있다. 또한 라)부분은 아파트 담장이다. 따라서 가), 나), 다), 라)에 위치한 장벽들로 인해 9,510세대, 약 3만명의 구매수요는 어쩔 수 없이 송파역 부근에 위치하는 단지내상가를 이용해야만 한다.

이처럼 헬리오시티 단지내상가는 엄청난 구매수요를 가지고 있고, 단지 구조상 이들의 주동선 상에 위치하고 있으며, 접근성과 가시성이 우수하기에 필연적으로 활성화될 수밖에 없는 아주 좋은 여건을 지니고 있다.

"3만 명 사는 송파 헬리오시티, 왜 자영업자의 무덤이 됐나?"

단군 이래 최대 재건축 아파트단지로 주목을 받았던 서울 송파구 가락동 헬리오시티의 단지내상가가 자영업자의 무덤이 되고 있다. 헬리오시티 모든 가구가 입주를 완료한지 1년이 지났지만 상가 공실률은 40~50%에 달하고, 상가를 떠나는 임차인들도 늘고 있다. 현재 헬리오시티 단지내에는 617개의 상가가 있는데, 메인 상권 A동 임대료의 경우, 실평수 약 10평에 800~900만원 정도에서 600만원대로 떨어졌으며, 송파대로변 임대료는 실평수 8평 기준 1,000만원 정도였다가 지금은 600~700만원 선으로 떨어졌다고 한다. 기사는 약 1만 가구, 3만여 명을 품은 대단지 상권이 침체된 근본 이유는 수요에 비해 상가공급이 너무 많기 때문이라는 전문가 분석도 싣고 있다. 〈2020년5월1일자 머니투데이〉

〈상가임대를 알리는 전단지가 붙은 헬리오시티 단지내상가〉

충격적인 신문기사 내용이다. 대박을 맞고 있을 줄 알았는데, 예상과는 한참 다르게 쪽박이었다. 무엇이 문제일까? 기존의 통념으로는 도무지 이해할 수 없다.

훌륭한 입지조건을 구비하고 있는 헬리오시티 단지내상가가 어째서 대량 공실이 그것도 장기간에 걸쳐서 발생한 걸까? 필자가 제시한 상가투자 성공법칙 총 6가지에 적용해 하나하나 살펴보자.

1) 거시동선에 순응하는가?

단지내상가는 애초부터 거시동선과는 큰 연관성이 없으며 혹시 있다 하더라도 헬리오시티 단지내상가는 거시동선에 매우 순응하는 입지에 있어서 이를 공실 원인으로 볼 수 없다.

2) 주동선 상에 위치하는가?

아파트 주민들의 생활동선 상의 주동선에 정확히 위치하고 있으므로 이와 관련해서도 전혀 문제가 없다.

〈Daum 지도〉

〈9,510세대의 주동선 상에 정확히 위치하고 있는 헬리오시티 단지내상가〉

3) 구매수요의 크기는 적정한가?

헬리오시티는 9,510세대라는 대한민국 최대 규모의 밀집된 아파트단지로 구매수요의 측면에서는 어느 단지보다 우수하며, 구매력에서도 별문제가 없다. 또한 큰 구매수요가 다른 곳으로 빠져나갈 수 없고 오로지 단지내상가로만 이동해야 하는 특이한 구조를 지니고 있다.

4) 접근성과 가시성은 좋은가?

오히려 일반적인 아파트 주변의 근린상가보다 훨씬 더 좋은 접근성과 가시성을 확보하고 있다.

〈접근성과 가시성이 매우 우수한 헬리오시티 단지내상가〉

필자가 제시하는 상가투자 필승조건 총 6가지 중 4가지에서 매우 우수한 결과가 나오므로 이 4가지 조건만 가지고 판단한다면 대박을 예상할 수 있는데, 대박은커녕 대량의 장기공실이라니 도무지 이해할 수 없다.

5) 상가 공급규모의 측면에서는 어떠한가?

신도시나 대규모 택지개발지구 혹은 대단지 아파트단지에서는 비슷한 업종의 상가가 대규모로, 거의 비슷한 시기에 집중적으로 공급된다. 따라서 일정 기간 어느 정도의 공실은 있을 수밖에 없다. 오히려 이 시기에 공실이 없다면 장기적인 측면에서 볼 때 상가가 매우 부족함을 반증하는 것이다. 중요한 점은 공실이 어느 정도 규모로, 얼마 동안이나 발생하느냐 하는 '정도'의 문제일 뿐이다. 그렇다면 전문가들이 말하듯 이러한 대량 장기 공실 사태의 근본 원인이 상가의 과다공급일까? 필자는 의견을 약간 달리한다.

필자가 대략 계산해 본 바 아파트 세대수 대비 단지내상가의 전체 면적이 다른 아파트 단지내상가나 주변 근린상가에 비해 많은 게 아니었다. 오히려 적었다. 단지내상가의 과다공급이 근본 원인은 아닌 듯하다.(참고로 우리나라 대부분의 아파트 단지내상가는 공급 부족보다는 초과여서 이로 인해 공실 내지 영업 부진이 발생되는 경우가 많다.)

6) 상가가치적 측면에서는 어떠한가?

앞에서 본 신문기사에 나오는 임대료를 토대로 상가분양가를 유추할 수 있으나, 혹시 틀릴 수 있어서 실제 분양가를 인터넷으로 검색해보니, 어느 공인중개사무소 홈페이지에 게재된 내용을 찾을 수 있었다. 단지내상가 1-1의 1층이 분양평당 1억 2천만원대이며 전용률은 약 40%로 나온다. 이를 전용평당으로 환산하니 약 3억원(1억 2천/40%)이다. 전용 10평 정도는 되어야 영업다운 영업이 가능하므로 10평을 기준으로 계산하면 분양가가 약 30억 정도 된다. 실평수 10평에 30억원, 기가 막히게 너무너무 높다. 수익률 4%로 계산하면 임대가는 약 1,000만원(30억×4%), 3%로 계산해도 750만원. 단지내상가에서 거의 제일 작은 규모인 실평수 10평 임대료가 1,000만원, 위의 신문기사와 거의 일치한다. 기사 내용 중에는 "전철역 앞 공인중개사무소 자리가 약 8평인데 보증금 1억원에 월세 1,000만원이었다."라고 한다. 10평으로 환산하면 월세 1,375만원.

와우! 단지내상가에서 이런 임대료를 내고 수익을 남길 수 있는 업종이 존재할까?

단지내상가는 비교적 안정적인 반면 어린이와 생활 관련 수요가 많아서 매출이나 이윤이 그리 많을 수 없다. 즉 막대한 유동인구를 기반으로 한 중심상권처럼 엄청난 매출을 올릴 수 있는 구조가 애초부터 아니다. 수도권에서 누구나 인정하는 상권이며 대규모의 유동인구를 지닌 서현역 상권의 임대료보다 고정인구 3만명을 바탕으로 한 헬리오시티 단지내상가 임대료가 더 높거나 비슷하다니...

필자는 공실의 근본 원인이 공급초과보다는 지나치게 높은 분양가에 있다고 생각한다.

지나치게 높은 분양가에 맞춰 책정된 비싼 임대료를 감수하며 수익을 남길 수 있는 업종은 극히 제한적이므로 아주 우수한 입지조건을 갖추고도 장기간 대량의 공실사태가 발생한 것이다. 바꿔 말하면 9,510세대라는 거대한 구매수요가 배후에 존재하고, 이들의 주동선 상에 위치하며, 접근성과 가시성이 뛰어난 입지임에도 고분양가로 비롯된 고임대료를 이겨내지 못한 결과인 셈이다. 게다가 비싼 가격으로 분양하려니 매수자의 금전적 부담을 고려하여 상가를 아주 작은 단위로 쪼갰을 거라는 점도 한몫한 거 같다. 즉 617개나 되는 점포 숫자는 상가 공급면적 자체가 많아서가 아니라 고분양가에서 비롯된 고육지책의 산물일 가능성이 크며 이로 인해 일정 규모를 갖춰야 경쟁력을 가질 수 있는 업종들이 입점을 꺼려하는 측면도 공실 발생에 일조했을 듯하다.

정리하면 지나친 고분양가에서 비롯된 높은 임대료와 상가 쪼개기 공급 등이 입점할 수 있는 업종을 제한하면서 지속적인 상가 공실이 발생하였다고 판단된다.

헬리오시티 단지내상가 대량 장기 공실사태를 통해 상가투자는 입지적 요소에 대한 분석뿐만 아니라 가치 측면에 대한 면밀한 분석까지 종합적으로 수행하여야 한다는 교훈을 다시 한번 되새길 수 있기 바란다.

04

위례 신도시 상가 공실발생의
진짜 원인은?

층 위계구조를 파괴하는 스트리트형 상가

스트리트형 상가로 조성된 위례 중심상가

스트리트형 상가란 "길을 따라 점포를 길게 늘어선 형태로 배치한 상가"로, 대개 1층 위주로 상가를 구성한다. 층수를 높게 짓는 일반 박스형 상가와 달리 1층 상가공급을 극대화하므로 점포 안이 훤히 들여다보여 가시성이 좋고, 보행자가 점포 내로 바로 들어갈 수 있을 정도로 진입장벽이 없어서 접근성이 좋다.

〈접근성과 가시성이 좋은 스트리트형 상가〉

또한 주변의 광장이나 공원 등과 연계시켜 여가·문화 공간을 조성하기도 하므로, 박스형 상가보다 사람들을 끌어들이는 효과도 좋다. 이런 장점과 더불어 상가 개발자 혹은 분양자 입장에서는 다른 층에 비해 가격이 2~3배 높은 1층 위주로 분양하므로 성공만 하면 엄청난 대박을 거둘 수 있고 혹시 일부 미분양이 나더라도 기본적으로 박스형 상가보다 훨씬 큰 수익을 낼 수 있는 이점을 갖는다. 이러한 이유로 스트리트형 상가분양의 유혹에 빠지기도 한다.

위례 신도시 상가 공실의 진짜 원인은?

대부분의 상가 전문가들은 위례 신도시 상권의 장기간 과다공실 원인을 상가의 공급과잉에서 찾는다. 그런데 필자는 의견을 달리하여 스트리트형 상가 조성에 따른 1층 상가의 과다공급에서 파생된 문제라고 본다. 이는 층 위계구조라는 상가의 특수성을 제대로 파악하지 못한 데서 기인한다.

일반적인 박스형 상가건물은 1층이 다른 층과 거의 비슷하거나 오히려 적을 가능성이 높다. 가령 5층 상가건물을 예로 들면 1층 상가면적은 전체 상가면적의 약 1/5 정도밖에 안 되므로, 다른 층(2~5층)의 합계에 비해 희소할 수밖에 없다. 그런데 해당 지역 지구단위지침에 따라서 또는 분양 수익의 극대화를 위해 건설사 스스로 1층 위주로 대량 공급하는 스트리트형 상가는 1층 상가가 제일 많고, 그다음이 2층, 그리고 3층 이상은 거의 없는 경우가 많다. 즉 점포를 1층 위주로 배치하여 공급하므로 2~5층에 들어갈 만큼의 상가가 1~2층 특히 1층에 집중적으로 공급된다. 따라서 기존의 박스형 상가건물이 만들어내던 층 위계구조는 완전히 파괴되고, 임대 시장은 심각하게 왜곡된다.

고분양가와 고임대가를 지불하며 1층에 들어갈 수 있는 업종은 극히 제한적인데 비해 스트리트형 상가는 1층을 대량 공급하니 공실은 당연히 발생할 수밖에 없고 그것도 장기간 이어질 가능성이 높다.

〈대량의 장기공실이 문제가 되고 있는 위례 신도시 중심상가〉

대체로 2층 이상에 입점하는 업종은 많은 면적을 필요로 한다. 1층의 비싼 임대료를 감당하면서 동일한 면적을 사용할 수는 없으므로 어쩔 수 없이 접근성, 가시성을 포기하고 2층 이상의 높은 층을 선택하는 것이다. 반면 면적보다는 고객에의 접근성과 가시성이 더 중요하고, 적은 면적으로도 일정 수준의 매출액 달성이 가능한 업종이 1층에 입점한다. 이처럼 2층 이상 특히 3층 이상에 입점하는 업종이 1층에 입점한다는 건 사실상 불가능하고 혹시 가능한 경우라면 경쟁력이 없어진 1층 상가의 임대료가 폭락했을 때뿐이다. 참고로 2층 임대료는 1층의 1/2~1/3 수준, 3층 임대료는 1층의 1/3~1/4 수준이다.

대부분의 신도시는 시간이 지남에 따라 상권이 안정화되면서 대량의 장기간 공실이 해소되는 방향으로 간다. 그런데 스트리트형으로 계획된 상권은 층 위계구조의 파괴라는 구조적 문제 때문에 기간이 지나도 공실이 다 해소되기는 쉽지 않고 혹시 다 해소되어도, 그것은 1층 상가임대료를 3~4

층 수준의 헐값까지 내렸다는 의미이므로 수분양자는 엄청난 손실을 입게 된다. 그만큼 치명적이고 장기간 피해를 줄 가능성이 높다. 도시계획상의 적절한 분석 실패 혹은 분양 대박을 터트리려는 욕망으로 인해 1층 상가를 지나치게 많이 공급한 게 위례 신도시 장기간 과다공실 문제의 핵심 원인이다.

참고 트램(마천↔위례, 2024년 예정)과 위례 신사선(2027년 예정)이 완공되면, 사무실 유입 및 유동인구 증가 등에 의해 위례 신도시의 공실 문제는 일부 완화될 수도 있다.

위례 신도시 상가 공실의 근본 원인인
스트리트형 상가 심층 분석
남양주 진접지구와 위례 신도시 내 준주거용지 비교 분석

남양주 진접지구 준주거용지 분석

남양주 진접지구를 살펴보자. 토지이용계획도를 보면 준주거용지가 2곳(1, 2), 상업용지가 2곳(1, 2)이다. 준주거용지와 상업용지가 일정거리를 두고 한 곳에 집중 배치된 것을 알 수 있다.

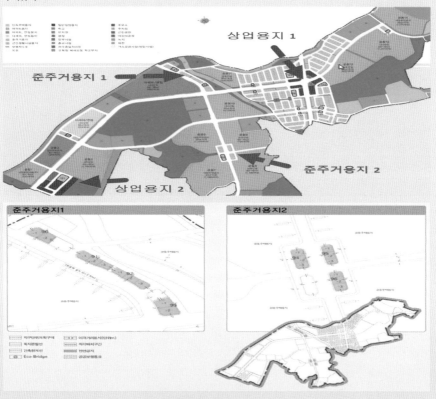

〈준주거용지 1과 2의 상세도〉

남양주 진접지구의 토지이용계획표를 보면 준주거용지가 0.5%이다.

토지이용계획표

구 분		면적(㎡)	구성비(%)	비고
계		2,058,453	100.0	
주택건설용지		888,363	43.2	
	단독주택	177,193	8.6	
	공동주택	692,756	33.7	
	준주거	10,162	0.5	
	근린생활시설	8,252	0.4	
상업용지		28,799	1.4	
공공시설용지		1,141,311	55.4	근린공원 6, 어린이공원 7 완충녹지, 경관녹지
	도로	339,554	16.5	
	공원	432,792	21.0	
	녹지	156,193	7.6	
	하천	30,361	1.5	
	업무용지	2,811	0.1	

남양주 진접지구의 준주거용지에 대한 지구단위계획 지침은 아래와 같다.

준주거용지

도면번호	위 치 (가구번호)	구 분	계 획 내 용
준주거 1,2단지	준1-1-4 준2-1-3	용 도 (B)	• 허용 용도 – 「국토의계획및이용에관한법률」 및 「남양주시조례」에 의거 용도지역(준주거지역) 내에서 건축할 수 있는 건축물 중 불허용도이외의 용도 – 1층 권장용도는 판매영업시설 중 소매시장, 상점, 제1종 및 제2종 근린생활시설(용도지역상 허용시설)

도면번호	위 치 (가구번호)	구 분	계 획 내 용
준주거 1,2단지	준1-1-4 준2-1-3	용 도 (B)	• 불허 용도 – 단독주택, 공동주택 중 다세대주택, 기숙사, 안마시술소, 격리병원, 장례식장, 납골당, 옥외첨탑이 설치된 골프연습장, 공장, 창고시설, 위험물 저장 및 처리시설, 자동차관련시설(주차장 제외), 동물 및 식물관련시설, 교도소, 감화원 기타 범죄자의 갱생·보육·교육·보건 등의 용도에 쓰이는 시설 – 「학교보건법」 등 기타 법령에 의해 당해 토지에 불허되는 용도
		건폐율	• 70% 이하
		용적률	• 500% 이하
		높 이	• 최고층수 : 7층 이하

위 지침에 따라 준주거용지 1과 준주거용지 2에는 '건폐율 70% 이하, 용적률 500% 이하, 7층 이하'라는 조건에 맞춰 건축을 하게 되는데, 제일 효율적인 방법은 건축물을 박스형으로 짓는 것이다. 건폐율이 최대 70%이고, 7층 이하이므로 모든 층의 건폐율을 최대화해 지어야만 최대 용적률(70%×7개층 = 490%)을 거의 채울 수 있기 때문이다. 최고 높이 제한이 있기에 개개 층 모두 건폐율을 최대화할 수밖에 없다.

따라서 이 지구단위계획지침에 따른다면 준주거지역 1과 2에 들어설 건물은 박스형일 수밖에 없다. 이처럼 박스형 건물이란 1층과 2층, 3층 이상 다른 층 등 건물의 각층 면적이 비슷한 경우를 말하며, 따라서 1층에서 배출되는 상가 공급면적은 건물 전체 면적의 약 1/7 수준 정도인 것이다. 표에서 보듯이 남양주 진접지구 준주거지역(면적 10,162㎡)에서 공급하는 1층의 최대면적은 건폐율 적용 면적과 같은 7,113㎡(10,162㎡×70%)가 된다.

이곳에 들어선 건물의 모습을 살펴보면 아래 그림처럼 모두 박스형 상가건물이다.

준주거용지 1

준주거용지 2

위례 신도시 준주거용지 분석

이제 위례 신도시를 살펴보자. 아래 그림의 토지이용계획도를 보면 상업용지나 근린생활시설용지는 진접지구의 그것처럼 한 곳에 집중 배치되어 있는데 준주거지역의 경우는 완전히 다른 특징을 보여주고 있다. 즉 준주거지역(아래 그림의 보라색 화살표)이 트램선을 따라 양옆으로 아주 길게 폭넓게 자리 잡고 있다. 위에서 살펴본 남양주 진접지구는 준주거지역이 구의 일부 지역에 소규모로 존재(진접지구의 0.5%)하는 반면 위례 신도시는 중심부의 상당 면적을 준주거지역이 차지하고 있다. 언뜻 봐도 몇 배 이상 큰 규모(위례 신도시의 3.0%)이다.

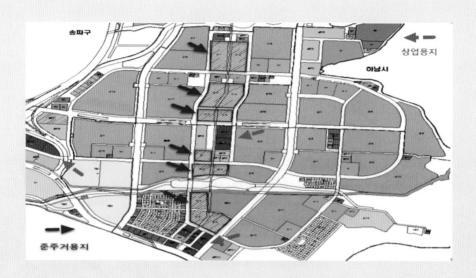

관보고시문(2015.11.3) 제18629호

구 분		면 적(㎡)	비 율(%)
합 계		6,772,950.7	100.0%
주택건설용지	소 계	2,482,076	36.6%
	단독주택	169,328	2.5%
	공동주택	2,089,869	30.9%
	아파트	2,049,454	30.3%
	연립주택	40,415	0.6%
	근린생활시설	21,222	0.3%
	준주거	201,657	3.0%
	소계	4,290,874.7	63.4%
	상업업무시설용지	550,727	8.1%
	일반상업용지	113,809	1.7%
	근린상업용지	26,082	0.4%
	일반업무시설용지	356,068	5.3%
	유통업무시설용지	34,464	0.5%
	복합용지	20,304	0.3%
	도시지원시설용지	144,612	2.1%
	도로	1,120,076	16.5%

위례 신도시 지구단위계획지침 중 준주거지역 해당 부분을 살펴보자. 아래 빨간색 밑줄 부분에 보면, 2층 이하는 상업시설로, 3층 이상은 주거시설로 구성하도록 규정하고 있다.

〈건축물의 용도 및 규모에 관한 사항〉

제2조 (건축물의 용도)

• 건축물 용도는 〈표Ⅱ-4-1〉과 지구단위계획 결정도에 따라 건축하여야 한다.

  1. 건축물 용도표시는 SC1,SC2,SC3,SC4,SC5로 한다.

  2. 주거용도와 주거외 용도의 비율은 〈표Ⅱ-4-2〉에 따른다.

• '인도형 아파트 배치구간'의 건축물은 저층부(2층 이하) 상업시설, 상층부(3층 이상) 주거시설로 구성한다.(지하는 2층까지만 허용, 주차장 및 기계실, 전기실은 예외로 한다.)

• SC1용도의 건축물 중 중층배치구간의 건축물은 상층부(3층 이상) 주거기능의 보호를 위하여 3층을 필로티 구조의 개방된 공간으로 조성하고 주거, 상업 등의 시설 설치를 불허하며, 녹지 및 휴게공간 등으로 조성하여야 한다.

위의 지침을 근거로 실제 상가가 들어선 준주거지역을 그림으로 나타내면 아래와 같이 보라색 네모로 표시할 수 있으며, 이것이 1층과 2층 위주로 구성된 소위 말하는 스트리트형 상가로서 길에서 바로 접근하기 쉽고 사람들 눈에 쉽게 보인다.

〈보라색으로 표시된 스트리트형 상가〉

〈대량의 장기공실이 문제가 되고 있는 위례 신도시 중심상가〉

스트리트형 상가의 문제점

앞에서도 누차 설명하였듯이, 스트리트형 상가는 접근성과 가시성이 좋은 1층과 2층 특히 1층 위주로 상가를 대량 공급한다. 그런데 이러한 유형은 기존 상가(박스형)가 지니고 있던 층 위계구조를 파괴하는 결정적 단점을 가지고 있다. 1, 2층 상가는 남아도는데도 들어올 업종은 없어 장기공실이 되는 기막힌 현상을 만든다. 그러다 보니 해당 지구 내에서 상대적으로 입지가 안 좋거나 접근성과 가시성이 떨어지는 곳은 공실이 더더욱 장기화할 수밖에 없다. 대부분이 공실인 2층 상가가 이를 잘 대변한다.(수년 전 폐업한 간판만 달린 상가들이다. 2021년 4월 1일 현재)

접근성과 가시성에
문제가 있는 경우

〈가시성에 문제가 있는 2층 상가〉

상가는 사람들이 다니는 트램선 쪽에 있어야 가시성이 좋은데, 이 건물 2층은 상가가 아니라 사람들의 통행로가 차지하고 있다. 또한 2층 상가로 가려면 너무 돌아가야 하고 어디로 가야 할지도 쉽게 찾을 수 없다. 당연히 목적형 사업 이외에는 장사가 될 수 없는 구조이다. 이 건물 2층 상당수가 공실상태이다.

또한 지구단위계획지침에 따라 준주거지역을 일정한 구역에 집중 배치하지 않고 트램선을 따라 들어선 건물 1, 2층에 아주 넓고 길게 공급함으로써 1층의 희소성마저 사라졌다. 오히려 1층이 가장 많고, 그다음이 2층, 3층 이상은 거의 없는 특이한 상가공급 구조를 낳았다. 1층은 다른 층에 비해 최소 2배(대체로 3배) 이상 분양가와 임대료가 비싸서 공실이 나더라도 3, 4층에 들어갈 업종이 쉽게 들어올 수 없는 한계가 있다.

장기 공실사태 방지를 위한 제언 – 스트리트형 상가 조성의 자제

위례 신도시 상가의 장기간 대량 공실은 근본적으로는 대규모로 스트리트형 상가를 조성한데 기인한다. 스트리트형 상가를 공급하더라도 소규모였다면 공실은 보다 제한적이고 단기간이었을 것이다. 그런데 상가의 특수성을 고려하지 않고 대규모로 조성함으로써, 1층 상가가 넘쳐난다. 필연적으로 공실사태가 심각하게 발생할 수밖에 없는 구조적 문제를 안고 있다.

필자는 다음과 같은 사항의 개선이 필요하다고 본다.

무엇보다 너무 넓게 자리 잡은 준주거지역의 범위를 제한해야 한다. 남양주 진접지구는 해당 지구 전체 면적의 0.5%인데 위례 신도시는 3.0%다.(지구단위계획 수립지침이 개정되어 면적에 변경이 있을 수 있다.) 따라서 준주거지역을 과다하게 지정하면서 발생할 수 있는 상가의 범람을 예방하고자 층 제한(2층 이하 상가공급)을 두었지만 이는 상가 전체 공급면적을 제한하는 효과만 있을 뿐 1, 2층 상가공급이 다른 지구보다 몇 배가 되는 결과까지 막을 수는 없다.

다른 층에 비해 고가로 분양이 가능한 1층, 2층 상가공급을 늘리려면 준주거지역을 폭넓게 지정할 수밖에 없었을 것이다. 대신 전체 상가 공급규모를 다른 신도시나 택지개발지구와 비슷하게 만들어야 하므로 층 용도제한 규정을 마련했을 거라 짐작한다. 즉 택지개발지구 수립지침을 통해 상가공급을 2층 이하에서만 가능하게 함으로써 꿩도 먹고 알도 먹는(상가 전체 공급면적은 비슷한데 분양가가 높은 1층과 2층만 집중적으로 상가를 공급하여 분양 수익의 대박을 성취할 수 있는) 그런 상황을 기대했을 수 있다. 분양 수익 면에서는 그런 결과가 발생했는지 모르지만 상가 수분양자의 큰 피해 그리고 투입자원의 비효율성이 너무 눈에 띈다. 상가는 주택과 다른 특수성이 존재하기에, 스트리트형 상가 조성은 자제되어야 한다.

스트리트형 상가의 성공조건

그렇다면 스트리트형 상가는 절대 공급해서는 안 되는가?
일정 조건을 갖추면 공급이 가능하다. 여기서 말하는 일정 조건이란 ①엄청난 구매수요가 있거나, ②주변에 특별한 집객 요인(가령 훌륭한 경치)이 있을 때, ③스트리트형 상가를 아주 매력적인 장소로 만들어서 그 자체가 특별한 집객 요인이 되는 경우 등이다. 이런 조건을 갖추고 있다면 분양 당시는 물론 분양 이후 운영 과정에서도 별문제 없이 상가로서 성공할 가능성이 있다.

그런데 주변에 엄청난 구매수요가 있다면 굳이 스트리트형 상가를 공급하지 않더라도, 일반적인 상가 즉 박스형 상가를 공급하더라도 성공할 것이다. 또한 스트리트형 상가 자체를 특별한 집객 요인으로 만들려면 그만큼 자본 투하가 이루어져야 하는데 이는 쉬운 문제가 아니며 나중에 더 많은 자본투하로 지어진 상가가 나타나면 구매수요는 그곳으로 이동할 것이므로 좋은 선택은 아닌 거 같다.

유일하게 남은 한 가지 조건은 스트리트형 상가 주변에 특별할 집객 요인이 있을 때이다. 즉 스트리트형 상가가 가능한 곳은 아주 제한된 일부 지역 가령 택지개발지구 부근의 경치가 좋은 공원이나 호수 공원 주변 등이다. 이때 유념해야 할 점은 택지 분양가가 상업용지나 근생용지에 비해 저렴해야 하고 식음료 위주의 상가로 조성해야 장기간 성공 가능성이 높다는 것이다.

✔TIP **지도는 투자의 금맥이다. 클릭이 되는 순간 느낌이 와야 한다.**

필자는 투자를 시작한 2006년부터 지도 보기를 생활화해 왔다. 처음에는 뭐가 뭔지 잘 몰랐는데 지도 보는 게 일상화되다 보니 몇 년이 지난 후부터는 상가나 땅의 가치를 단박에 아는 경지까지 오르게 되었다. 특히 경매로 나온 상가 물건은 클릭이 이루어지는 순간 느낌이 오는 경우가 많다. 가치보다 싼 물건인지 아닌지, 한 시간이면 수백 건을 본다. 몇 년 전부터는 아이러니하게 좋은 물건이 남아있을 때가 별로 없어서 더 빨리 본다.

보통 클릭이 이루어지는 순간 느낌이 오기에, 아닌 거 같으면 바로 다음 클릭으로 넘겨버리고 입지가 괜찮거나 싼 느낌이 오면 천천히 살펴본다. 느낌이 안 오는 물건은 클릭이 이뤄지는 순간 패스하기에 물건 하나당 1~2 초 정도 걸린다. 산술적으로 이런 물건만 있다면 초당 한 건을 보므로 한 시간에 대략 3,600개를 볼 수 있다는 계산이 나오지만, 물건 중에는 느낌이 오는 거 혹은 애매하여 좀 더 살펴봐야 할 것, 제대로 된 지도가 안 올려져 있어 일일이 다시 들어가 봐야 하는 것(사실 이런 경우가 너무 많고 시간 소비도 제일 많다.) 등이 있어 조금 더 긴 시간이 소요된다. 일부러 시간을 재면서 몇 개까지 볼 수 있나 계산해본 적이 없어 정확히는 말할 수 없지만 이것저것 다 감안해도 한 시간에 400~500 개의 물건은 체크해 볼 수 있는 거 같다.

꾸준히 연습하면 누구나 가능하다. 처음엔 조금 힘들어도 몇 년 연습하면 어느 순간 클릭이 이루어지자마자 이 물건 별로네, 그냥 패스, 이건 입지가 좋은데, 아니면 꽤 싼 거 같은데 좀 더 검토하자, **바로바로 느낌이 온다.** 특히 상가는 수익률에 따라 매도가가 정해지는 특성상 더 쉽게 파악할 수 있다.

〈Daum 지도〉

누구나 필자와 같이 될 수 있다. 단 지도를 봐도 조건이 있다. 로드뷰로 10년 봐도 실력 안는다. 스카이뷰로 10년 봐도 실력 별로 안 는다. 반드시 이렇게 하라.

상가는 일반지도와 건물 현황도 위주로, 토지는 지적도(지번도) 위주로 보라.
스카이뷰나 로드뷰 등도 필요하나, 부가적으로 봐야 하는 거지 주가 되면 안 된다. 지도 보는 실력이 늘지 않는다. 평생을 봐도 좋은 상가, 좋은 땅을 보는 순간 알아내기는 힘들다.

1) 상가는 일반지도로 확대와 축소를 오가면서 주변을 세세히 살펴야 한다.
　　관심 물건(상가) 주위의 세대수는 얼마이고 구매수요의 범위는 어디까지인지, 이

들이 주로 이용하는 동선은 어느 쪽인지, 주변 상가의 위치와 규모는 어느 정도인지 등을 살펴보면 아주 많은 걸 알아낼 수 있다. 일반지도로 잘 알 수 없거나 확인이 필요한 때 로드뷰나 스카이뷰, 지번도 등으로 보완한다. 특히 건물 현황도는 상가건물 내에서의 위치(즉 건물 전면인가 후면인가)나 접근로 등을 파악할 수 있다는 점에서 중요하다.

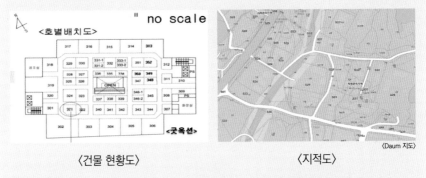

〈건물 현황도〉　　　　　　　　〈지적도〉

2) 토지를 볼 때는 일반지도보다는 지적도 위주로 땅의 모양과 쓰임새를 파악해야 한다. 지적도를 오래 보다 보면 클릭이 이뤄지는 순간 땅의 쓰임새가 보인다. 아주 작지만 뒤쪽 큰 땅을 쥐고 흔들 땅인지, 불필요한 땅인지 등. 확대와 축소를 오가면서 땅의 모양과 주변 땅과의 관계 등을 꼼꼼히 살펴볼 수 있다. 현황 사진도 필요하나 이는 부가적 요소일 뿐이다.

이런 식으로 지도를 보면 임장을 갈 필요가 거의 없다. 특히 상가는 더욱 그렇다. 진짜 입찰을 결정할 물건만 확인차 가면 될 정도로 지도는 많은 걸 알려준다. 일반지도, 지번도, 스카이뷰, 지형도, 로드뷰 등 없는 게 없어서 꼭 필요할 때만 가도 충분하다. 투자 초기에는 인터넷 지도가 완비되지 않아 꼭 현지를 가봐야 하는 경우가 많았으나 요새는 너무 잘 나와서 굳이 안 가봐도 될 정도이다. 과거에는 발품이 투자 성패를 가르는 중요한 요소 중 하나였으나, 이제는 아니다. 필자도 예전에는 틈만 나면 현장을 찾았으나, 요새는 입찰을 결정하기 직전 단계쯤 가본다. 안 가봐도 거의 다 안다. 임장은 확인차 가는 게 대부분이다. 가서 바뀌는 경우도 별로 없다. 단 토지투자 시에는 임장이 매우 중요하다. 토지의 현황, 주변 시세, 관계인의 동정 등 현장에 가야만 정확히 알 수 있는 사항들이 많기 때문이다.

3장

대박 상가·빌딩을 알아내기 위한 기초 다지기

동선

가는 길을 선택할 때는 일정한 원칙이 있다

　동선이란 '사람들이 일상생활 또는 경제활동을 하기 위해, 움직이는 과정을 선으로 이은 것'으로 상가입지분석에서 매우 중요한 의미를 가진다. 사람들의 동선 상에 상가가 위치하고 있는가, 아닌가에 따라 매출 차이가 발생한다. 즉 동선에서 벗어나 있으면 상가는 활성화되기 어려우므로 사람들이 주로 많이 이용하는 동선을 찾는 게 매우 중요하다.

이동 시 동선 선택의 원칙

　아래에 소개하는 동선 선택의 네 가지 원칙은 사람의 성격, 성별, 나이, 낮과 밤, 그 날의 기분이나 몸 상태, 사회 안전망 구축의 정도, 고저차 등 여러 요소에 따라 우선순위가 바뀔 수 있다. 즉 성격이 급하거나 바쁜 사람은 최단거리 원칙을, 노약자는 안전한 거리를 최우선시하여 선택할 수 있다. 또한 경우에 따라서는 아래 네 가지 원칙을 복합적으로 고려해 선택할 수도 있다. 하지만 대체적으로는 최단거리 동선 선택을 가장 우선시하며 연구에 의하면 출근시간에는 최단거리 원칙이 강력하게 작동하며, 퇴근시간에는 최단거리 이외에 활력거리, 안전거리, 평탄거리 선택의 원칙이 혼합적으로 작용한다고 알려져 있다.

최단거리 선택의 원칙

사람들은 가려는 목적지를 가장 빨리 도달할 수 있는 동선을 선택한다. 이는 거리상의 최단거리일 수도 있고 시간상의 최단거리일 수도 있다. 대체로는 두 가지가 일치한다.

안전거리 선택의 원칙

사람들은 거리상 큰 차이가 나지 않는다면 안전한 거리를 선택하여 이동한다. 안전이란 '공포나 위협으로부터 벗어나려는 욕구'로서 사람의 위협뿐만 아니라 자동차, 혐오시설 혹은 두려운 분위기 등을 회피하려는 욕구이다. 6대 범죄가 가장 많이 발생하는 곳은 소로, 골목길 등이고 이 중 살인과 방화는 단독주택에서 가장 많이 발생한다고 한다. 시간대로는 심야(00:00~04:00)와 늦은 저녁시간(20:00~24:00)에 집중된다고 한다. 이를 종합하면, 하루 중 20:00~04:00 경 단독주택지역의 골목길과 소로에서는 최단거리 원칙보다는 안전거리 선택의 원칙이 더 강하게 작용할 가능성이 높다는 의미이다.(신상영, 조권중, 서울의 범죄 발생 특성과 안심도시 추진방안, 정책리포트 161, 서울연구원, 2014.2.17)

활력거리 선택의 원칙

사람들은 거리에서 큰 차이가 나지 않으면 조금 더 멀더라도 활기찬 거리를 선택해 이동하는 경향이 있다. 물론 사람에 따라서는 조용한 것을 더 좋아하는 사람도 있다.

평탄거리 선택의 원칙

사람들은 오르막이나 내리막길을 선택하기보다는 평탄한 길을 선택해 이동하려 한다.

이 4가지 요소를 갖춘 동선일수록 사람들이 선택할 가능성이 높아진다. 따라서 이런 원칙에 부합하는 동선 상에 있는 상가가 영업이 잘 될 가능성이 높다. 이러한 원칙들을 반영한 상가를 선택했다면, 추가로 사람들이 접근하기 쉽고(접근성), 사람들의 시야에 잘 띄는(가시성) 곳인지를 확인해라.

필자가 보는 동선 형성의 원리

사람들이 일상생활 혹은 경제 활동을 행하면서 만들어내는 동선은 다음과 같은 일정한 원리를 가진다. 다음은 필자의 견해로서 다른 시각이 있을 수 있음은 물론이다.

집과 직장 간 동선 '-'자(가로누운 1자)형성의 원칙과 순환반복의 원리

<직장인의 동선>

직장을 다니는 성인은 직장을 다니는 동안 '-'자 모양으로 '왔다, 갔다'를 계속 반복하는데, 여기에는 주목할 만한 여러 특성이 있다.

① 집과 직장 간 동선은 순환 반복되는 '-'에 가깝다. 집과 직장과의 거리가 멀면 큰 '-'자에 가깝고, 집과 직장의 거리가 가까우면 짧은 '-'자에 가깝다.

② '-'자에 가까운 이유는 사람들을 지배하는 최단거리 이동 원칙 때문이다. 이때의 최단거리는 시간적 최단거리인 경우가 많다. 특히 출근시

간에 강력히 작용한다.

③ 과거에는 '-'자의 길이가 물리적 거리였다면 오늘날에는 교통수단의 발달로 물리적 거리보다는 시간적 거리의 길이라고 봄이 타당하다. 교통망이 발달할수록 시간적 거리는 줄어드는 반면 물리적 거리는 늘어나는 경향이 있다.

④ 집에서 직장으로 이어지는 동선은 강한 '-'자인 반면, 직장에서 집으로 이어지는 동선은 보다 느슨한 '-'자에 가깝다.(교통카드 자료가 알려주는 대중교통 이야기(경기연구원(2019-35)의 연구 결과도 이와 동일하다.)

점에서 시작해 점으로의 수렴 원리(인간의 성장 발달과 동선)

〈어린 아이의 동선〉

인간은 갓난아이로 태어나 한동안 누워있다, 방을 기다가, 서서 주변을 걷게 된다. 이를 동선으로 표시하면, 작은 점으로 시작하여 집이라는 축을 중심으로 점점 더 커지는 불규칙한 점이 되며, 직장(학교)이 생기면 집과 직장(학교)이라는 '-'자의 양 끝점을 축으로 하여 많은 동선을 생성하다가, 나이가 들어 은퇴하게 되면 다시 한 점(집)을 중심으로 활동한다. 늙어갈수록 점의 반경은 줄어들어 점점 더 엷은 점이 되며, 결국 생명의 마감과 함께 아예 소멸해버린다. 즉 점에서 시작하여 점으로 소멸한다. 이를 도식화하면,

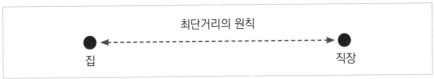

〈직장인의 동선〉

고령사회로의 진입과 동선의 범위, 상가입지

　고령화가 심화되어 노인층이 늘어날수록 사람들이 만들어내는 동선의 범위나 횟수도 그만큼 줄어들게 된다. 직장을 축으로 만들어지던 동선은 점차 감소하고 집을 중심으로 한 동선만 현상 유지 혹은 증가하는 구조로 바뀐다. 노인의 동선은 코로나 시대의 동선과 매우 유사한 면이 많다.

〈코로나 시대의 동선〉

　따라서 직장 부근의 상가나 중심상업지역 내 상가, 유흥상권 내 상가 등은 점점 활기를 잃게 될 가능성이 높은 반면 집을 중심으로 한 동선은 그대로 혹은 오히려 늘 수 있으므로 단지내상가나 근린상가는 오래도록 그 기능을 유지할 가능성이 높다.

 범죄와 동선의 관계(안전거리 선택의 원칙과 동선)

> 일반적으로 사람들은 최단거리로 목적지까지 이동하나, 낮보다 심야시간에, 남성보다 여성이, 아파트보다 단독주택지에서 안전거리 선택의 원칙이 더 강하게 작용한다. 따라서 이러한 경우에는 최단거리보다는 안전한 통행로를 선택하므로 입지분석 시 이런 여건을 감안하여야 한다.

최단거리 선택의 원칙

최단거리 선택의 원칙은 매우 강력하여 사람들이 어느 지점에서 어느 지점으로 이동할 때 최우선적으로 적용된다. 이 말은 곧 최단거리 선택의 원칙이 출퇴근처럼 일정 거리를 둔 목적지로의 이동에만 적용되는 게 아니라 사람의 이동 전반에 걸쳐 두루 적용됨을 뜻한다. 즉 빌딩 내에서 작은 매점 하나를 입점할 때도 이 원칙을 염두에 두고 실행에 옮겨야 한다. 임대료가 싸다고 선뜻 임차했다가 엘리베이터에서 먼 위치라면 낭패를 볼 수 있기 때문이다.

대규모 인구유출입시설의 출입구에서 가까울수록 더 좋은 자리라고 보는 이유도 마찬가지다. 출입구에서 나와 음료수나 담배 하나를 사려고 할 때도 다른 요인의 영향이 없다면 소비자는 가장 가까이 위치한 편의점을 이용할 게 당연하기 때문이다. 다만 여기서 최단거리란 반드시 직선거리를 의미하는 게 아니라 현실적 한계를 고려한 최단거리를 의미한다. 즉 횡단보도 등 현실적인 조건을 감안한 최단거리이며, 어떤 경우에는 시간적 최단거리가 된다.

단지내상가, 근린상가와 최단거리 원칙

최단거리 선택의 원칙은 아파트 내에서도 동일하게 작용하므로, 입주자들은 집에서 가장 가까운 상가를 이용하려고 한다. 아파트 단지내상가의 경우 사람들의 왕래가 잦은 생활동선에서 가장 가까운 자리가 제일 좋을 가능성이 높다. 아파트 주변의 근린상가도 대단지 아파트 출입구에서 가까울수록 좋을 가능성이 높다. 단, 아파트단지 규모가 너무 작으면 가령 200세대 이하라면 출입구 부근보다는 작은 단지와 작은 단지 중간 위치 정도에서 즉 구매수요가 약 500세대를 형성할 수 있는 입지에서 상가가 발달할 가능성이 높다.

상가주택단지와 최단거리 원칙

택지개발지구나 신도시의 상가주택단지(점포겸용 주택단지)는 대부분 택지개발 초기 단계부터 아파트단지에서 다소 떨어져 조성되기에 입지가 정말 좋은 경우는 많지 않다. 따라서 아래 사항을 기준으로 고르는 게 좋다.

아파트 밀집 지구로부터 도보 가능거리에 있다면, 사람들의 생활동선 상에 있는 상가주택 중에서 접근성과 가시성이 좋은 곳이 우수한 입지일 가능성이 높다.

아파트단지와 거리가 멀어 자동차를 이용해야 한다면 상가주택단지 내의 도로와 도로가 서로 만나는 자리가 우수한 입지일 가능성이 높다. 이때 주차 공간과 주차 편의성까지 갖추면 당연히 더 유리할 것이다. 반면 막다른 도로 상이나 단지의 끝 쪽에 가까울수록 안좋은 입지일 가능성이 높고, 주차까지 불편하다면 최악의 입지가 될 가능성이 높다.

즉, 아파트단지와 아주 가까운 거리라면 최단거리 원칙이 강력히 작용할 가능성이 높고, 반면 멀어서 주요 통행수단이 자동차라면 최단거리 원칙보다는 주행과 주차편의성이 우선할 가능성이 높다.

교통카드 자료가 알려주는 대중교통 이야기-경기연구원 2019-35

짐작은 했겠지만 최단거리 원칙은 퇴근시간보다는 출근시간에 더 강력하게 작용하며, 이는 최근의 실증연구에서도 입증되었다. 즉 출근시간 경기도에서 서울시로 가는 대중교통 이용자는 통행시간 단축을 위해 불편한 환승을 감수하나, 서울시에서 경기도로 이동하는 대중교통 퇴근자는 편리함을 선호하기 때문에 낮은 환승률을 보인다고 한다. 즉 출근시간 대의 환승률은 53.3%, 퇴근시간 대의 환승률은 47.4%로 나타났다고 한다. 〈교통카드 자료가 알려주는 대중교통 이야기, 김채만 외, 경기연구원〉

다음 그림의 303동 거주자는 야탑역 이용 시 어느 동선을 이용할까?

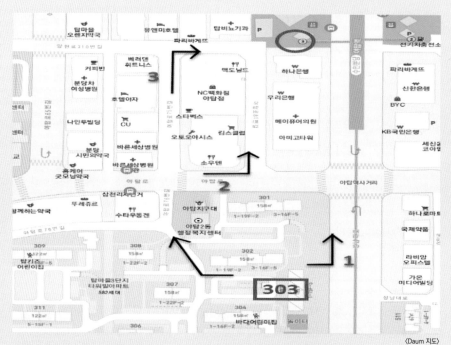

〈Daum 지도〉

〈303동 거주자가 야탑역으로 이동 시 이용할 동선〉

〈1번 동선〉

〈2번 동선〉

위 그림에서 보듯이 303동 거주자에게 역으로 가는 최단거리 동선은 1번(샛길)으로 보이며, 2번과 3번은 최단거리는 아니나 주변 시설(백화점, 파출소 등)로 보아 보다 활력 있고 안전한 거리로 보인다.(3번은 2번보다 더 멀어 아침, 저녁 모두 2번에 비해 선택될 가능성은 많지 않다.)

연구자료 '교통카드 자료가 알려주는 대중교통 이야기'에서 보았듯이, 사람들은 동선 선택 시 출근시간에는 시간 단축을, 퇴근시간에는 시간 단축 이외의 요소인 편안함, 즐거움, 안전 등을 더 중요시하는 거로 보인다. 따라서 이런 경향을 303동 거주자에게도 적용한다면, 아침 출근길에는 가장 최단거리인 1번 동선을 선택하여 빠르게 이동하고, 저녁 퇴근길에는 안전하게 귀가할 수 있는 2번 동선을 선택할 가능성이 높다. 물론 단지 부근의 도로 환경이나 출입문의 위치 등 개별적·구체적 상황에 따라 동선 이용이 달라질 수 있다.

출발지 인근 혹은 도착지 인근 구매의 원칙

이동 시 물품을 구매하는 행위는 대개 출발지나 도착지 인근에서 특히 도착지 인근에서 이뤄지며, 이동 과정에서는 자제될 가능성이 높다. 이는 최단거리가 때로는 거리상의 의미가 아니라 심리적인 의미로 작용할 수 있음을 보여준다. 출근길보다 퇴근길 동선에 있는 상가가 더 좋다는 이야기와도 일맥상통한다.

따라서 출발지와 도착지의 중간 단계에 위치하는 상가, 즉 이동 과정상에 놓인 상가들은 소위 흐르는 입지가 될 가능성이 높다는 점을 유념해야 한다.

02

대규모 인구유출입시설

(Great Post : 약칭 'GP') – 주변을 주시하라

상가입지나 상권을 쉽게 이해하기 위해 필자가 고안한 개념이다. 새로운 개념이라서 생소하게 느낄 수도 있다. 다른 부분을 먼저 읽고 제일 나중에 읽어도 되나, 반드시 볼 필요가 있다.

인구유출입시설(P : Post)

인구유출입시설이란 "사람들이 일상생활이나 경제활동을 하는 과정에서 출입하게 되는 각종의 시설 혹은 장소"를 말한다. 단순하게 말하면 사람들이 들락날락하는 곳으로서 상가입지 혹은 상권과 관련해 의미 있는 인구유출입시설은 크게 기본적 인구유출입시설(집과 직장)과 대규모 혹은 초거대규모 인구유출입시설(예 : 대형 전철역, 밀집되어 있는 버스정거장 등)로 나눌 수 있다.

기본적 인구유출입시설이란 '사람들의 일상생활 혹은 경제활동의 근거지가 되는 곳'으로서 집과 직장을 의미한다. 집과 직장은 가장 기본적 단위로서 상가입지 혹은 상권형성에서 매우 중요한 의미를 지닌다. 집과 직장이라는 두 축을 중심으로 형성되는 동선은 지속적으로 반복하고 안정적이라는 특성을 지니고 있다. 구매행위는 이 동선 상에서 이뤄지므로 이 동선 주변으로 상가가 형성되며, 이러한 동선이 많이 교차할수록 상가가 발달하기 쉬워 상권이 형성된다. 따라서 집과 직장 부근의 상가나 상권은 상당히 안정적인 성향이 있다. 특히 집 주변이 더욱 그러하다.

대규모 인구유출입시설(GP)이란 전철역, 버스정거장, 시외버스터미널, 쇼핑센터, 백화점, 학교, 공공기관, 대규모 유통상가, 대규모 업무시설, 재래시장, 영화관, 아파트단지 등처럼 많은 사람들이 출입하는 시설들을 말한다. 기본적 인구유출입시설의 하나인 집도 한 울타리에 많이 모여 있으면 대규모 인구유출입시설이 된다. 아파트단지가 그 대표적 사례로 단지 출입구 부근은 가장 안정적인 상가입지이다. 마찬가지로 직장도 서초동 삼성빌딩처럼 규모가 크다면 대규모 인구유출입시설이 된다.

대부분의 사람들은 집과 직장이라는 기본적 인구유출입시설을 두 축으로 하여 전철역이나 버스 정거장, 학교나 백화점, 일단의 상업시설 등과 같은 대규모 인구유출입시설을 이용하므로 상가입지 측면에서는 대규모화된 집과 직장, 그리고 대규모 인구유출입시설을 이용하는 사람들이 만들어내는 동선을 연구하는 게 무엇보다 중요하고 필요하다.

인구유출입시설과 동선 형성

상권형성의 원리를 알기 위해서는 혹은 상가투자를 제대로 하려면 인구유출입시설인 집을 중심으로 만들어지는 동선, 집에서 직장까지의 동선, 직장을 중심으로 만들어지는 동선, 직장에서 집까지의 동선, 대형 전철역과 같은 대규모 인구유출입시설 부근의 동선 등을 집중적으로 분석하여,

동선 형성의 원리를 파악해야 한다.

　사람들 개개인이 만들어내는 동선 하나하나가 모여 명동이나 강남역 같은 최고의 상권을 만들기도 하지만, 어느 곳은 치밀한 계획 하에 막대한 예산을 들여 수많은 인파를 유인할 시설들(전철역, 상업시설 등)을 만들고도 죽은 상권이 된다. 그만큼 구매수요를 유입하기도 유출하기도 하여 주변 상권에 커다란 영향을 주는 인구유출입시설에 대한 이해와 분석은 간단하지 않지만 매우 중요하다. 이들이 만들어내는 동선 형성의 원리를 이해하고 동선이 서로 많이 겹치는 지역을 찾아내는 게 바로 좋은 입지, 좋은 상권 파악의 핵심이 되기 때문이다.

인구유출입시설과 수요의 결집현상, 분산현상

　인구유출입시설의 규모(즉 이용자수)가 커질수록 인구유출입시설의 출입구 주변으로 상가가 발달하기 시작한다. 그런데 유의할 점은 동일한 규모의 인구유출입시설이라도 출입구의 수가 많아지면 수요는 분산되고, 출입구 부근마다 여러 개의 상가가 들어서므로 상가 수가 많아져 다들 영업이 시원찮게 된다. 즉 제대로 된 상권형성에 어려움을 겪게 된다.(참고페이지 : 222)

대규모 혹은 초거대규모 인구유출입시설의 성격

① 상가를 수요(이용)하려는 측면만 있는 대규모 인구유출입시설

　전철역과 버스정거장, 대규모의 아파트단지, 대규모 업무시설이나 오피스 빌딩 등이 이에 해당한다. 대규모의 아파트단지는 상품과 서비스를 구매하려는 사람들, 즉 구매수요가 밀집되어 있는 곳이고, 전철역과 버스정거장은 이러한 구매수요를 운반해주고 배출하는 통로로서, 이들은 상가를

수요 하려는 측면만 있는 대규모 인구유출입시설로 이해하면 될 듯하다. 서초 삼성타운처럼 오피스빌딩(대규모 업무시설)도 건물 내부에 일부 판매시설이 있으나 전체 규모에 비해 미미하므로, 상가를 수요 하려는 측면만 있는 초거대규모 인구유출입시설로 이해하면 된다. 이런 성격을 가진 인구유출입시설 주변의 상가투자는 매우 바람직할 수 있다.

용어해설 여기서 말하는 상가 수요적 측면이란 상가에서 판매하는 상품과 서비스에 대한 수요를 말한다.

② 상가공급적 측면만 강한 대규모 인구유출입시설

스타필드 같은 대형 복합쇼핑시설물은 주변의 구매수요를 강하게 빨아들여 자체 시설 내에서만 소비가 이루어지게 하므로 상가공급적 측면만 강하게 존재하고 구매수요를 주변 상가에 공급하는 측면은 거의 없다. 이러한 특성상 다른 상업시설과 성격이 다르다. 따라서 이러한 대형 복합쇼핑시설물 주변의 상가투자는 특히 조심하여야 한다. 상권형성적 측면보다는 상권파괴적 측면이 더 강하다.

③ 상가공급적 측면뿐만 아니라 상가 수요적 측면도 동시에 가진 대규모 인구유출입시설

상업시설(상가, 상가건물)은 상가공급적 측면은 물론 상가에 대한 수요적 측면도 동시에 지닌 인구유출입시설이다. 즉 상업시설은 상가이므로 당연히 상가공급자 역할을 수행하지만, 이와 동시에 해당 상가를 이용한 사람들을 주변 상가에 배출하여 다른 상품과 서비스를 구매하게 하는 역할도 수행하므로 상가 수요적 측면도 가지고 있다. 무엇보다 상업시설이 대형화 혹은 집단화될수록 구매수요를 끌어당기는 힘이 강해지는 경향이 있어 사람들은 상업시설이 몰려있는 명동이나 강남역 부근, 홍대나 건대입구역 부근의

상업지구를 찾는다.

초거대규모 인구유출입시설의 종류

① 강남역, 잠실역, 야탑역 등과 같은 초거대규모 전철역

② 일단의 상가지역 : 명동이나 강남역, 건대입구 주변과 같은 대규모 상업 지역

③ 신도시 내 일련의 중심상가나 근린상가건물 밀집지역

④ 강남역 부근의 업무시설 밀집지역

⑤ 대규모 업무시설 : 단일 오피스건물이지만 엄청난 규모를 갖춰 대규모 인구유입 효과가 있다면 이 또한 초거대규모 인구유출입시설(VGP)로 볼 수 있다. 그 예로는 서초동 삼성사옥, 63빌딩, 네이버 본사 등이 있다.

⑥ 대단지 아파트 밀집지역

　강남역처럼 초거대규모 인구유출입시설을 통해 배출되는 구매수요는 주변의 상권과 상가입지에 막대한 영향을 미치므로, 이런 초거대규모 인구유출입시설의 성격을 제대로 이해하고, 이곳을 통해 배출되는 사람들 즉 구매수요가 만들어내는 동선을 정확히 파악하는 게 상가입지와 상권분석의 핵심이다.(참고로 2019년8월29일 기준 강남역의 하루 평균 승하차 인원은 신분당선 포함 235천명 이다.)

용어해설 Post

사전적 의미로는 '기둥, 말뚝'을 의미하나, 필자는 상가입지 혹은 상권과 관련해 중요한 의미를 갖는 인구유출입시설을 나타내는 용어로 사용하고자 하며, 지도 상에서는 'P(Post)'로 표기하고자 한다. 따라서 기본적 인구유출입시설인 집과 직장은 'BP(Basic Post)', 대규모 인구유출입시설은 'GP(Great Post)', 초거대규모 인구유출입시설은 'VGP(Very Great Post)'로 축약하여 표기하기로 한다.

투자 포인트

다른 조건이 동일하다면 **인구유출입시설의 규모가 큰 곳, 즉 이용자 수가 많은 곳을 찾아라. 규모가 같다면 출입구가 적은 곳을 찾아라. 출입구 중에서는 주출입구**(사실상의 주출입구 역할을 하는 곳)**를 찾고, 출입구에서 가장 가까운 상가**(자리)**를 찾아라.**

또한 대규모 혹은 초거대규모 인구유출입시설의 신설, 이전, 폐지는 사람들의 동선 변화를 야기해 상권이 움직이게 되므로 반드시 이러한 시설의 변동사항에 관심을 두어야 한다.

반경 1~2km 내외에서 하루 약 100만명 정도를 공급해 주는 핵심 전철역(초거대규모 인구유출입시설)이 몰려 있는 곳은?

명동 지하쇼핑센터를 기점으로 반경 1km 내외의 거리에 있는 전철역들이 하루 승하차 인원 약 100만명이라는 구매수요를 주변 상권에 대량으로 공급해 주고 있다.

명동지하쇼핑센터 기점 1km 반경 내 전철역별 하루 승하차 인원

(단위 : 만명)

역명	서울	시청	종각	을지로입구	명동	광화문	종로3가	충무로	회현	종로5가	을지로3가	계
인원	19.2	10.2	8.6	10.1	8.0	7.3 +∝	12.5	6.3 +∝	6.3	5.4	6.8	100.7 +α

⟨Daum 지도⟩

〈명동 상권에 대량의 구매수요를 지속적으로 공급하는 주변 전철역〉

위 그림은 명동역 주변에 존재하는 전철역이 초거대규모 인구유출입시설로서 구매수요를 배출 혹은 유입하는 양을 나타낸 그림이다. 명동지하쇼핑센터를 중심으로 반경 약 1km 내외에 하루 10만명 이상 승하차(배출하기도 하고 유입하기도 하는)하는 전철역만 4개, 5만 이상은 7개나 있다.

또한 반경 2km 이내에서 하루 이용객 10만명이 넘는 6개의 전철역이 대략 일 90만 명의 구매수요를 지속적으로 공급하는 곳이 강남역 부근이다.

강남역 기점 2km 반경 내 전철역별 하루 승하차 인원

(단위 : 만명)

역명	강남	교대	역삼	선릉	삼성	고속 터미널	계
인원	23.5	10.3	10.0	14.8	12.1	16.0	86.7

〈강남역 주변에 대규모의 구매수요를 지속적으로 공급하는 초거대규모 전철역〉

이 두 상권의 공통점은 주변에 다수의 초거대규모 인구유출입시설이 존재한다는 사실 이다. 즉 명동, 강남역, 남대문 등 초거대 상권이 형성되고 유지되는 바탕에는 이처럼 주 변에 대형전철역이나 버스 정거장 같은 초거대규모 인구유출입시설이 존재하고 있음을 잘 알 수 있다.

이를 비유적으로 표현하면 대규모 전철역은 상권에 대량의 구매수요를 지속적으로 공급하는 수도관이며, 전철 출입구는 주변에 생명의 물(구매수요)을 부려 활기를 불어 넣어 주는 수도관의 호스구멍이라 할 수 있다. 따라서 호스구멍 주변에서 가까울수록 많은 물을 얻을 수 있듯이 전철역 출입구와 가까운 상가는 먼 상가에 비해 장사가 잘 될 가능성이 훨씬 높아진다

4장

상가투자의 핵심 '대박 상가' 고르기

필독대상 – 토지개발자(건설회사·LH·SH), 투자자, 분양업체, 중개사

01

대박(좋은)상가, 쪽박(나쁜)상가
어떻게 알 수 있나?

≒ 상가입지분석 순서, 도시설계의 순서

상가분석의 핵심은 '입지분석'과 '가치분석', 이 두 가지에 있다.

즉 "'좋은 입지'의 상가를 '좋은 가격'(싸게)에 산다."가 핵심이다. 입지가 좋지 않은 상가는 임대나 매매 시 문제가 발생될 가능성이 크므로 우선 입지가 좋은지, 안 좋은지를 구별할 줄 알아야 한다. 그런데 아무리 좋은 입지라도 제 가치를 판별할 줄 몰라 시세보다 비싸게 주고 사면 차라리 입지 보는 법을 모르는 게 나을 수도 있다. 상가투자자는 '좋은 입지인지, 아닌지'만 구분할 줄 알면 되는 게 아니라, '좋은 가격(싼 가격)인지, 아닌지'까지 판별할 줄 알아야 된다.

상가투자 시 해당 물건의 우수성 여부를 분석하는 방법에 대해 필자가 사용하는 방법을 소개하고자 한다. 이 분석법은 거시적으로는 도시설계에, 미시적으로는 상가의 입지선정에 거의 동일하게 적용할 수 있다.

① 그 지역 인구의 거시적 이동 방향(거시동선)을 분석한다.

② 분석하려는 상가주변 인구의 이동 방향(미시동선, 주동선)을 분석한다. 특히 여러 이동 흐름 중 사람들이 가장 많이 이용하는 주동선 상에 상가가 위치하는지를 중점적으로 파악한다.

※ 위의 ①과 ②를 분석할 때 구매수요는 최단거리, 안전거리, 활력거리, 평탄거리 원칙에 따라 이동할 가능성이 높다는 점을 유의한다.

③ 구매수요의 범위를 확정하여 그 크기를 분석한다. 구매수요의 범위를 확정한다는 이야기는 상가가 미치는 상권력의 범위를 확정한다는 의미이기도 하다.(참고페이지 : 209)

④ 상가의 접근성과 가시성을 분석한다.

⑤ 상가공급 측면을 분석한다. 주변의 상가 수가 적정한지, 항후 상가의 추가 공급 가능성은 없는지 등을 조사한다.

⑥ 상가의 가치를 분석한다.

①~⑤의 조건은 상가입지, ⑥은 상가가치에 관한 항목이다.

①~③의 순서는 도시설계의 순서라고 보아도 좋다.

02

'좋은 입지'의 상가란?

'좋은 입지'의 상가란 무엇인가? 다음의 다섯 가지 요소를 갖춘 상가를 말한다. ①거시동선에 순응하는 입지 ②주동선 상의 입지 ③좋은 접근성과 가시성 ④상가 주변에 큰 구매수요가 존재하는 입지 ⑤내 상가 주변에 경쟁할 만한 상가가 부족하거나 앞으로 부족할 가능성이 높은 입지.

이 조건을 많이 갖출수록 '좋은 입지'의 상가이다.

거시동선 :
'인구의 거시적 이동 흐름에 순응하여 위치하고 있는가, 아닌가'의 문제

거시동선이란 '그 지역에 사는 사람들(구매수요)의 큰 이동 흐름이 어느 쪽으로 향하는가?'를 나타내는 개념이다. 따라서 이를 알기 위해서는 그 지역의 성립 배경이나 주민의 특성 특히 주민 대다수의 직장이 어디에 위치하느냐를 파악하는 게 매우 중요하다. 가령 과천시민 상당수의 직장이 서울에 위치하는 것으로 파악되었다면 이를 근거로 주민의 큰 이동 흐름은 오전에는 과천에서 서울 쪽으로, 퇴근 무렵부터는 서울에서 과천 쪽으로 향함을 예상할 수 있다. 이런 큰 흐름을 인구의 거시적 이동 흐름 내지 거시동선이라고 한다.

거시동선은 주로 출퇴근 동선과 관련되므로 당연히 주변의 교통망과 밀접한 관계를 갖는다. 즉 주민 대다수의 출퇴근 방향에 위치한 전철역이나 버스정거장 쪽으로 거시동선이 형성되고 그 동선을 따라 상가와 상권이 발달한다. 여기서 주목할 부분은 '출퇴근 방향에 위치한'이라는 어구를 절대 놓쳐서는 안 된다는 점이다. 이 방향에 맞게 위치하고 있는 전철역인가, 아닌가에 따라 그 주변 상가의 흥망이 크게 차이가 날 수 있기 때문이다. 지역 주민의 큰 이동 흐름에 역행하는 전철역이나 버스정거장을 보고 "야 전철역 입구 바로 앞자리네, 너무 좋은데. 대박이네. 계약하죠 뭐."라고 오판하는 순간, 인생이 피곤해진다. 이것이 바로 거시동선의 방향을 염두에 두어야 하는 이유이다.

또한 상가의 종류나 상권에 따라서 거시동선의 중요도가 달라진다. 거시동선의 특성상 중심상가나 유흥상가는 이 흐름상에 위치하는지 아닌지에 따라 가장 큰 영향을 받으며 근린상가나 단지내상가는 주로 집 중심의 미시적 이동과 관련이 깊어서 특별한 경우가 아니면 거시동선에 크게 영향받지는 않는다. 심지어 거시적 이동 흐름과는 전혀 무관한 경우도 있다. 거시동선 편의 사례를 필히 참조해 보기 바란다.

 신도시를 개발하는 분들에게 드리는 충언.

도시를 설계할 때, 혹은 아파트 상가 동을 배치할 때 인구의 거시적 이동 흐름에 역행해서는 안 된다. 역행할 경우의 피해 규모가 너무 크고 되돌리기도 불가능에 가깝기 때문이다. 즉 주민의 불편은 물론 시설 건축에 투입된 막대한 자본의 비효율이 발생할 수밖에 없다. 반대로 그 지역 인구의 거시적 이동 흐름에 순응하면 고객 편의 증진과 시설 및 자본의 효율적 이용이 배가된다. 또한 상가, 상권의 측면에서 보면, 중심상가, 근린상가, 단지내상가 등의 분양 성공은 물론 분양 이후 상가 활성화까지 꽃길을 걷게 될 가능성이 매우 높다.

주동선

사람들이 다니는 수많은 길을 미시동선(인구의 미시적 이동 흐름)이라고 한다면, 이런 수많은 길 중에서 사람들이 주로 많이 이용하는 길을 주동선이라한다. 주변에 커다란 구매수요가 존재하더라도 이 주동선을 벗어난 상가는장사가 잘 안될 수 있을 정도로 상가입지를 판단함에 있어서 매우 중요한요소이다. 그래서 미시동선 분석의 핵심은 주동선 분석이라고 할 수 있다.

신도시에서 어느 동선이 주동선이 될지를 알기 위해서는 상가 주변의 대규모 인구유출입시설의 위치와 성격을 파악해야 한다. 이러한 시설을 이용하려는 사람들의 이동과정에서 많은 동선이 형성되며, 이중 가장 많이 이용하는 동선이 주동선이 되기 때문이다. 또한 세부적으로는 대규모 인구유출입시설의 출입구(가령 아파트나 전철역, 대형 판매점 등의 정문, 후문, 쪽문 등)와 횡단보도의 위치까지 미리 파악할 필요가 있다. 출입구가 구매수요를 주변상가에 공급하는 수도관의 꼭지 역할을 한다면, 횡단보도는 구매수요와 상가를 이어주는 결혼중개사 역할을 담당하기 때문이다.

상가의 접근성과 가시성

상가의 접근성이란 구매수요가 '내 상가에 얼마나 쉽고 편하게 접근할 수있는가'를 판단하는 것으로서 쉽게 말하면 구매자가 내 상가에 쉽고 편하게 들어와 상품과 서비스를 구입할 수 있으면 접근성이 좋은 것이고, 그렇지 않고 힘들고 불편하다면 접근성이 안 좋은 것이다.

상가의 가시성이란 주변의 '구매수요에게 내 상가가 얼마나 잘 보이는가'를 말하는 것으로 구매자의 눈에 잘 띄게 하는 게 가시성의 핵심이다.

이러한 상가의 접근성과 가시성은 아주 밀접한 관계여서 접근성이 좋으면 가시성도 좋고, 가시성이 좋으면 접근성도 좋은 경우가 일반적이다.

주택과 달리, 상가의 1층과 2층이 매매가와 임대가에서 매우 큰 차이를 보이는 가장 중요한 이유는 다름 아닌 접근성과 가시성의 차이 때문이다. 지하층인데 1층을 통하지 않고 바로 들어갈 수 있는 출입문을 설치한다거나, 간판을 크게 혹은 눈에 띄는 색으로 제작하는 행위 등이 상가의 접근성과 가시성을 확보하기 위한 노력이라 볼 수 있다.

덧붙이면 필자가 상가가치 증진방법 편에서 상가건축설계의 중요성을 다룰 때, 상가를 주택처럼 설계하거나, 상가 기능을 축소하여 설계하면 자신도 모르게 수억 내지 수십억의 가치를 날려버리게 된다고 강조하는데 가장 큰 이유가 바로 이러한 상가의 접근성과 가시성의 중요성을 간과하는 데에 있다.

큰 구매수요

아무리 핵심입지, 좋은 접근성, 좋은 가시성을 갖추어도 주변에 수요가 부족하면 장사가 잘될 리 없고 따라서 임대나 매매도 잘될 리 없다. 상가나 상권이 발달하려면 일정 규모 이상의 수요가 뒷받침되어야 한다. 아파트의 경우 단지내상가가 유지되려면 500세대 이상(오피스텔은 300세대 이상)은 되어야 한다.

주변의 구매수요가 클수록 잘 될 가능성이 높아지므로 구매수요의 크기와 범위를 분석할 줄 알아야 한다. 구매수요는 고정인구와 유동인구로 구성된다. 고정인구를 바탕으로 하는 대표적인 상가가 근린상가나 단지내상가다. 이들은 안정적인 매출을 유지하지만 엄청나게 큰 구매수요가 뒷받침하는 경우는 거의 없어서 규모는 작은 특성이 있다. 반면 유동인구를 바탕으로 한 대표적인 상가(상권)는 우리가 잘 알고 있는 명동, 강남, 이태원, 건대입구역 같은 중심상권인데 이는 반대로 어마어마한 규모로 성장할 수 있으나 불안정하다는 특성이 있다.

또한 고정인구를 대상으로 하는 근린상가나 단지내상가는 그 주변 구매수요의 크기 측정이 어느 정도 용이하나 명동이나 강남처럼 유동인구를 바탕으로 한 상권은 아직까지는 그 구매수요를 정확히 측정하기 어려운 게 사실이다.

적은 상가공급

다른 조건이 다 좋아도 상가공급이 많으면 장사가 잘 안될 수 있다. 상가공급 측면 분석은 주변의 전체 상가공급량이 많은가? 앞으로는 어떻게 되는가? 등 현재와 미래상황 모두를 체크하여야 한다. 물론 그 결과를 바탕으로 주변 상가공급이 적은 곳을 선택하여야 한다. 또한 영업을 하려는 임차인의 시각에서는 주변 전체의 상가공급 측면 분석 외에 경쟁업소가 될만한 상가공급이 많은지에 대해서도 체크할 필요가 있다.

아파트 단지내상가나 근린상가는 공급 측면 분석이 상대적으로 용이하나, 아파트, 단독주택, 빌라 등이 혼재되어 있는 지역은 공급 측면 분석이 매우 어렵다.

이러한 5가지 요소를 많이 갖출수록 좋은 입지의 상가가 되고, 덜 갖출수록 나쁜 입지의 상가가 된다. 한 가지 명심할 사항은 입지 좋은 곳을 잘 선택했다고 해서 성공할 거라고 확신할 수 없다. 아직 한 가지가 부족하다. 남은 한 가지가 상가투자의 성패를 결정하는 제일 중요한 요소일 수 있다. 이제 편을 달리해 나머지 한 가지를 알아보자.

03

'좋은 가격'이란?

100전 100승의 상가투자 성공조건 중에서 '좋은 가격'이란 무엇인가?

좋은 입지인지, 아닌지를 구분할 줄 알아서 좋은 입지의 상가를 구입했다고 가정하자. 좋은 입지만 만족하면 상가투자에 성공하는가? 좋은 입지의 상가는 비싸게 사도 아무 상관이 없나?

물론 단연코 아니다. 좋은 투자란 '좋은 입지의 상가를 산다.'가 아니고, '좋은 입지의 상가'를 '좋은 가격 즉 싸게 산다.'이다. 그래서 '좋은 입지'를 판단할 수 있는 능력 못지않게, 아니 오히려 더 중요한 것이 '좋은 가치' 여부를 판단할 수 있는 능력이다. 필자에게 상가투자 성패를 가르는 제일 중요한 점 한 가지만 고르라면 당연히 '좋은 가격' 여부를 선택할 것이다. 여러 조건상 대박이 나야 할 헬리오시티 단지내상가의 대규모 장기공실 원인이 '좋은 입지'에서가 아니라 '좋은 가격'에 있다는 사실이 이를 잘 대변한다. 즉 헬리오시티 단지내상가는 성공할 여러 조건을 갖추고 있음에도 지나치게 높은 고분양가로 인해 장기 공실사태를 겪고 있다고 보인다.

따라서 이 상가가 입지는 좋은데 시세보다 싼지, 아니면 비싼지를 파악할 수 있는 능력을 갖춰야 한다. 여기서 '싼 가격'이란 현재 싼 가격이거나 혹은 지금은 별로 싸지 않아도 미래 대비 싼 가격을 의미한다. 또한 미래 대비 싼 가격은 상가가치 증가방법이나 도시계획과도 밀접한 관련이 있다. 이 책의 상가가치분석 편을 보면 상가가치를 제대로 분석하고, 상가가치를 증대하는 법을 배울 수 있다.

✔TIP 상가투자에 도움이 되는 사이트

• 상가나 부동산 관련 정보를 알려주는 사이트
소상공인상권정보시스템(sg.sbiz.or.kr)
일사편리(kras.go.kr)
토지이용규제정보서비스(luris.molit.go.kr)
스마트국토정보(m.nsdis.go.kr)
부동산테크(rtech.or.kr)
서울 부동산정보광장(land.seoul.go.kr), 경기부동산포털(gris.gg.go.kr)
정부24(gov.kr)
한국감정원 부동산통계정보(r-one.co.kr)
씨리얼(seereal.or.kr)
국토부의 실거래가 공개시스템(rt.molit.go.kr)
부동산공시가격 알리미(realtyprice.kr)
KB부동산(onland.kbstar.com)
서울시ETAX(etax.seoul.go.kr)
국내통계(losis.kr)
국가법령정보센터(law.go.kr)
미래철도(frdb.wo.to)

• 상가 등 부동산 물건의 실제 거래가격을 알려주는 사이트
아래의 사이트는 상가(상가주택·상가건물·꼬마빌딩) 등 부동산 물건의 실제 거래가격뿐만 아니라 평당 가격 등 필요한 각종의 데이터를 제공하므로 관심 있는 지역의 정보를 쉽게 찾아볼 수 있다.

또한 실제의 매물까지도 올려져 있어 거래도 가능하다. 부동산의 가치를 판단하는 데 도움을 주는 사이트이니 참조하기 바란다. 특히 상가와 관련해서는 밸류맵, 디스코, 부동산플래닛 등이 크게 도움을 준다.

디스코(disco.re)
벨류맵(valueupmap.com)
부동산플래닛(bdsplanet.com)
밸류쇼핑

아파트에 관한 것은 -
호갱노노(hogangnono.com), 아실(asil.kr), 부동산지인(aptgin.com)

손오공	상가·빌딩 투자는 손오공의 5L2V가 답이다	5L2V

- '좋은 입지' 분석법 **5L** 거시동선 상의 입지, 주동선 상의 입지,
  좋은 접근성과 가시성, 큰 구매수요, 적은 상가공급
- '좋은 가격' 분석법 **2V** 상가가치 분석법, 상가가치 증대법

2부

상가 · 꼬마빌딩
입지분석 편

1장

상가·빌딩 입지분석의 첫걸음,
도시설계의 기초 '거시동선'

필독대상 - 토지개발자(건설회사·LH·SH), 중심상가 투자자, 분양업체, 중개사

01

파주 운정 신도시 내 운정역 이용이 저조한 이유는?

거시동선 분석 1

거시동선 - 버려져 있던 맏아들을 마침내 찾아내다.

전철역사나 중심상업지역의 입지선정 시 반드시 고려해야 할 동선이지만 설마 하는 방심으로 인해 그동안 버려져 있었다. 이제서야 그 중요성을 인식하고 필자가 거시동선이라는 이름을 지어주었다. 주민 편의와 자원의 효율적 사용을 위해 3기 신도시 건설의 초입 단계인 현 단계에서 반드시 고려해야 할 동선이다.

운정역, 야당역 이용자의 거시적 이동방향

파주 운정지구의 운정역이나 야당역을 이용하는 사람들은 서울이나 일산 방면으로 가는 경우가 대부분일 것이다. 따라서 아래 그림처럼 인구의 큰 이동 흐름이 출근 때는 우하향하여 갔다가 퇴근 때는 반대로 일산이나 서울에서 파주 쪽으로 좌상향하여 이동하는 큰 흐름을 보일 것이다.

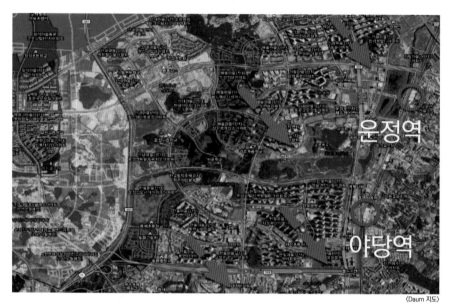

〈아침 무렵 운정역, 야당역 이용자들의 거시동선〉

〈저녁 무렵 운정역, 야당역 이용자들의 거시동선〉

운정지구를 5개의 지역(섹터)으로 구분하고, 운정역과 야당역 이용 가능성을 분석하면,

파주 운정지구를 아래 그림처럼 1, 2, 3, 4, 5의 5개 지역으로 나누어서 운정역과 야당역 이용에 대해 검토해보자.

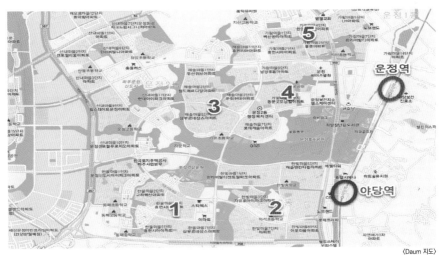

〈운정지구를 5개의 지역으로 구분하여 이들의 역 이용 가능성을 살펴보자〉

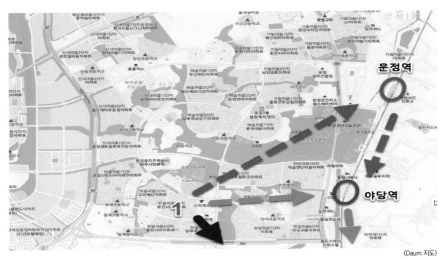

〈1지역 거주자의 야당역, 운정역 이용 가능성〉

1지역 거주자의 거시적 이동 방향은 우하향(보라색 화살표)인데 운정역은 이동하려는 반대 방향에 위치하므로 사실상 이용할 가능성이 거의 없다. 또한 야당역도 진행하려는 방향과는 상관없이 오른쪽으로 상당한 거리를 이동해야 하는 시간상, 거리상 불편함이 있어서 특별한 경우를 제외하고는 이용할 가능성이 높지 않다.

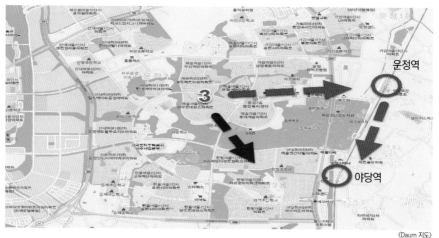

<Daum 지도>

〈3지역 거주자의 야당역, 운정역 이용 가능성〉

3지역에 거주하는 사람도 이동하려는 방향과 관련 없는 쪽에 위치한 운정역을 이용할 가능성은 별로 없고 진행 방향에 위치하는 야당역을 이용할 가능성이 높다.

인구의 거시적 이동 흐름을 거스르는 운정 호수공원

하지만 3지역 사람들의 야당역 이용도 만만하지 않다. 그림에서 보듯이 운정호수공원이 야당역 방향 진입로를 가로막고 있어 어쩔 수 없이 우회하여 이용할 수밖에 없다.

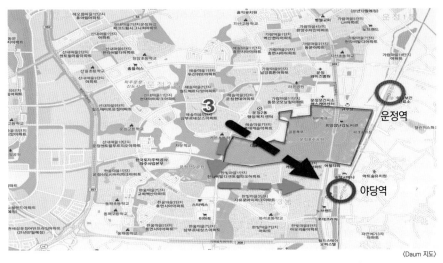

〈3지역 거주자의 야당역 이용을 가로막는 모양의 운정호수공원〉

이용률이 낮을 수밖에 없는 본질적 한계를 갖는 운정역과 운정역 앞의 중심상업지역(A)

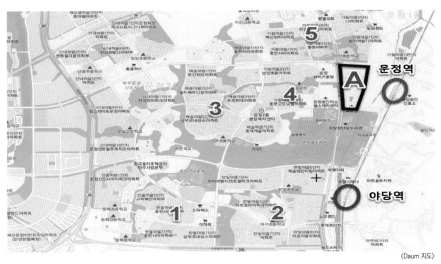

〈이용률 저하가 예견되어 있던 운정역과 운정역 앞 중심상업지역〉

위에서 살펴보았듯이 1, 2 지구의 사람들이 이동하려는 방향에서 벗어나 위치하는 운정역과 야당역 모두 거의 이용할 가능성이 없다. 혹시 이용한 다고 하더라도 어쩔 수 없는 경우, 많은 불편함을 감수하고 이용해야 한다. 3, 4지구의 사람들도 큰 불편과 시간지체를 감수하지 않는 한 우하향하는 거시동선과 관련 없는 운정역은 애초에 이용할 가능성이 별로 없다.

따라서 운정역은 이용률이 낮을 수밖에 없는 태생적 한계를 가지고 있다.

운정역은 다섯 지구 중 오직 5지역에 거주하는 인구의 거시적 이동 흐름 에만 순응한다. 따라서 운정역 바로 앞에 위치한 중심상업지역도 사람들이 이용할 가능성이 많지 않은 게 현실이다.

이처럼 필자가 제시한 개념인 거시동선을 제대로 분석한 후에야 그 지역 중심상업지역의 입지적 우수성 여부를 판단할 수 있으므로, 이를 도외시한 채 미시적 분석, 주동선 분석만 가지고 상권의 활성화 여부나 상가입지의 우수성을 판단하는 건 매우 위험한 일일 수 있다.

토지 개발자(건설회사·LH·SH·국토부 관계자 등), 상가분양업자, 상가 투자자 등을 위한 조언

① 현 위치에 운정지구를 계획할 수밖에 없었다면 전철역의 위치를 사람들의 거시적 이동 흐름상에 놓이게, 즉 지금보다 좀 더 아래쪽에 배치했어야 했다. 만약 전철역 위치가 예전부터 있던 곳이라 바꿀 수 없었다면 파주 운정지구 부지 자체를 더 위쪽으로 위치시키든지 아니면 운정역이나 야당역이 신도시 중간의 약간 앞쪽(서울 쪽)에 들어갈 수 있도록 조정했어야 했다.

② 전철역이나 운정지구 둘 다 현 위치를 고수할 수밖에 없는 이유가 있었다면, 최소한 도시설계 시 도로나 공원(운정호수공원)의 위치가 전철역으로 향하는 사람들의 동선을 거스르지 않도록 배치했어야 한다. 지금의 운정 호수공원은 사람들의 전철 방향 동선을 가로막는 위치에 조성되어 막대한 자금이 투입된 운정역의 효율적 활용을 더 어렵게 만들고 있다.

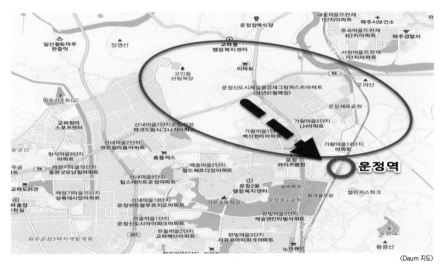

〈Daum 지도〉

③ 운정역과 그 부근의 중심상가지역이 활성화되려면 위 그림에 표시했듯이 운정역 북쪽의 수요가 커져야 한다. 그렇게 될 경우 운정역은 사람들의 거시적 이동 흐름상에 위치하게 되어 자연스럽게 이용률이 증가하면서 파주 지역의 핵심 전철역이 될 것이다.

02

하남 미사 신도시, 미사역 위치를 조정할 수 있다면 어디가 최적일까?

거시동선 분석 2

하남 미사 지구 주민의 통근특성

하남시 사회조사 보고서에 따르면, 조사대상자의 54.6%가 통근을 한다고 하며, 통근지역은 서울이 47%, 거주 시군내가 36.9%, 도내 다른 시군이 13.3%라고 한다.(2019년 제8회 하남시 사회조사 보고서) 또한 다른 연구를 바탕으로 필자가 도출한 자료에 따르면, 2018년 평일 하루 동안 하남시 인구의 서울시로의 대중교통 목적통행 비율은 14.7%로 조사되었다.(하남시에서 서울로의 목적 통행량 36,551건- 김채만 외, 교통카드 자료가 알려주는 대중교통 이야기) (2018년 하남시 인구 24.8만명)

위의 두 조사 결과 하남시 통근 인구의 상당수가 서울로 이동한다고 분석되었으므로, 하남시 인구의 거시적 이동 흐름은 아래 그림처럼 오전에는 서울 쪽 방향으로, 저녁에는 서울에서 하남 방향으로 이동할 것이다.

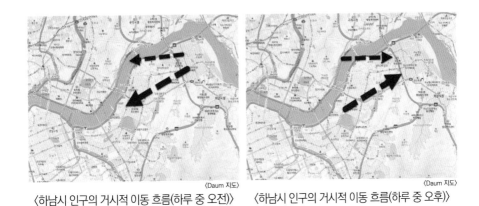

〈하남시 인구의 거시적 이동 흐름(하루 중 오전)〉 〈하남시 인구의 거시적 이동 흐름(하루 중 오후)〉

〈Daum 지도〉   〈Daum 지도〉

하남 미사 신도시 미사역과 중심상업지구 입지와 관련하여,

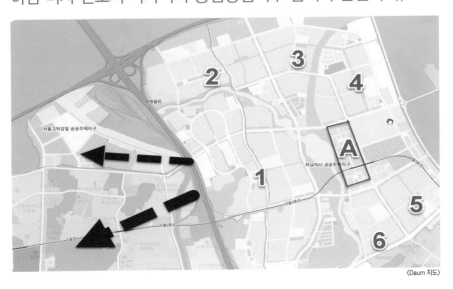

〈Daum 지도〉

위 그림처럼 하남 인구의 거시적 이동 흐름은 서울 쪽을 향하고 있으며 미사 신도시의 중심역인 미사역과 중심상업지구는 A에 위치하고 있다. 대체로 적정하게 입지한 모양새다.

필자가 제시하는 인구의 거시적 이동 흐름의 관점에서 미사역과 그 주변 중심상업지구의 입지를 조금 더 구체적으로 분석해보자.

일단 미사지구를 그림처럼 6개 구역으로 나눠 입지를 설명해보자.

미사역과 중심상업지구가 현재의 위치인 A라면 4와 5구역 주민은 서울로의 진행방향과 대체로 일치하므로 이용에 불편함이 없을 것이다. 따라서 해당 주민 대부분이 자주 이용할 듯하다.

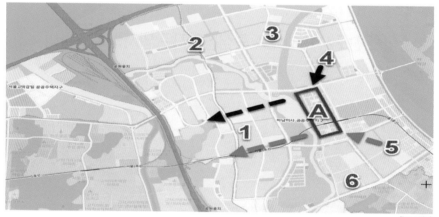

〈Daum 지도〉

〈4, 5 구역 주민이 A를 이용하는 경우의 동선〉

3과 6구역 주민의 거시적 이동방향은 서울 쪽인데 A는 진행방향과는 상관없이 우측 혹은 좌측에 있어 A시설을 이용하여 서울로 향하려면 불필요한 경로를 거쳐야 한다. 그만큼 일정한 시간과 노력의 낭비는 감수해야 한다. 따라서 아주 만족스럽지는 않더라도 대체로는 A의 역이나 중심상업지역을 이용할 듯하다.

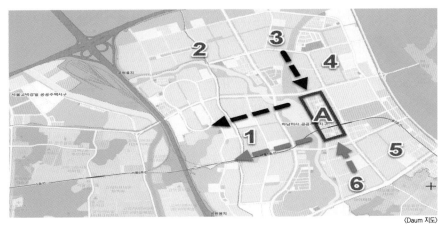

〈Daum 지도〉

〈3, 6구역 주민이 A를 이용하는 경우의 동선〉

　반면 1과 2구역의 주민은 서울로의 거시적 이동방향과는 정 반대쪽으로 거슬러 상당한 거리를 뒤로 이동했다가 되돌아와야 하므로 특별한 경우가 아닌 한 A지역의 미사역이나 중심상업지역의 시설을 이용할 가능성은 거의 없을 듯하다. 아마도 버스나 자동차를 이용해 서울 쪽으로 이동할 가능성이 매우 높다.

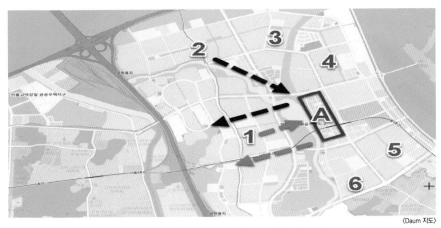

〈Daum 지도〉

〈1, 2구역 주민들이 A를 이용하는 경우의 동선〉

하남 미사 신도시의 미사역과 중심상업지역을 아래 그림처럼 조금 앞쪽에 입지시킨다면,

4, 5구역 주민들은 서울로의 진행방향 상에 위치한 A지역의 시설 이용에 별 애로사항을 느끼지 못할 것이다.

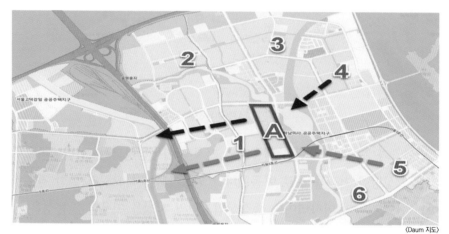

⟨4, 5구역 주민들이 새로 이전한 A를 이용하는 경우의 동선⟩

3과 6구역 주민들도 A시설이 대체로 서울로의 진행방향에 위치하므로 이용하는 데 큰 부담감을 느끼지 않을 거 같다.

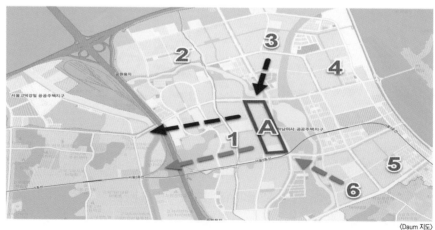

⟨3, 6구역 주민이 새로 이전한 A를 이용하는 경우의 동선⟩

1구, 2구역 주민들은 A가 여전히 뒤에 있는 위치이지만 전보다 훨씬 더 가까워져 이전보다는 훨씬 더 많이 이용할 가능성이 높다.

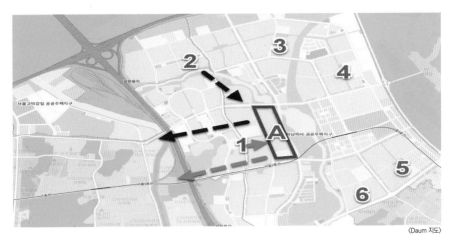

〈1, 2구역 주민들이 새로 이전한 A를 이용하는 경우의 동선〉

앞에서 설명한 이유로 필자는 미사역과 미사역 중심상업지구의 최고 위치는 지금 현재의 A가 아닌 C이고, 다음이 A 그리고 그다음이 B나 D가 될 거라 생각한다. 현재도 대체로 괜찮은 위치임에는 틀림이 없다.

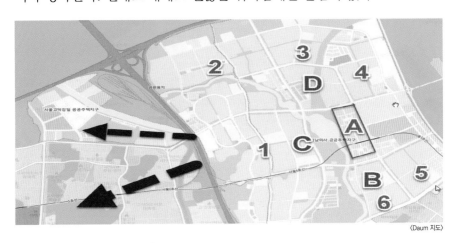

앞에서 보았듯이 미사 신도시 미사역과 중심상업지역은 현재의 위치보다 조금 앞쪽이 최고의 입지라 판단할 수 있다. 다만 인구의 거시적 이동 흐름(거시동선) 상 현재의 위치도 대체로 적정하므로, 많은 사람들이 이용할 듯하다.

03

상가입지분석,

거시동선 분석이 먼저일까?
주동선 분석이 먼저일까?

세종시 제일풍경채 아파트 버스 정거장 설치 최적 장소는?

상가입지를 분석할 때, 어떤 분석이 먼저 이루어져야 할까?
거시동선 분석이 먼저일까? 주동선 분석이 먼저일까?

이를 알아보고자 다음의 사례를 들어보겠다.

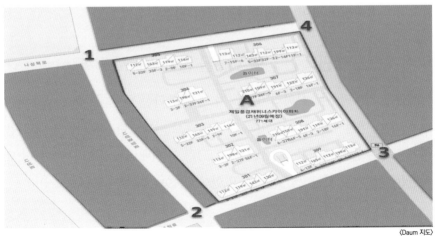

〈Daum 지도〉

위의 사진은 세종신도시 제일풍경채 아파트 단지사진이다. 주변의 다른 아파트 등은 고려하지 않고 오직 이 아파트 A를 위해 버스 정거장 1개를 설치한다면 1, 2, 3, 4 위치 중 어디에 설치하는 게 최적의 위치일까?

결정하기가 쉽지 않다. 그럼 아래 그림처럼 아파트 주변 사정을 공개한 상태에서는 어떨까? (단, 위의 조건처럼 주변 아파트 사정은 고려하지 않고 선택하기로 한다)

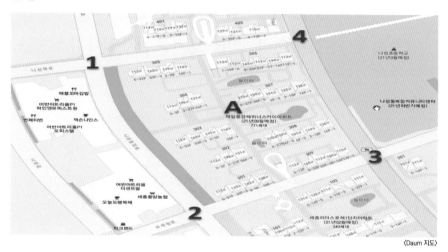

〈Daum 지도〉

각각의 장단점이 있어 이 경우에도 결정하는 게 쉽지 않다.

이제 세종시 주민의 큰 이동 흐름을 알면 어떻게 될까?

조사에 의하면 세종시민의 69.3%가 통근·통학을 하는데, 주로 세종시내가 66.1%, 대전시가 18.9%, 이외 지역 15%로 나타났다. 통근·통학 시 이용하는 교통수단은 자가용 60.6%, 도보 21.3%, 시내버스 7.7%순이며, 소요시간은 편도기준 평균 25.3분이라고 한다.(2019년 세종시 사회조사보고서)

더 구체적인 데이터가 없어 이 자료를 기반으로, 그리고 상식선에서 추론한 바, 오전에는 세종시 인구의 상당수가 세종청사나 그 주변으로 이동할 가능성이 높다. 더욱이 제일풍경채 아파트 A는 세종청사로부터 직선거리 1km 이내에 위치하므로 주민의 상당수가 세종청사 방향으로 이동할 거라 예상할 수 있다.

　즉 제일풍경채 아파트 주민의 큰 이동 방향은 오전에는 대체로 세종청사를 향하다가 저녁 퇴근 때는 반대로 세종청사에서 아파트단지 방향으로 향한다고 볼 수 있다.

〈Daum 지도〉

　자, 이제 세종시 인구, 특히 제일풍경채 아파트 주민의 이동 흐름의 큰 방향, 즉 거시동선을 알고 위에서 제시한 문제를 풀어보자. 어디가 버스 정거장을 설치하기 제일 적당한 장소일까?

　당연히 제일풍경채 아파트 주민의 거시동선 상에 위치하는 4번이다.

위의 문제를 제일풍경채 아파트 단지내상가 설치에 적용해 보자. 위에서 제시한 순서대로 똑같이 적용하되 문제만 버스정거장에서 단지내상가로 바꾼 것이다. 제일풍경채 아파트 주민을 위해 단지내상가를 설치해야 하는데, 1, 2, 3, 4의 위치 중 어디가 가장 적합한 입지일까?

이제 쉽게 가장 적합한 입지가 4번임을 알 수 있을 것이다.

인구의 거시적 이동 흐름에 대한 분석 없이 아파트 주변만 보려 한다면, 즉 거시동선에 대한 분석 없이 주동선 분석에만 매달리게 되면 정말 중요한 흐름을 놓칠 수 있다. 무슨 일이든 전체를 파악하고 나서 세부적으로 들어가는 게 순서다. 동선 분석도 예외는 아니란 생각이다.

인구의 거시적 이동 흐름을 모른 채 어느 입지의 우수성을 논하는 것 자체가 어불성설이다.

특히 중심상가(상권), 유흥상가(유흥상권)는 주동선 분석 이전에 반드시 인구의 거시적 이동 흐름에 대한 분석이 철저히 이루어져야 한다. 주동선 분석은 그 자체로 아주 효과적이지만 거시동선 분석이 전제되어야 빛을 발할 수 있다는 점을 명심해야 한다. 숲과 나무, 전체와 부분을 다 같이 볼 수 있어야 한다. 흔히 입지분석 시 '아, 여기 버스정거장이 있네. 횡단보도도 있고, 주변은 아파트 밀집지역이니, 당연히 이 부근에서 장사하면 잘 되겠네'라고 판단할 수 있는데 거시동선의 방향과 무관한 버스정거장, 전철역, 횡단보도는 빛 좋은 개살구에 불과할 수 있으므로 조심해야 한다는 의미이다.

이제 인구 이동의 미시적 흐름이 거시동선의 변화에 따라 어떻게 변할 수 있는지 알아보자.

아파트 주민들은 4번의 버스 정거장을 이용하기 위해 어떤 동선을 주로 선택할까? 즉 사람들이 주로 이용하는 주동선이 무엇인가 하는 문제이다.

당연히 A 아파트 주민들은 최단거리 원칙에 따라 출입구가 있는 a와 b중 a를 선택해 4위치의 정거장을 향해 이동할 테고, b를 통해 4로 이동하는 일은 거의 없을 듯하다. 따라서 4번의 버스 정거장을 이용하는 주동선은 아래 그림과 같은 출입구 a를 통한 화살표 상의 동선으로 볼 수 있다.(a : 주동선, b : 보조동선)

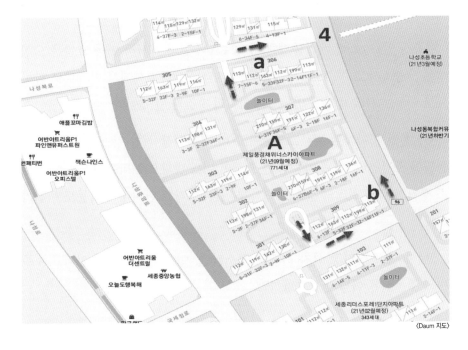

〈Daum 지도〉

다음은 제일풍경채 아파트 A는 그대로 두고, 세종청사의 위치가 아래 그림처럼 바뀌었다고 가정하자. 이 아파트만을 위해 버스정거장을 설치해야 한다면 아래 그림의 1, 2, 3, 4의 장소 중 어디가 가장 최적의 장소일까?

〈Daum 지도〉

　세종시 인구, 특히 제일풍경채 아파트 A 주민의 거시적 이동 흐름은 오전에는 세종청사로 향하고, 저녁 퇴근 때부터는 세종청사에서 아파트로 향하므로 이동 흐름의 방향에 있는 2가 최적의 장소가 될 것이다.

　제일풍경채 아파트 A는 그대로이고 버스 정거장 설치 장소 1, 2, 3, 4도 동일한 조건인데, 인구 이동의 큰 흐름이 어느 방향으로 바뀌는가에 따라 버스 정거장 설치 최적의 장소도 변하게 된다. 아파트 단지내 상가동도 마찬가지다.

　2번이 버스 정거장 설치 최적의 장소라면, 이제 제일풍경채 아파트 A 주민의 주동선은 어떻게 변화할까?

〈Daum 지도〉

버스 정거장 위치가 4번이 최적일 때 사람들이 이용하는 동선 중 가장 많이 이용할 동선 즉 주동선은 a였으나, 이제 2가 최적으로 바뀌니 최단거리 원칙상 사람들이 주로 이용하는 주동선은 a나 b가 아니라 c로 바뀔 것이다. 거시적 이동 흐름이 바뀜에 따라 미시적 이동 흐름 특히 주동선은 a에서 c로 당연히 바뀔 수밖에 없다.

　　거시적 이동 흐름이 바뀌면 주동선도 바뀔 수 있다는 의미이다. 거시적 이동 흐름을 고려치 않은 주동선 분석은 잘못될 수 있다.

〈Daum 지도〉

　　특히 공동주택이나 상가를 조성해서 분양해야 하는 건설회사 관계자, 신도시나 택지개발지구의 토지 이용 효율을 극대화해야 할 LH 혹은 SH, 국토부 관계자, 신도시나 택지개발지구에서 분양받으려는 분, 공인중개사 분 등은 반드시 명심해야 할 얘기이다. 이 책의 2부 1장 거시동선 편에 실린 파주 운정역 이용이 저조한 이유에 관한 사례, 하남 미사 신도시 미사역 위치 조정에 관한 사례 등을 꼭 읽어 보기 바란다.

다시 제일 처음으로 돌아가서 A아파트 주민만을 위해 1, 2, 3, 4의 장소 중에서 단지내상가, 혹은 버스정거장 등을 설치해야 한다면, 제일 먼저 무엇부터 검토해야 할까?

주동선 분석일까?

거시동선 분석일까?

04

인구의 거시적 이동 흐름(거시동선)을 모르고 중심상가 입지를 논하지 말라

구매수요의 이동

구매수요(인구)는 고정되어 있지 않고 이동한다. 구매수요의 이동 중 거시적 이동 흐름 즉 "그 지역에 사는 사람들의 이동의 큰 방향이 어느 쪽으로 향하는가?"를 파악하는 게 거시동선 분석이고, 세세한 이동 흐름을 파악하는 게 미시동선 분석이다.

이는 상대적인 개념으로 어느 한 지역이나 지구를 조사할 때는 거시 분석과 미시 분석 둘 다 수행해야 정확한 결과를 얻을 수 있다. 또한 거시동선뿐만 아니라 미시동선 분석에서도 인구가 몰리는 핵심 전철역, 버스정거장, 초대형 상업시설과 같은 초거대규모(혹은 대규모) 인구유출입시설의 위치와 성격을 파악하고, 이를 둘러싼 인구의 이동 흐름을 파악하는 것이 상가입지와 상권분석에서 매우 중요한 과정이다.

거시동선과 주민 특성의 연관성

거시동선 분석은 그 지역의 성립배경이나 주민 특성을 참고할 필요가 있다. 특히 주민들의 직장이 어디에 주로 위치하느냐 하는 문제는 상가입지, 특히 중심상가의 입지와 관련해 매우 중요하다. 직장이 주로 자기가 사는 지역 부근이면 전철보다는 시내버스나 마을버스, 자동차, 도보가 중요한 이동수단이 되므로 시내버스나 마을버스 정거장이 중요한 인구유출입시설 역할을 한다.

반면 서울 시내로 멀리 이동해야 하는 경우라면 전철역이나 광역버스 정거장이 매우 중요한 인구유출입시설 역할을 할 것이다. 이처럼 지역주민의 직장 위치에 따라 중요 인구유출입시설이 달라지고 결국 이런 시설이나 이 시설로 가는 동선을 중심으로 상권이 발달하게 되므로 중심상가의 입지 또한 변하게 된다.

거시동선과 도시계획

특히 토지 개발자(건설회사·LH·SH·국토부 관계자), 상가분양업자, 상가투자자 등을 위한 글

인구의 거시적 이동 흐름이란 어쩌면 누구나 쉽게 예상할 수 있는 기초적 개념이지만 반드시 고려해야 하는 근원적 질문이다. 도시를 설계할 때, 아파트나 상가 그리고 전철역의 위치를 정할 때, 그 지역 사람들 이동의 큰 흐름이 어느 방향으로 향하는가를 제일 먼저 고려해야 함은 매우 당연하다. 지역 사람들의 이동의 큰 방향은 대체로 직장의 위치가 어디에 있느냐에 크게 좌우되므로 직장이 서울로 향한다면 전철역 등의 기반시설도 서울로의 이동 방향에 맞춰 설치되어야 한다. 필자가 몇 개의 신도시를 분석한 바, 인구의

거시적 이동 흐름과 맞지 않는 사례도 있어 이에 관해 소개하였다.(참고페이지 : 105, 112)

인구의 거시적 이동 흐름에 대한 고려 없이 건축학적 관점 혹은 도시미관학적 관점에서만 도시를 설계한다면 겉으로는 멋져 보이겠지만 그 지역 주민의 후생을 증진시키는 게 아니라 불편만 가중시키는 요인이 되어 투입된 자원과 재원 모두 낭비하는 결과를 초래한다. 따라서 도시계획의 초기 단계부터 그 지역의 성립배경이나 주민의 특성, 이동방향을 고려한 도시계획이 수립되어야 한다.

특히 사람들이 많이 이용할 수밖에 없는 중요한 공공시설은 사람들의 거시적 이동 흐름의 방향에 순응하는 입지에 배치되어야 한다. 예를 들면 과천이나 광명, 구리, 성남, 안양 같은 서울 위성도시의 상당수 주민은 대개 서울에 직장이 있어 집과 서울을 두 축으로 반복하여 이동하므로 이러한 동선 형성에 직접적 수단이 되는 중요한 공공시설(가령 전철역, 버스터미널, 시외버스 정거장 등)은 반드시 이러한 거시적 이동 방향과 순응하는 위치에 배치되어야 한다. 이 책의 2부 1장에 있는 파주 운정역 위치 관련 글과 하남 미사역 위치 조정 관련 글을 읽고 이 글을 다시 보면 이해에 도움이 될 것이다.

거시동선과 중심상업지역의 입지

특히 토지 개발자(건설회사·LH·SH·국토부 관계자), 상가분양업자, 상가투자자 등을 위한 글

그 지역 인구의 거시적 이동 흐름을 분석하고 이 흐름의 방향에 순응하게 중심상가를 위치시키면 많은 사람들이 편하게 이용할 수 있으므로 거주자의 생활 만족도가 높아지고, 조성된 상가 또한 활기를 띤다. 반면 이에 어

굿나거나 오히려 역행하는 쪽에 중심상업지역을 위치시킨다면 당연히 반대의 결과가 초래된다. 즉 불편함 때문에 이용률이 떨어져 공실이 넘쳐날 수 있다. 파주 신도시의 운정역과 그 앞의 중심상업지역에 대한 필자의 소견을 해당 편에 적었으니 이를 참고하였으면 한다.

반면 근린상가 특히 단지내상가의 경우는 인구 이동의 거시적 이동 흐름보다는 미시적 이동 흐름에 더 유의해야 한다. 즉 상가의 주 대상이 작은 지역 혹은 작은 세대를 대상으로 할수록 인구 이동의 미시적 흐름 특히 주동선 분석이 중요해지고, 큰 지역 혹은 많은 세대를 대상으로 할수록 인구의 거시적 이동 흐름에 대한 분석이 중요해진다. 도시계획을 입안하는 분이나 건축회사 관계자 분, LH, SH 관계자 분들은 중심상가나 유흥상가, 근린상가나 단지내상가 등의 배치 시 이 점을 반드시 유념해야 한다.

05

인구의 거시적 이동 흐름(거시동선)의 방향은 어떻게 알 수 있나

필독대상- 토지개발자(건설회사·LH·SH·국토부 관계자), 분양업자, 중개사, 중심상가 투자자

경기도에서 서울로의 목적통행수가 각 시 인구에서 차지하는 비율

 필자가 '경기도에서 서울로의 목적 통행수가 각 시 인구에서 차지하는 비율'을 도출해 본 바, 그 비율이 높은 순으로 나타내면 다음의 표와 같다.

경기도에서 서울로의 목적 통행수가 각 시 인구에서 차지하는 비율

시	과천시	광명시	구리시	성남시	안양시	의정부시	부천시	하남시
비율(%)	48.6	22.0	19.4	18.5	16.4	15.8	15.7	14.7

시	고양시	군포시	동두천시	의왕시	남양주시	용인시	양주시
비율(%)	14.6	11.6	10.2	9.3	9.2	7.1	7.0

 그 비율이 가장 낮은 순으로 살펴보면 다음 표와 같다.

경기도에서 서울로의 목적 통행수가 각 시 인구에서 차지하는 비율

시	안성시	연천군	여주시	평택시	이천시	포천시	화성시
비율(%)	0.1	0.8	0.9	0.9	1.0	2.5	2.7

시	오산시	시흥시	안산시	가평군	광주시	양평군	수원시
비율(%)	3.5	3.7	3.7	3.9	4.5	4.8	5.0

1) 2018년 각 시의 인구에서 서울시로의 목적 통행량이 차지하는 비율임.
2) 상기의 자료는 "김채만 외, 교통카드 자료가 알려주는 대중교통 이야기, 정책연구2019-35, 경기연구원, 2019년 P38"에 실린 '경기도에서 서울시로의 목적 통행량의 출발지 기준 시군별 통행량'(2018년 평일 하루)을 기초 데이타로 하여, 필자가 2018년 해당 시의 인구수를 적용해 산출한 수치임.

상기 연구결과의 도시계획적 함의, 상가입지 관련 함의

경기도에서 서울로의 목적 통행수가 각 시 인구에서 차지하는 비율이 매우 높은 과천, 광명, 구리, 성남시 등은 주민들 상당수의 거시적 이동 흐름이 서울 쪽으로 향하고 있다는 의미이다. 따라서 도시계획 입안 단계부터 이를 염두에 두고 주민들이 서울로 진출입하기 편하게 도시설계를 해야 한다. 즉 전철역이나 시외버스터미널 혹은 버스정거장 등의 위치뿐만 아니라, 중심상권이나 유흥상가의 입지설정도 이런 거시적 흐름에 거스르지 않도록 배치할 필요가 있다.

반면 안성, 연천(군), 여주, 평택시처럼 서울로의 이동이 많지 않은 지역은 서울로의 이동 흐름을 고려하기보다는 주민의 실제적인 거시적 이동 흐름의 방향을 분석하여 시의 도시계획에 반영하여야 한다.

수도권 대중교통 이용실태분석 결과

'교통카드 자료가 알려주는 대중교통 이야기' 중에서 수도권 대중교통 이용실태분석 결과를 요약 소개하면 다음과 같다.

"경기도에서 서울시로의 대중교통 목적 통행의 출발지 기준 통행량은 성남시(17.68만), 고양시(15.22만) 순으로 많다. 경기도에서 서울(강남)로의 통행은 성남시, 부천시, 안양시 순으로 많고, 경기도에서 서울(강북)은 고양시, 의정부시, 성남시 순으로 많다. 경기도에서 서울시로의 대중교통 목적통행의 도착지기준 구별 통행량은 강남구 13.5%, 서초구 8.1%, 중구 6.6%순으로 많다. 경기남부에서 서울시로의 대중교통 목적통행의 도착지별 통행량은 강남구가 15.9%로 가장 높고, 다음으로 서초구, 구로구, 송파구 순이며, 경기북부에서 서울시로의 목적통행의 도착지별 통행량은 종로구가 9.6%로 가장 높고, 강남구, 중구, 은평구, 노원구 순이다. 경기도에서 서울시로의 평일 하루 대중교통 목적통행의 도착지기준 통행량은 강남구 역삼 1동(52,123)이 가장 많고, 이어 금천구 가산동(34,338), 강남구 삼성2동(28,520) 순으로 나타났다."

이 연구자료는 도시계획과 관련해 특히 중심상가나 대중교통 시설의 입지선정과 관련해 많은 의미를 내포하고 있으므로 관련 연구를 더 진척시킬 필요가 있다.

경기도에서 서울로의 목적통행이 각 시 인구에서 차지하는 비율

아래의 목적통행비율은 '김채만외, 교통카드 자료가 알려주는 대중교통 이야기'에 나오
는 내용을 기초로, 필자가 각 시 인구수를 적용해 도출한 자료임.(2018년 평일 하루)

구분	2018년 10월 기준 인구수(만명)	목적통행수 (만명)	각 시 인구수 중에서 목적통행 비율 (각 시에서 서울로)(%)
과천시	5.80	2.82	48.62
광명시	32.80	7.21	21.98
구리시	20.30	3.93	19.36
성남시	95.60	17.68	18.49
안양시	57.90	9.50	16.41
의정부시	44.50	7.04	15.82
부천시	84.60	13.26	15.67
하남시	24.80	3.65	14.72
고양시	104.00	15.22	14.63
군포시	27.70	3.21	11.59
동두천시	9.60	0.98	10.21
의왕시	15.40	1.43	9.29
남양주시	68.10	6.23	9.15
용인시	103.00	7.34	7.13
양주시	21.50	1.50	6.98
김포시	41.80	2.73	6.53
파주시	45.00	2.54	5.64
수원시	120.00	6.00	5.00
양평군	11.60	0.56	4.78
광주시	36.20	1.62	4.48
가평군	6.30	0.25	3.97
안산시	66.00	2.42	3.67
시흥시	44.40	1.62	3.65
오산시	21.90	0.76	3.47
화성시	74.80	1.99	2.66
포천시	15.10	0.38	2.52
이천시	21.50	0.21	0.98
평택시	49.40	0.47	0.95
여주시	11.20	0.10	0.85
연천군	4.50	0.04	0.83
안성시	18.40	0.02	0.08

분당 판교지역 사람들은 출퇴근 시간에
어떤 이동 흐름을 보일까?

분당, 판교지역 전철역 개관

〈Daum 지도〉

2019년 분당 내 정차역 승하차 인원을 표로 나타내면 다음과 같다

(단위 : 만명)

전철역	야탑역	서현역	정자역	판교역	수내역	오리역	이매역
승하차인원	6.0	5.7	5.1	5.1	2.8	2.4	1.3

주) 정자역 : 분당선+신분당선, 판교역 : 신분당선+경강선

　야탑역, 서현역, 판교역, 정자역은 하루 전철 이용자가 약 5만명 이상이 되는 초거대규모 인구유출입시설이다. 분당, 판교지역의 사람들은 이러한 대규모 인구유출입시설(VGP)인 전철역이나 버스정거장을 이용하여 서울의 강남이나 판교, 혹은 정자역 부근의 업무시설 밀집 지역으로 이동한다. 그리고 이러한 인구의 이동 흐름에 따라 상권이 발달하게 된다. 이처럼 인구의 거시적 이동 흐름은 중심상가의 활성화 여부를 가름하는 결정적 변수가 된다.

성남시 분당구민의 통근 특성

성남시민의 56.9%가 통근한다고 하며, 통근지역은 거주 시군내가 53.3%, 서울이 27.2%, 도내 다른 시군이 16.6%라고 한다. 통근소요시간은 거주 시군내가 48.9분, 서울이 56.4분이라고 한다.(2019년 제10회 성남시 사회조사 보고서)

또한 한 연구를 바탕으로 필자가 수정해 도출한 자료에 따르면, 성남시에서 서울로의 목적통행량이 성남시 인구에서 차지하는 비율은 18.5%로 나타났다.(2018년 성남시 인구 95.6만명, 성남시에서 서울로의 목적 통행량 176,815건)(김채만 외, 교통카드 자료가 알려주는 대중교통 이야기)

분당, 판교지역 사람들의 거시적 이동 흐름은?(아침 출근시간대)

위의 두 조사 결과를 통해 성남시 통근인구의 상당수가 서울 특히 강남으로 통행함을 알 수 있다. 따라서 분당과 판교 지역의 사람들은 주로 직장이 있는 서울 특히 강남이나 판교의 테크노밸리를 향해, 부차적으로는 정자역 부근의 업무시설 밀집지구, 판교역이나 서현역, 수내역, 야탑역 부근의 업무시설 등을 향해 이동하게 된다. 주요 이동 흐름만 살펴보면 다음과 같다.

〈Daum 지도〉

이동(출근)을 위해 집 부근의 전철역이나 버스 정거장(서울로 이동하기 위해선 광역버스 정거장, 시내로 이동을 위해선 시내버스 정거장이나 마을버스 정거장)을 이용하게 되는데 이를 그림으로 나타내면 아래와 같다.

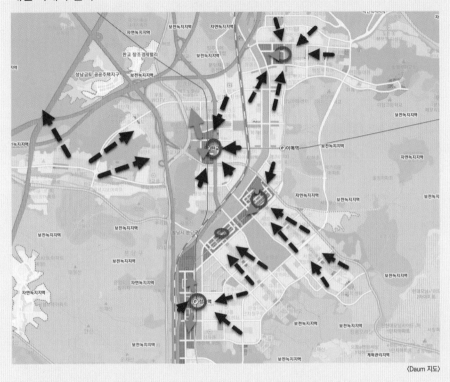

〈Daum 지도〉

아침에 사람들은 초거대규모 인구유출입시설인 야탑역, 서현역, 정자역, 판교역 등으로 향한다. 그림에서처럼 판교역은 주변의 아파트에서 나와 판교역을 이용하기 위해 몰려드는 다수의 사람들과 판교역에서 나와 판교 테크노밸리로 향하는 사람들이 교차한다. 정자역의 경우도 거의 비슷하다. 그림에서 표시했듯이 정자역을 이용하기 위해 역 주변의 아파트단지 사람들이 정자역으로 몰려드나, 한편에서는 정자역에서 나와 주변의 업무시설(가령 네이버 분당본사)로 향하는 사람들의 흐름도 많다.

분당, 판교지역 사람들의 거시적 이동 흐름은?(저녁 퇴근시간대)

다음은 분당 지역의 퇴근시간대의 거시적 인구의 주요한 이동 흐름을 나타낸 그림이다.

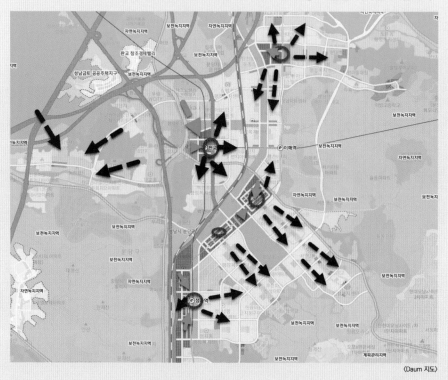

〈Daum 지도〉

저녁 무렵 직장에서 퇴근한 사람들이 전철역을 통해 자신의 집으로 향하는 흐름이 그림에 잘 나타나 있다.

출퇴근 시간대의 거시적 이동 흐름을 살펴보면 어느 입지로 사람들이 몰리는지를 쉽게 알 수 있고 이를 근거로 어느 상권이 활성화되고 어느 상권은 소외되는지를 정확하게 파악할 수 있다.

인구의 거시적 이동 흐름과 흐르는 입지

사람들의 이동 흐름상의 중간에 위치하는 상가는 소위 흐르는 입지가 될 가능성이 높다. 사람들은 출발지 부근 혹은 도착지 부근에서 구매행위를 하고 중간의 이동과정에서는 구매행위를 하지 않으려는 경향이 있기 때문이다.

구매행위는 구매수요가 이동하는 과정상에 있는 입지보다는 잠시라도 머무르는 입지에서 이루어질 가능성이 높다. 가령 횡단보도 부근이나 정거장 부근의 상가가 그렇지 못한 상가보다 좋다. 이는 구매수요가 상당한 시간을 머무는 집과 직장 주변이 매우 안정적인 입지가 되는 이치와 같다. 즉 고정인구를 기반으로 한 상권이 유동인구를 기반으로 한 상권보다 안정적이란 해석과 같은 이치이다.

2장

단지내상가(근린상가)의
흥망을 좌우하는 '주동선'

필독대상 – 토지개발자(건설회사·LH·SH), 근린상가 투자자, 분양업체, 중개사

01

부천 꿈마을 동아아파트 주민들은 어떤 동선을 주로 이용할까?

주동선, 보조동선

주동선 - 우리 생활 주변에서 흔히 접하는, 가장 친근한 동선

우리가 생활할 때 다람쥐 쳇바퀴 돌 듯 평소 많이 다니면서도 크게 신경 안 쓰던 길이다. 하지만 늘 다니던 길을 유심히 관찰하면 상가입지와 관련해 많을 것을 알 수 있다.

주동선, 보조동선은 어떻게 결정되나?

〈Daum 지도〉

〈동아아파트 주민들이 신중동역을 이용할 때 선택할 동선을 생각해보자〉

위의 그림에서 꿈마을 동아아파트 주민들은 신중동역을 이용하기 위해 어떤 동선을 주로 이용할까?

신중동역을 이용할 때 이동의 방향은 아래 그림의 화살표 방향일 것이다. 동아아파트 주민들은 아파트 1~2번 출입구를 통해 신중동역(1, 2번 출구)으로 갈 것이다.

〈신중동역을 이용할 때 이동 방향은 화살표 방향일 것이다.〉

〈동아아파트 주민들은 동선 A와 B 중 어느 동선을 선택할까?〉

그렇다면 크게 두 개의 동선인 A와 B 중 어디를 주로 이용할까?

사람들이 동선을 선택할 때는 최단거리, 안전거리, 활력거리 원칙이 은연중 작용한다. 따라서 동아아파트 주민들은 신중동역을 이용하려 할 때 가급적 최단거리로, 안전하게, 그리고 활력 넘치는 거리를 선택해 이동하려 할 것이다. 그 중에서도 최단거리를 최우선으로 선택할 가능성이 높다.

따라서 출입구 1, 2에서 나와 C지점에서 합류한 사람들은 A와 B 중 신중동역까지 가장 빨리 갈 수 있는 동선을 선택할 가능성이 매우 높다. 이제 거리를 재어 보자. 합류점인 C에서부터 전철 출입구까지의 거리를 재면 될 듯하다.

〈Daum 지도〉

〈A동선은 약302미터, B동선은 약 354미터이다〉

A동선은 302미터, B동선은 354미터이므로 동선 A를 주로 이용하고, 동선 B는 보조적으로만 이용할 가능성이 높다. 따라서 꿈마을 동아아파트 주민들의 주동선은 A, 보조동선은 B가 된다.(한편 심야에는 최단거리 보다는 안전거

리를 선택할 가능성이 높아서 주동선과 보조동선이 바뀔 수도 있다. 또한 현실에서는 최단 거리 원칙, 안전거리 원칙, 활력거리 원칙 이외에도 경사도, 상가의 번성 정도 등 여러 요인에 의해 주동선, 보조동선이 결정될 수 있다.)

〈A : 주동선, B : 보조동선〉

02

인구의 미시적 이동 흐름 분석
- 주동선 분석이 핵심이다

분석하려는 상가 주변 인구의 이동 흐름 특히 주동선을 파악한다

미시동선 분석이란

그 지역 인구의 거대한 이동 흐름(거시동선)이 파악되었다면, 이제는 원래 분석하려는 대상 지역 인근 인구의 이동 흐름을 세밀히 집중적으로 분석해야 한다. 특히 이런 수많은 이동 흐름 중 사람들이 주로 많이 이용하는 길이 주동선이 되며, 이 주동선을 파악하는 게 미시동선 분석의 핵심이다.

거시동선 분석과의 조화

주의할 점은 거시동선이 제대로 파악되지 못하면 미시동선 분석도 제대로 파악되지 못할 가능성이 높다는 것이다. 즉 장님이 코끼리 다리만 만져보고는 코끼리 모양을 설명하는 셈이다. 물론 소규모 단지내상가의 경우는 거시동선 분석이 필요 없을 수도 있고 혹시 있더라도 그 중요성이 떨어질 수 있다. 하지만 상가나 상권이 대규모화할수록 미시동선뿐만 아니라 거시

동선에 대한 분석도 함께 중요하다. 중심상가, 중심상권의 입지를 미시동선 분석 특히 주동선 분석만 가지고 판단하면 오류를 범할 가능성이 매우 높다.

미시동선 분석에서의 출입구와 횡단보도의 중요성

미시동선 분석에서는 출입구(정문, 후문, 쪽문)의 역할이 매우 중요하다. 사람들이 제일 많이 이용하는 출입구가 사실상의 정문이며, 이 출입구가 단지 외부로 나가는 동선의 출발지가 된다. 단독주택 단지처럼 출입구 역할을 하는 곳이 여러 방향으로 수도 없이 많이 있으면 수요가 분산되어 상권 형성이 어렵고 혹시 형성되어도 활기가 없다.

반면 담이나 펜스 등으로 둘러싸여 섬에 비유할 수 있는 대단지아파트에서는 출입구가 항구처럼 사람들의 유일한 통로가 된다. 이 출입구를 시작으로 동선이 형성된다. 출입구를 통해 나온 사람들이 다른 인구유출입시설로 이동하는 과정에서 많은 동선이 형성되고 이 중에서 주로 많이 이용하는 동선이 주동선이 된다. 또한 이 섬은 구매수요가 몰려 있는 저수지로 비유할 수도 있는데 저수지에서 나오고 들어가는 길은 오직 출입구밖에 없으므로 구매수요가 결집되어 출입구로 배출되는 구조이다. 즉 아파트 출입구는 수도관의 꼭지 역할을 한다. 단독주택 단지와는 다르게 아파트는 정문, 후문, 쪽문 등 출입구의 수가 매우 제한적이어서 수요 결집 여건이 조성되므로 사실상의 정문 역할을 하는 출입구 부근으로 상가가 발달한다. 또한 출입구와 근린상가 사이에 도로가 있다면 횡단보도로 이어진 자리가 가장 유리한 입지가 된다.

이처럼 출입구는 구매수요를 주변 상가에 공급하는 수도관의 꼭지 역할을 하며, 횡단보도는 구매수요와 주변 상가를 이어주는 결혼중개소 역할을 한다.

사례를 통해 아파트 출입구와 횡단보도의 중요성을 살펴보자.

과천 위버필드 아파트와 주변 상가의 사례

〈Daum 지도〉

과천 위버필드 아파트(2,128세대) 전체에 담장이 처져있는 경우를 상상해보자. 이런 경우라면 위버필드 단지 주민과 A 상가하고는 연결점이 있을 수가 없다. 상가 입장에서는 아파트가 없는 것과 같다.

만약 아파트 출입구가 가)밖에 없다면 상가 A, B, C 중 어느 곳이 잘 될까? (도로는 차량 통행 금지구역으로 아무 곳에서나 상가로 건너갈 수 있다고 가정한다.)

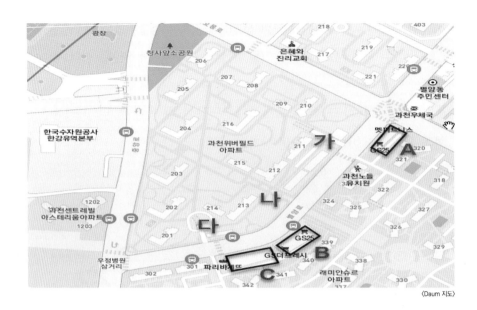
〈Daum 지도〉

당연히 유일한 출입구인 가)에서 가장 가까이 있는 A.

만약 아파트 출입구가 나)에만 있으면 상가 A, B, C 중 어느 곳이 잘 될까? 당연히 출입구 나)에서 가장 가까운 B. 이처럼 사람들이 많이 이용하는 출입구가 어디에 위치하는지에 따라 상가의 흥망이 결정된다.

이제 아파트 주민과 주변 상가 A, B, C를 이어주는 횡단보도의 역할에 대해 생각해보자.

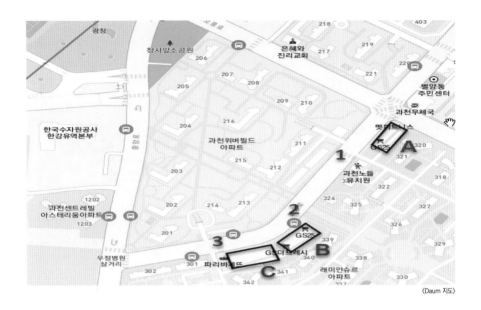

〈Daum 지도〉

　도로가 넓어 아파트에서 상가로 넘어갈 수가 없고 횡단보도를 이용할 수밖에 없는데, 횡단보도가 1번만 존재한다면 상가 A, B, C 중 어디가 제일 잘 될까?(아파트는 담장이 없어 아무 곳으로나 출입이 가능하다고 가정한다.) 당연히 횡단보도에서 제일 가까운 A. 반면 횡단보도가 2에만(혹은 3에만) 존재한다면, 상가 A, B, C 중 어디가 제일 잘 될까? 당연히 횡단보도에서 제일 가까운 B(횡단보도가 3이라면 C). 이처럼 사람들이 많이 이용하는 아파트 출입구의 위치, 횡단보도의 위치에 따라 주변 상가의 영업 활성화 정도는 큰 차이가 날 수 있다.

　과천 위버필드 아파트의 출입구와 횡단보도의 위치는 실제 어디일까?

　아래 그림과 같다. 그렇다면 A, B, C 중 가장 유리한 조건을 갖춘 상가는?

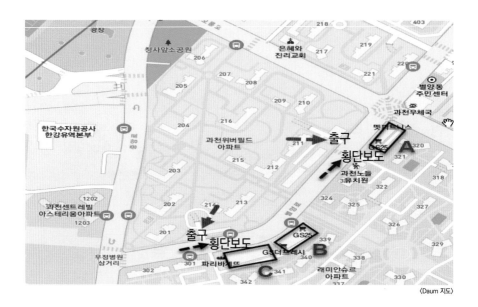

〈Daum 지도〉

• 자기가 살고 있는 아파트 혹은 주변의 대단지 아파트를 생각해 보고, 지도에 아파트 출입구(정문, 후문, 쪽문 등) 중에서 사람들이 실제로 많이 이용하는 출입구와 횡단보도를 표시하고 그 부근의 상가 발달을 확인해보자.

• 자기가 살고 있는 아파트 혹은 주변의 대단지 아파트를 생각해보고, 출입구를 통해 배출되는 사람들이 주로 이용하는 대규모 인구유출입시설(가령 전철역, 대형슈퍼)들이 어디에 위치하는지 지도 상에 표시해보고, 그 곳의 상가 형성은 어떤지 생각해보자.

입지가 안 좋으면 선점이 중요하다

단지내상가는 '먼저 입점하느냐, 아니냐?' 가 매우 중요할 수 있다. 가령 단지내상가에 슈퍼를 처음으로 개설한다면 담배 판매권도 먼저 얻게 되어 단지내상가 공실이 많더라도 뒤이어 슈퍼를 열 사람은 없을 확률이 높다. 슈퍼나 편의점에서 담배 판매권은 핵심이다.

근린상가도 대형 프랜차이즈를 선점하려면 다른 상가보다 먼저 개설할 필요가 있을수 있다. 특히 입지가 안 좋거나 규모가 큰 상가의 경우는 특히 그러하다. 만약 입지가 안 좋고 대형 프랜차이즈도 주변에 이미 개설되어 있다면 들어올 업종이 극히 제한돼서 분양이나 임대가 힘들 수 있다. 따라서 선점 여부를 주의 깊게 고려해야 한다.

✔TIP 단지내상가는 지도의 중심이 아닌 생활동선의 중심에 위치시켜야

상권을 볼 때 지도의 중심을 찾고 이를 상권의 중심이라고 오해하는 사람들이 많다. 구매수요의 거시적 이동 흐름에 순응한 상태 하에서 생활동선의 중심을 찾아, 이곳에 단지내상가를 위치시켜야 한다. 입주민들의 주된 생활동선이 집중되는 곳에 단지내상가가 위치해야 활성화된다.

✔TIP 근린상가는 도보로 250미터, 5분 이내에 위치해야

근린상가는 생활거리 범위 안에 위치해야 일상생활 중에 별 거부감 없이 자주 이용할 수 있다. 생활거리란 사람들이 통학, 통근, 쇼핑, 여가생활과 같은 일상생활을 하는 범위의 거리를 말하는데, 보통의 경우에는 250미터, 약 5분 이내, 최대로는 500미터, 10분 정도의 거리이다. 거리가 멀어질수록 충동구매는 힘들어지며 목적구매만 주로 일어나므로 구매빈도가 현저히 떨어진다.

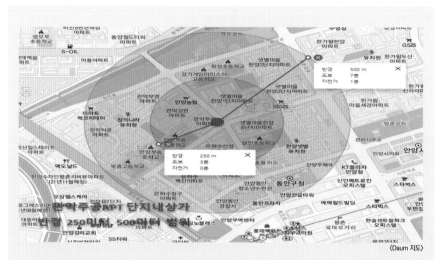

관악주공APT 단지내상가
반경 250미터, 500미터 범위

〈Daum 지도〉

단, 실제의 생활거리는 주변에 경쟁상가가 없거나, 미미할 경우 훨씬 더 넓어질 수 있으므로 단정적으로 말하기는 힘들다. 상가 자체의 경쟁력이나 주변의 지형, 경쟁상가의 위치와 상권력의 범위 등을 함께 살펴봐야 한다.

등촌동 대림APT 상가동
반경 250미터, 500미터 범위

〈Daum 지도〉

투자대상물건을 찾았다면, 투자대상물건의 반경 250미터 범위, 5분 정도의 범위 내(최대로는 반경 500미터, 10분 정도)에 얼마나 많은 구매수요가 있는지(구매수요의 크기), 구매수요의 성격(연령, 평형대 등), 상가의 공급규모(주변 상가의 수와 직접 경쟁대상인 상가의 수나 규모 등) 등을 분석한다.

03

아파트 단지내 상가동은
어디가 최적의 입지일까?

부천 목련마을 상록아파트 상가동 사례연구

　현재 부천 목련마을 상록아파트 상가동은 아래 그림과 같이 위치하고 있다. 그런데 만약에 택지개발 단계로 돌아가 아무것도 없는 상태에서 아파트 주민만을 위해 상가동의 입지를 다시 결정한다면 어디에 입지시키는 게 가장 좋은 선택일까?

　상가동이 적절한 입지에 위치하고 있다는 건 잘 될 가능성이 높다는 의미이고, 그렇지 못하다면 장사가 신통치 못할 가능성이 있다는 의미이다.

　(현실에서는 다른 아파트 상가동의 위치나 지형지세, 버스 정거장의 위치 등 각종 변수에 따라 달라질 수 있다.)

〈Daum 지도〉

〈상록 아파트 주민만을 위해 상가동을 지어야 한다면 어디에 위치시키는 게 최적의 입지일까?〉

부천 상동 지역 주민의 통근통학 특성

보고서에 따르면, 통근, 통학을 하는 부천시민의 통근지역은 서울이 27.8%, 거주 시군내가 48.1%, 도내 다른 시군이 13.0%로 조사되었다.(2019년 부천시 사회조사보고)

또한 한 연구자료를 바탕으로 필자가 수정하여 필요한 자료를 도출한 바, 부천시 인구 중에서 서울시로의 대중교통 목적통행 비율은 15.75%로 조사되었다. (2018년10월 기준 부천시 인구 24.8만명, 2018년 평일 하루 동안 부천시에서 서울로의 목적 통행량 132,624건), (김채만 외, 교통카드 자료가 알려주는 대중교통 이야기)

부천 상동 지역 주민의 이동 흐름(아침 출근길, 저녁 퇴근길)

위의 두 조사 결과 부천시 통근 인구의 상당수가 서울로 이동한다고 분석되었다. 따라서 부천시 상동 목련마을 주민의 상당수도 서울 혹은 부천 시내로의 통행을 위해 송내역이나 상동역으로 일부는 버스 정거장으로 이동할 것이다. 반면 저녁에는 아침과는 반대방향의 이동 흐름을 보일 것이다.

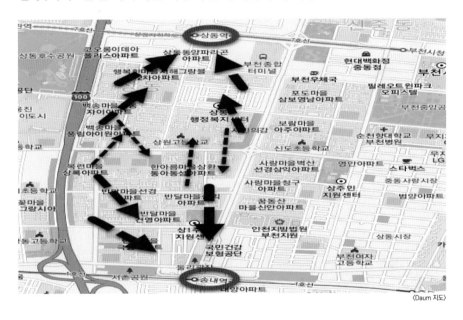

〈Daum 지도〉

위 그림은 부천시 상동 목련마을 주변 아침 출근길의 주요한 인구 이동흐름을 나타낸다. 상당수의 사람들은 대부분 최단거리 원칙을 선택하여 송내역과 상동역으로 향할 것이다.

〈Daum 지도〉

〈아침 출근 시간대의 이동방향〉

부천시 상동 목련마을 상록아파트의 이동 흐름만을 살펴보면, 주민의 대부분은 가까이 있는 송내역(우하향)으로 향하지만, 송내역과 먼 거리 즉 나)단지의 북쪽에 거주하는 일부의 주민은 상동역(우상향)을 이용하는 경우가 많을 거로 보인다.

상록아파트 가)단지의 a, b, c 입지 중 상가동을 짓기에 최적의 입지는?

= 상록아파트 가)단지 구매수요의 흐름이 몰리는 곳은?

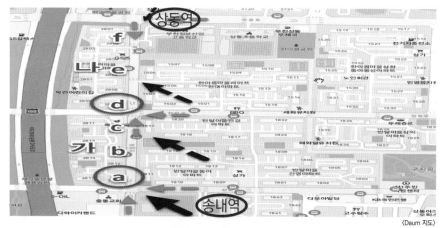

〈Daum 지도〉

〈저녁 퇴근 시간대의 이동방향〉

그림에서 보듯이 상록아파트 가)단지의 경우 수요가 가장 몰리는 곳을 고르라면 a, b, c 중 a이다. 가)단지에서 송내역까지의 직선거리는 700미터 정도에 불과하여 많은 사람들이 도보로 이동하므로 송내역 방향에서 가장 가까운 a로 몰릴 가능성이 크다. 따라서 a, b, c 중 한 곳에 상가동을 지어야 한다면 가)단지 구매수요의 흐름에 가장 잘 순응하는 a입지(구매수요가 몰리는 입지)를 선택하는 게 맞다.

나)단지도 송내역과 가까우므로 많은 사람들이 송내역을 이용할 것이다. 따라서 송내역 방향의 가장 가까운 d로 구매수요의 흐름이 몰릴 것이다. 하지만 나)단지의 위쪽은 상동역과도 멀지 않아 상동역 방향인 f 부근도 어느 정도의 수요는 몰릴 거로 보인다. 따라서 나)단지도 구매수요의 이동 흐름에 가장 잘 맞는 입지는 d이나, d에 입지하면 f부근의 수요를 위쪽의 단지내 상가로 뺏길 가능성도 있기 때문에 조금 더 위쪽인 e부근에 입지하는 게 좋은 대안일 수 있다.

04

해당 지구(동네) 최고의 상가입지는
어떻게 결정되나?

남양주 도농지구 부영그린타운 사례연구

지구(동네) 내 최고의 상가입지는 어떻게 결정되나? 혹은 어디인지 어떻게 알 수 있을까? 사례를 들어 살펴보자. 다음은 남양주 도농지구 부영그린타운 아파트단지에 있는 상가동의 사례이다.

다음 그림에 있는 A, B, C, D, E의 상가입지 중 최고의 자리는 어디일까? 그 이유는?

〈Daum 지도〉

남양주시 시민의 통근·통학 특성

보고서에 따르면, 2019년 현재 조사대상자의 62.3%가 통근·통학을 하며, 지역은 서울이 33.3%, 거주 시군내가 52.3%, 도내 다른 시군이 12.7%라고 한다.(2019년 제8회 남양주시 사회조사보고서)

또한 한 연구자료를 기초로 필자가 수정해 도출한 자료에 따르면 2018년 평일 하루 동안 남양주시 주민의 서울시로의 대중교통 목적통행 비율은 9.15%로 조사되었다.(2018년10월 기준 남양주시 인구 68.1만명), (남양주시에서 서울로의 목적 통행량62,324건, 김채만 외, 교통카드 자료가 알려주는 대중교통 이야기)

남양주 인구의 거시적 이동 흐름의 방향

위의 두 조사 결과 남양주시 통근·통학 인구의 상당수가 서울 및 인근에 위치한 구리시의 기반시설이 완비된 기존 시가지 쪽으로 이동할 가능성이 매우 높은 것으로 분석되었다. 따라서 거시적 이동 흐름은 아래 그림처럼 오전에는 서울·구리 쪽 방향으로 향하고, 저녁에는 반대로 서울·구리에서 남양주 방향으로 향할 거라 판단된다.

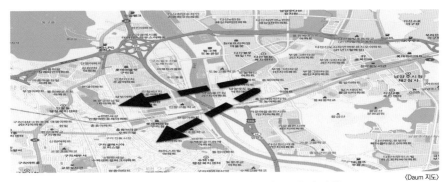

〈Daum 지도〉

〈출근 시간대 남양주 인구의 거시적 이동 흐름의 방향〉

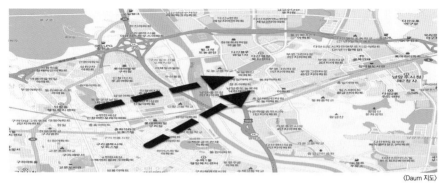

<Daum 지도>

〈퇴근 시간대 남양주 인구의 거시적 이동 흐름의 방향〉

도농지구 인구의 미시적 이동 흐름(주동선 분석)

도농역
출입구

도농역
VGP

정거장 버스정거장

<Daum 지도>

〈퇴근 시간대 남양주 인구의 거시적 이동 흐름의 방향〉

위 그림에서 나타낸 바와 같이 남양주 도농지구의 사람들은 서울·구리 쪽으로 이동하기 위해 도농역과 광역버스 정거장을 향하여 이동할 것이다.

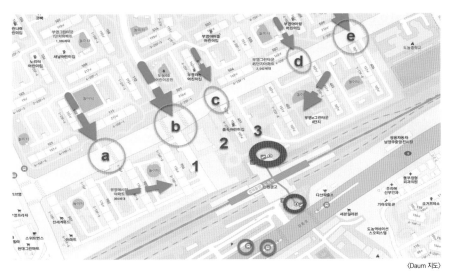

〈a, b, c, d, e : 횡단보도〉

　사람들이 도농역을 이용한다고 할 때 현실적으로 아파트 출입구(정문, 쪽문, 후문 등)를 나와서 a, b, c, d, e 중 하나의 횡단보도를 건너 전철역으로 이동한다.

　여기서 횡단보도를 건너 도농역(VGP)으로 이동할 때 1, 2, 3 중 어느 동선을 가장 많이 이용할까? 1, 2, 3의 동선 중에서 주동선은 어느 것이 될까?

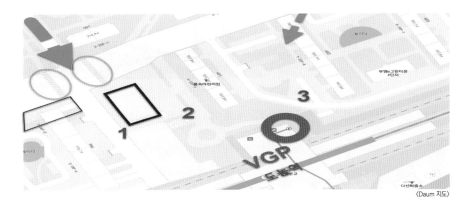

〈Daum 지도〉

기본적으로는 최단거리, 안전거리, 활력거리 선택의 원칙이 작용하나, 여기서는 현실적인 장벽으로 인해 2번을 선택할 가능성이 매우 높다.

〈Daum 지도〉

1번 동선을 살펴보면 위와 같이 주차장과 건물이 보행로를 가로막고 있어서 역으로 향하는 게 어려워 보인다.(필자는 도농역에 가본 기억이 없어 지도 상으로만 추정하는 것이니 혹시 틀리더라도 너그러이 이해해주길 바란다.)

〈Daum 지도〉

2번 동선은 위와 같이 보행로가 전철역으로 바로 이어져 많은 사람들이 이용할 듯하다. 주동선을 선택할 때 최단거리 원칙에 강하게 영향을 받는다는 점을 감안하면 이 2번 동선이 주동선이 되리라 판단된다.

〈Daum 지도〉

3번 동선은 도농역 출입구와 가장 가까우나 역으로 갈 수 있는 출입구가 좁고 아파트단지 내라 상가가 발달할 수 없는 한계가 있다. 바로 주변 지역의 주민이 아니면 이용할 가능성이 크지 않다. 따라서 대부분의 사람들이 현실적으로 2번 동선을 이용하게 되므로 그 주변 상가가 상당히 번성할 가능성이 높다.

남양주 도농지구 최고의 상가입지는 어디일까?

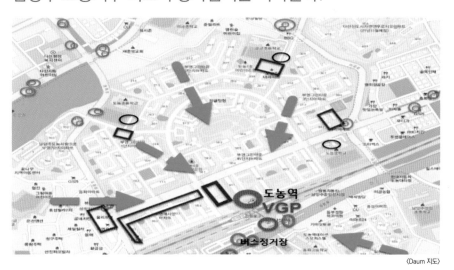

〈Daum 지도〉

도농지구 인구의 거시적 이동 흐름이 도농역 부근으로 강하게 향하고 있어서, 이 흐름이 한 곳으로 모이는 혈의 자리인 2번 동선 부근에 위치한 상가가 도농지구 최고의 상가입지일 듯하다.

미시적으로도 전철역으로 향하는 여러 동선 중 사람들이 가장 많이 이용하는 동선인 2번 동선이 주동선이 되며, 특히 이 2번 동선 상의 상가 중 접근성과 가시성이 제일 좋은 횡단보도 쪽 빨간색 박스 부근이 도농지구 최고의 상가입지가 될 듯하다. 그 중에서도 사각코너자리인 A. 즉 A부근은 거대한 구매수요의 거시동선과 주동선 상에 입지하면서 접근성과 가시성도 최고인 자리라 할 수 있다. 풍수로 말한다면 도농지구 최고의 혈 자리다.

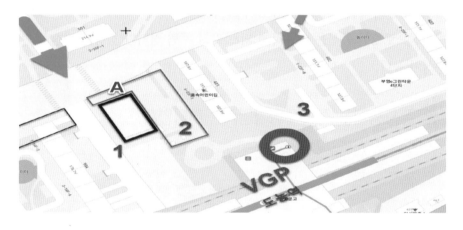

〈Daum 지도〉

이처럼 도농지구 인구의 거시적 흐름은 도농역이라는 대규모 인구유출입시설을 향해 모이는데, 지도를 볼 때 도농역을 흡사 물을 한 방향으로 모으는 깔대기 구멍으로 생각하면 한결 쉽게 이해할 수 있다. 도농지구 인구(구매수요)는 깔때기를 따라 도농역으로 빨려 들어가기도 하고 반대로 나오기도 한다.

05

서현역 동쪽 상권이 서쪽 상권보다
더 활성화된 이유는?

2019년 현재 서현역 하루 승하차 인원은 57,105명으로 분당 내 정차역 중 야탑역 60,318명에 이어 2위를 기록하고 있다. 나무위키에 따르면 초창기에는 분당선 정차역 중에서 이용자가 가장 많은 역이었으나, 광주시의 성장과 도촌지구 개발에 의해 2007년부터 야탑역에게 1위 자리를 내주었다고 한다. 참고로 한국감정원 자료에 따르면 2019년 평균 공실률은 분당 상권(서현동 포함)의 경우 2.7%로 우리나라 최고 상권인 강남대로 상권의 공실률 3.8%보다 낮은 것으로 나타났다.

주민의 주요 통근 특성

분당 판교지역의 거시적 이동 흐름(p135)에서 설명했듯이 성남시 통근인구 중 상당수가 거주 시군내(53.3%) 및 서울(27.2%)로 이동함을 잘 알 수 있다.

서현역 주변 인구의 거시적 이동 흐름(아침)

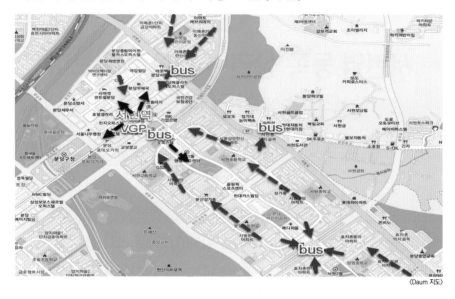

〈Daum 지도〉

　위 그림은 아침 출근대의 서현역을 중심으로 주변 인구의 이동 흐름을 나타내어 본 것이다. 서현역은 하루 5만명 이상이 이용하는 초거대 인구유출입시설(VGP)이다. 사람들(구매수요)은 이런 초거대 인구유출입시설(VGP)을 통해 기본적 인구유출입시설인 집과 직장으로 향하기도 하고, 주변의 영화관이나 백화점, 역 주변의 상업시설 같은 대규모 인구유출입시설(GP)에 들르기도 하면서 자신의 동선을 형성한다. 위 그림에서 보듯이 서현역 주변에 사는 사람들은 아침에는 자신의 직장이 있는 강남이나 판교의 테크노밸리, 정자역, 야탑역, 서현역, 수내역, 판교역, 미금역 부근의 업무시설로 향하기 위해 서현역과 주변 버스정거장으로 모이는 이동 흐름을 보일 것이다. 한편으로는 서현역 지하철 출구에서 나와 서현역 주변의 업무시설로 가려는 수요의 흐름도 있을 거로 보인다.

서현역 주변 인구의 거시적 이동 흐름(저녁)

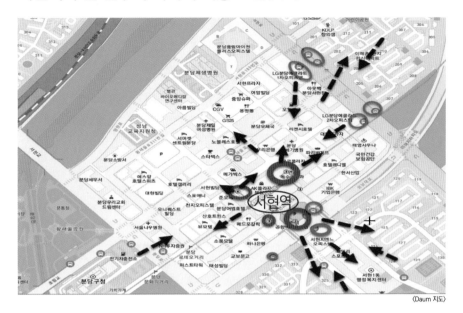

〈Daum 지도〉

    위 그림은 저녁 부근의 이동 흐름을 나타내는데 서현역 지하철 출구에서 나와 집으로 향하는 수요의 흐름(북쪽에 있는 이매촌 아파트와 우하향에 위치한 서현동 시범단지 방향의 흐름)과 서현역 로데오거리쪽으로 향하는 흐름이 보인다.

주변 상권에 대규모 구매수요를 공급하는 서현역과 버스정거장들

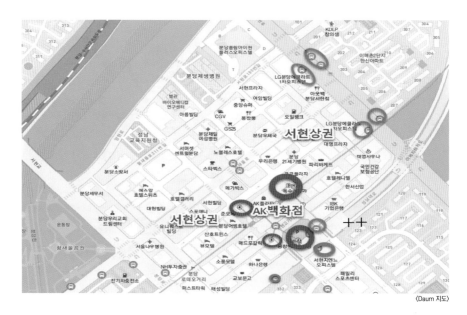

〈Daum 지도〉

상권의 개념에서 볼 때 그림의 지하철 출입구와 주변의 버스정거장들은 주변의 상업시설들에게 사람을 지속적으로 그리고 대량으로 공급하는 역할을 한다. 따라서 필자는 지하철 출입구와 버스 정거장을 최 끝단에서 물 공급을 담당하는 수도꼭지에 비유하여 호스구멍처럼 표기하였다. 구멍의 크기는 공급규모의 정도에 비례해서 대략 그린 것이다. 따라서 그 구멍에서 배출되는 구매수요의 크기를 연상하면서 지도를 보면 그에 따른 주변 상권의 활성화 정도를 충분히 예측할 수 있어서 상가입지나 상권에 대해 훨씬 쉽게 이해할 수 있을 듯하다.

구멍이 클수록 배출되는 사람도 많아지고, 작을수록 배출되는 사람이 적어 그 주변 상가에 대한 영향력도 줄어든다고 보면 된다. 따라서 큰 구멍에서 가까울수록 더 좋은 입지의 상가일 가능성이 매우 높으며 각각의 호스구멍에서 나오는 물이 합쳐지는 곳 즉 사람들이 만나서 저수지 역할을 하는 곳은 특히 활성화될 가능성이 매우 높은 우수한 상가입지로 볼 수 있다.

서현역 부근은 매우 큰 호스구멍인 서현역의 4개 출입구와 여러 개의 작은 호스구멍인 버스정거장 특히 서울로 진입하는 광역버스 정거장이 대규모의 구매수요를 주변 상업지역에 끊임없이 공급하고 있다. 또한 서현역 주변에는 각종의 인구유출입시설(상업시설과 업무시설 등)이 배치되어 있어 전철역과 버스정거장을 통해 배출되는 구매수요를 빨아들이기도 하고 주변 상가에 공급해주기도 한다.

참고 언급했듯이 업무시설은 상가 수요적 측면이 강한 인구유출입시설이다. 반면 상업시설은 상가 이므로 당연히 상가공급적 측면이 있음은 물론이고 역으로 찾아왔던 사람들을 다시 주변 상가로 배출하기도 하므로 상가 수요적 측면도 동시에 내포하고 있다.

서현역 서쪽 상권(A)이 더 우수할까? 동쪽 상권(B)이 더 우수할까?

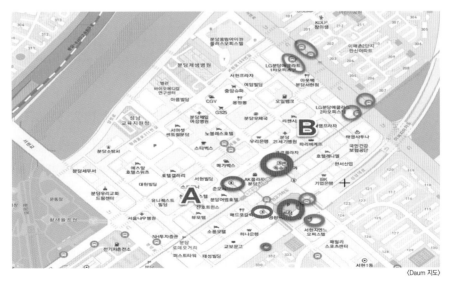

〈Daum 지도〉

분당의 평균 공실률이 2019년 2.7%로 전국 최저 수준에 가깝다고 하니 서현역 상권 또한 활성화되어 있다고 추측해도 무방할 거 같다. 그렇다면 과연 서현역 서쪽 상권인 A와 동쪽 상권 B 중 어느 쪽이 더 우수할까?

주변 구매수요의 크기에 의한 유추

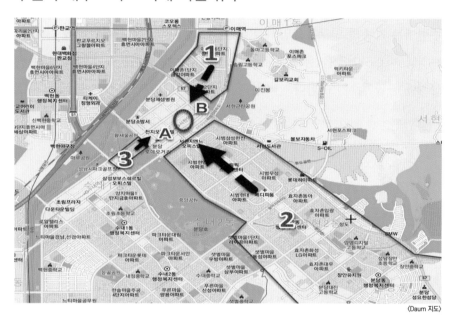

〈Daum 지도〉

서현역 주변 구매수요의 크기는 위 그림에서 보듯이 대략 1, 2, 3으로 그릴 수 있다. 구매수요의 크기순서는 압도적으로 큰 2, 중간의 1, 아주 작은 3의 순서이다. 따라서 중간 크기의 1과 매우 큰 2가 만나는 서현역 동쪽 상권(B)이 아주 작은 크기의 3과 매우 큰 2가 만나는 서현역 서쪽 상권(A)보다 당연히 더 크고 활성화되었을 거라 판단할 수 있다.

참고 주동선 분석은 다음의 책을 참고할 만하다.
　"김종율, 나는 집 대신 상가에 투자한다, 베리북, 2016년 8월 11일"

광역버스 정거장의 위치

 나무위키에 따르면 서현역은 서울시와의 왕래 수송 분담률에서 광역버스에 밀린다고 한다. 하루 평균 5만명이 넘는 승객이 서현역을 이용하지만 수인·분당선의 종점이 왕십리역이므로 분당신도시에서 서울 도심지역으로 가는 수요는 거의 광역버스에 의지하고 있다고 한다. 이처럼 분당의 많은 시민은 아래 그림의 A, B에 정차하는 많은 광역버스를 타고 서울로의 출퇴근을 하게 된다.

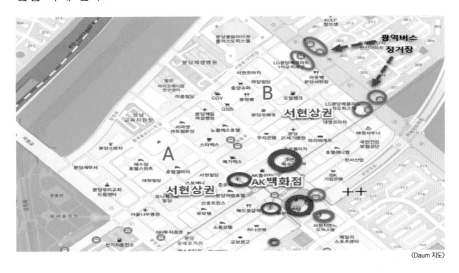

〈Daum 지도〉

 광역버스는 대규모 구매수요를 서현역 상권에 공급하는 수도 파이프 역할을 하는데, 대부분이 서현역 동쪽인 B부근에 정차하며 이 부근에 구매수요를 공급하기도 하고 빨아들이기도 한다. 따라서 서현역 지하철 출구를 통해 배출되는 구매수요와 광역버스·시내버스에서 배출되는 구매수요가 합쳐지는 지점인 B상권이 더 활성화될 수밖에 없다.

서현역 동쪽 (B)상권 1, 2, 3, 4번 중 어디가 가장 활발할까?
그 이유는?

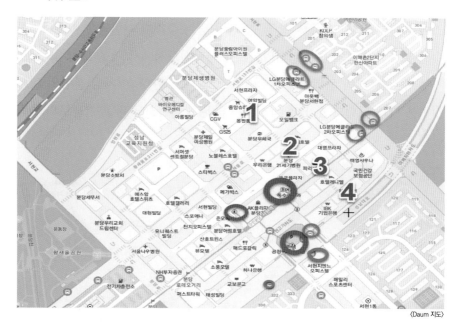

〈Daum 지도〉

　서현역(VGP)과 버스 정거장(GP)을 통해 배출되는 구매수요는 최단거리 이동원칙에 따라 특별한 유인이 없는 한 출구에서 멀어지지 않으려는 경향이 있다. 또한 사람들은 안전거리 우선의 원칙에 의해 굳이 도로 특히 큰 도로를 넘으려 하지 않는 성향이 있다. 이런 사람들의 심리를 이해한 후 다음 그림을 보면 상기 그림의 1, 2, 3, 4 중 어디가 가장 활발한 상권인지 쉽게 알아낼 수 있을 것이다.

〈Daum 지도〉

위 그림에서 보듯이 사람들은 전철 출입구에서 나와 가장 가깝고 안전한 보행자거리를 우선 선택하므로 3번이 가장 활성화될 가능성이 높다. 3번 보행자거리는 전철역에서 매우 가깝고 차도 다니지 않아서 안전하고 여유 있게 쇼핑과 여가를 즐길 수 있는 지역이다. 최단거리와 안전거리 우선 심리 모두를 충족시킨다. 지하철 출구를 통해 배출되는 구매수요와 광역버스·시내버스에서 배출되는 구매수요가 서현역 동쪽 B상권 특히 보행자거리에서 합쳐지므로 이곳이 수요가 모이는 큰 저수지가 된다. 그다음은 전철 출입구에서 가깝고 3차선 도로만 건너면 되는 2번이 될 가능성이 높다.

도로가 넓을수록 특히 4차선 이상이면 사람들이 건너지 않으려는 경향을 보인다. 따라서 사람들이 주로 활동하는 반경을 그림으로 나타내면 아래 그림과 같이 검은 박스 이내이나 그림 상단의 버스 정거장 부근은 승하차 인파가 있으므로 검은 박스의 상권이 버스정거장 쪽으로 좀 더 확장되어 있을 가능성이 있다.

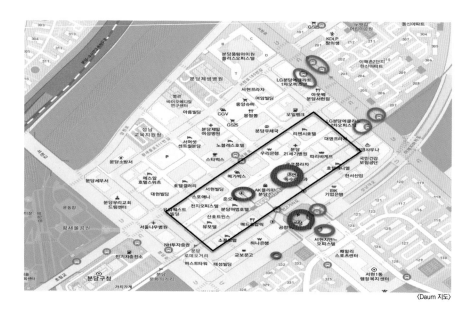

　　이처럼 상권이 대형화, 광역화되기 위해서는 대량의 구매수요를 지속적으로 공급해줄 전철역이나 버스정거장 등의 존재가 반드시 필요하고, 구매수요가 모여 한동안 시간을 보낼 수 있는 저수지 같은 공간도 필요하다.

근린상가(단지내상가)의 좋은 자리 판별법

좋은 자리 판별법

입지가 좋은지, 안 좋은지를 판별하려면, 우선 그 상가가 입지하고 있는 지역 전체 구매수요의 큰 흐름이 어느 방향으로 향하고 있는지 판단(거시동선 분석)한 후 보다 구체적으로 들어가 근린상가 바로 주변 구매수요의 흐름은 어떤지 파악(미시동선 분석, 소위 주동선 분석)해야 한다. 이 두 가지 분석이 제대로 되면 우수한 입지는 어디인지 정확히 분석할 수 있게 되지만 어느 하나를 생략한 채 거시동선만 분석한 후 혹은 미시동선만 분석한 후 어느 입지의 상가가 제일 좋은 자리라고 이야기한다면 오류에 빠질 가능성이 높아진다.(물론 경우에 따라선 거시적 분석이 필요 없을 수 있다. 중심상권과 거리가 멀리 떨어져 있는 상가일수록, 그리고 단지 규모가 작은 단지내상가일수록 거시동선 분석의 필요성이 감소한다.)

이때 반드시 주변의 대규모 인구유출입시설의 위치와 성격도 함께 파악할 필요가 있다. 이들 시설의 특성에 따라 동선도 달라져 주변 상가에 미치는 영향력에서 차이가 날 수 있기 때문이다. 또한 대규모 인구유출입시설의 출입구와 시설 주변의 횡단보도 위치까지 세밀하게 파악해야 한다.

또한 근린상가(단지내상가)는 사람들이 걸어서 이용하는 경우가 거의 대부분이므로 좋은 자리가 어디인가를 알기 위해선 사람들의 보행패턴을 분석해야 한다.

앞서 언급한 것처럼 대부분의 사람들은 이동과정에서 의식적 또는 무의식적으로 최단거리 우선, 안전거리 우선, 활력거리 우선 원칙을 적용한다. 특히 그 중에서도 최단거리 원칙이 사람들의 동선 형성에 매우 강력한 영향을 미치므로 근린상가(단지내상가)의 입지를 판별할 때 이 점을 꼭 고려해야 한다. 또한 지형적 특수성 등으로 인해 도보보다 승용차를 이용하는 게 편한 근린상가나 단지내상가는 보행동선 뿐만 아니라 차량 동선과 주차 편리성까지 고려해 상가입지를 판단해야 한다.

내 아파트에서 가장 좋은 입지에 위치한 근린상가는 어디일까?

① 아파트의 주 출입구를 찾는다. 시작점이라 할 수 있는 아파트의 출입구(정문, 후문, 쪽문 등)를 찾는다. 이때 정문이냐 후문이냐가 중요한 게 아니라 사실상의 정문 역할을 하는 곳, 즉 사람들이 많이 이용하는 출입구를 찾는 게 중요하다.

② 아파트의 주출입구와 근린상가 사이에 횡단보도가 여러 개 있다면 그 중 근린상가까지 가장 빠르게 이어주는 횡단보도를 파악한다. 이제 아파트 주출입구에서 그 횡단보도를 경유하여 가장 가까운 근린상가를 선으로 잇는다. 횡단보도가 없다면 아파트 주출입구와 가장 가까운 근린상가를 선으로 잇는다.

③ 상기의 1)과 2)는 내 아파트 주민들이 근린상가를 이용할 때 만들어내는 동선이고, 주변의 다른 거주지를 기준으로 동일한 방식을 적용하면 또 다른 동선들이 다양하게 만들어질 것이다.

④ 이런 식으로 만든 동선이 가장 많이 겹치는 동선 상에 자리한 근린상가가 가장 좋은 입지의 상가일 가능성이 높다.

현실에서는 최단거리 원칙만 적용되는 게 아니어서 상황이 조금 복잡해진다. 근린상가마다 면적과 유치업종 등이 달라서 상권력에서 큰 차이가 있으며, 인구유출입 효과가 큰 대규모 인구유출입시설이 어디에 위치하는가에 따라서도 사람들의 동선 형성이 달라질 수 있다. 따라서 그 지역의 여러 개별적 요소를 종합적으로 감안해야 가장 좋은 자리가 어디인지 파악할 수 있다. 이 책을 통하여 그러한 안목을 기를 수 있기 바란다.

500세대 아파트 단지내상가의 업종구성

500세대 아파트 단지내상가는 대개 1층은 슈퍼, 공인중개사무소, 2층은 미용실, 세탁소, 학원(피아노, 속셈 등)으로 업종을 구성한다. 아파트 500세대(오피스텔 300세대)라면 약 5~6개 정도의 업종이 알맞다. 그런데 상가의 수가 점점 많아져 10개가 넘는다면 공실 1~2개 정도는 발생할 가능성이 높다.

공실은 가장 좋지 않은 입지인 1층 안쪽이나 2층 이상에서 발생한다.

즉, 주동선에서 멀수록, 접근성과 가시성이 안 좋을수록 공실이 발생할 가능성이 높고 장기화될 가능성도 높다. 반대로 상가공급이 많더라도 입지가 좋은 상가는 공실 가능성이 거의 없다. 일반적이라면 출입구 부근 코너목의 상가가 제일 좋은 입지일 가능성이 높다. 이 코너목에서 멀어질수록, 접근하기 어려울수록, 잘 안보일수록, 공실 가능성이 증가한다. 반면 상가공급이 5~6개 이하라면 거의 독점적 업종으로 구성되므로 자리가 안 좋아도 영업에는 별문제가 없을 가능성이 높다. 아파트 300세대는 상가 형성이 어려우나, 주변에 단독주택, 빌라, 연립, 다가구 또는 원룸 등이 어느 정도 형성되어 있다면 이를 아울러 상가형성이 가능할 수 있으므로 주변의 빌라나 단독주택 세대수, 그리고 기존의 경쟁상가 등을 살펴봐야 한다.

단지내상가 면적과 세대수의 관계

단지내상가의 필요 면적수요는 세대수 증가의 제곱에 비례한다.

가령 600세대 아파트 2개 단지를 건설한다면, 각 단지에 필요한 상가는 슈퍼, 공인중개사무소, 식품점, 미용실, 세탁소, 학원(피아노) 등 5~6개이므로 2개 단지에 들어갈 수 있는 상가는 약 10여개에 불과하다. 하지만 만약 1,200세대를 하나의 단지로 건설한다면, 이외에도 분식, 정육점, 치킨점, 태권도학원, 인테리어점, 과일판매점, 야채판매점, 베이커리점, 미술학원, 각종 교습소, 중화요리집, 교회 등 600세대 2개 단지로 구성할 때보다 훨씬 더 많은 업종이 상가에 들어올 수 있게 된다.

500세대 이하인 경우 단지내상가의 적정면적은 세대 당 0.2평, 그 이상인 경우는 세대수가 늘어날수록 세대 당 필요한 상가의 적정면적도 증가하는 경향이 있다. LH의 자료에 따르면 아파트 세대별 상가 필요 면적은 아래 표와 같다.

세대수	300	500	700	800	1,000	1,250	1,500
세대당적정 상가면적(평)	0.18	0.20	0.26	0.31	0.34	0.42	0.48

이에 따라 상가 적정면적을 계산하면 500세대는 약 100평, 1,000세대는 500세대의 2배인 약 200평이 아니라, 세대수 증가에 따른 상가 필요면적의 증가로 340평 정도가 된다.

시사점

단지내상가를 활성화시키려면 건축 시 세대를 분산하기보다는 집중시키며, 동선 구성을 신경 써서 대부분의 세대에서 250미터, 도보 5분 이내에 도달할 수 있도록 단지내상가를 위치시키는 게 좋다. 또한 단지 입주자의 구매수요가 분산되지 않도록 출입구 수를 제한하여 설계하여야 한다. 요약하면 대부분의 세대에서 접근성이 좋으면서 사실상의 주출입구 주변에 상가를 배치해야 한다.

3장

'접근성'과 '가시성'을 확보하라

01

상가의 접근성과
가시성이란

접근성과 가시성 – 구슬이 서 말이라도 꿰어야 보배다

외모도 훌륭한데(가시성), 성격도 좋아 쉽게 친해질 수 있다면(접근성) 인기 만점이 된다. 상가도 똑같다. 구매수요(사람들)의 눈에 확 들어오면서 접근하기 쉬워야 장사가 잘 된다.

상가의 접근성, 가시성

접근성이란 구매수요가 내 상가에 얼마나 쉽고 편하게 접근할 수 있는가의 문제이다. 쉽게 말하면 상품과 서비스를 구매하려는 구매자가 내 상가에 쉽고 편하게 들어와 상품과 서비스를 구입할 수 있으면 접근성이 좋은 것이고, 그렇지 않고 힘들고 수고를 많이 해야 할수록 접근성이 없는 것이다.

가시성이란 내 상가가 구매수요의 눈에 얼마나 잘 보이는가 하는 문제다. 한마디로 상품과 서비스를 구매하려는 구매자의 눈에 잘 띄게 하는 게 가시성의 핵심이다.

아래 그림의 지하상가는 1층을 통하지 않고 지하로 바로 들어갈 수 있는 출입문을 설치하고 간판도 설치했다. 이러한 리모델링 등이 접근성과 가시성을 개선하려는 대표적인 방법 중 하나라고 보면 될 거 같다.(필자가 볼 때 간판을 더 크게 만들면 훨씬 더 영업 활성화에 도움이 되었을 것 같다.)

아래 그림의 노란 건물(스킨푸드)은 앞 건물에 가려져 있는데도 눈에 띈다. 상가는 주택과 달리 눈에 띄어야 한다. 이처럼 노란색, 빨간색, 파란색 등의 원색을 사용하면 상가의 가시성에 도움이 된다.

아래 그림의 경부고속도로 주변 광고 간판은 접근성은 거의 제로에 가까우나, 가시성을 잘 활용한 대표적인 사례이다.(단, 접근성과 가시성은 정의 상관관계가 있는 게 일반적이다.)

접근성·가시성과 상가가치

　마곡지구 상가분양가의 사례(참고페이지 : 249)에서 보듯이, 상가 1층의 분양가를 1로 본다면, 2층은 약 40%, 3층은 약 30% 수준이다. 상가임대료는 필자의 경험치를 기준으로 장기적으로는 1층 임대료를 1로 본다면, 2층은 약 1/2~1/3 정도인데 1/3로 수렴, 3층은 약 1/3~1/4인데 1/4로 수렴, 4층 이상은 약 1/4~1/4.5, 지하는 1/4~/5 정도로 수렴한다.(상가분양가나 임대가는 개별적·구체적·지역적 여건에 따라 당연히 달라질 수 있다.)

　상가 1층이 다른 층에 비해 분양가와 임대가 모두 훨씬 높은 이유가 뭘까? 아파트와 달리 상가는 층이 올라갈수록 분양가나 임대가가 낮아지는 경향이 있는데 그 이유는 무엇일까?

　필자는 상가의 접근성과 가시성의 차이에서 비롯된다고 생각한다. 1층은 2층, 3층에 비해 사람들이 훨씬 접근하기 쉽고, 눈에 확 띄므로 상대적으로 판매기회가 많아져 매출액도 높아질 수 있다. 이러한 큰 장점이 반영되어 분양가와 임대가에서 차이가 난다. 그만큼 상가의 접근성과 가시성은 상가의 가치 결정에 있어서 매우 중요한 요소이다.

02

접근성과 가시성을
저해하는 요인

(상가가치를 저하시키는 요인)

　상가의 접근성과 가시성은 상호 비례관계여서 접근성이 좋으면 가시성이 좋고, 접근성이 안 좋으면 가시성도 안 좋은 경우가 일반적이다. 그 역의 관계도 성립한다. 따라서 접근성과 가시성을 저해하는 요소를 같이 살펴보기로 한다. 크게 상가 자체(내부)적 요인과 상가 외부적 요인으로 구분할 수 있다.

상가 자체의 요인

　상가 자체 요인으로는 상가가 건물 전면에 위치하지 않고 고객이 찾기 어렵고 접근하기도 힘든 안쪽 상가인 경우, 조경(조경물, 조경수, 화단 등)에 의해 막히거나 가려진 경우, 2층 이상에 소재하는데 엘리베이터가 없어 걸어 올라가야 하는 경우, 계단이 많아 건물로 진입하기 어려운 경우, 상가 입구가 별로 없거나 찾기 힘든 경우, 간판이 잘 보이지 않는 경우 등 무수히 많다.

〈조경에 의해 접근성이 저하되는 사례〉　　〈건물 안쪽 상가라서 접근성과 가시성이 저하된 사례〉

　　이러한 요인 중에는 건축 설계단계에서 사전에 제거할 수 있는 부분이 많이 있다. 그럼에도 상가의 접근성과 가시성은 도외시한 채 오로지 건축학적 관점에서만 설계를 진행하여 궁극적으로는 상가의 가치를 떨어뜨리는 사례가 의외로 많다. 건축 설계단계에서 상가다운 설계를 해야 상가로서의 제 가치를 발휘할 수 있다.

상가 외부적 요인

　　외부적 요인으로는 내 상가 앞에 완충녹지나 경관녹지 등이 설치되어 있는 경우, 육교나 고가도로 등에 의해 가려진 경우, 도로 가드레일 등이 상가로의 진입을 막는 경우, 횡단보도가 너무 멀리 있어 사람들의 접근이 어려운 경우 등이 있다. 상가 외부적 요인으로 접근성이나 가시성이 저해되는 경우에는 사후에 치유하는 것이 사실상 불가능하므로 상가 매입을 자제하거나 혹시 매입하려 한다면 상가가치 저감 요인을 반영해 그만큼 저렴하게 구입하여야 한다.

〈완충녹지나 경관녹지 등에 의해 접근성과 가시성이 저하된 예〉

〈도로 가드레일에 의해 접근성이 저하된 예〉

〈마포구 아현동 교량에 의해 접근성과 가시성에 문제가 있는 사례〉

〈마포구 아현동 교량 철거 이후 모습〉

03

접근성, 가시성이 나빠 본래의
가치가 저감된 사례

최근열람일시:2020/12/25 12:42(4일전)
경매개시 77 | 배당요구종기일 245 | 최초진행 273 | 매각 47 | 납부 31 | 배당종결(673일 소요)

← 이전 | 목록 | 다음 →

2017타경80___

• 서울중앙지방법원 본원 • 매각기일 : 2019.04.10(水) (10:00) • 경매 8계 (전화:02-530-1813)

| 소 재 지 | 서울특별시 중구 다동 ___터플레이스 지1층 ___ 도로명검색 지도 지도 | | | | | | |
| 새 주 소 | 서울특별시 중구 남대문로9길 ___이스 지1층 B___ | | | | | | |

물건종별	근린상가	감 정 가	2,520,000,000원	구분	입찰기일	최저매각가격	결과
				오늘조회: 1 2주누적: 1 2주평균: 0 조회동향			
				1차	2018-07-11	2,520,000,000원	유찰
대 지 권	24.02㎡(7.266평)	최 저 가	(21%) 528,482,000원	2차	2018-08-08	2,016,000,000원	유찰
				3차	2018-09-05	1,612,800,000원	유찰
				4차	2018-10-02	1,290,240,000원	유찰
				5차	2018-11-28	1,032,192,000원	유찰
건물면적	170.14㎡(51.467평)	보 증 금	(10%) 52,848,200원		2018-12-26	825,754,000원	변경
				6차	2019-01-23	825,754,000원	유찰
				7차	2019-02-27	660,603,000원	유찰
매각물건	토지·건물 일괄매각	소 유 자		8차	2019-04-10	528,482,000원	
				낙찰: 670,670,670원 (26.61%)			
개시결정	2017-08-23	채 무 자		(입찰4명,낙찰___ 외1 / 차순위금액 661,000,000원)			
				매각결정기일 : 2019.04.17 - 매각허가결정			
				대금지급기한 : 2019.05.27			
사 건 명	임의경매	채 권 자	국민은행	대금납부 2019.05.27 / 배당기일 2019.07.12			
				배당종결 2019.06.27			

〈Daum 지도〉

2019년 1월경에 지하이지만 주변의 구매수요(파란색 동그라미가 구매수요의 공급처 역할을 하는 전철 출입구나 서울시청임)는 꽤 튼튼해 보이는 물건이 있어 관심 있게 지켜보았다. 지도 상으로는 상당히 좋아야 할 물건인데 건축도면 상으로 보면 본 물건으로 바로 연결되는 출입구가 잘 보이지 않는다. 현장에 가봐야 할 필요가 있어 가보니, 이렇게 구매수요가 많은 지역의 괜찮은 입지가 왜 헐값에 나왔는지 알 것 같다. 접근성과 가시성에 큰 문제가 있다.

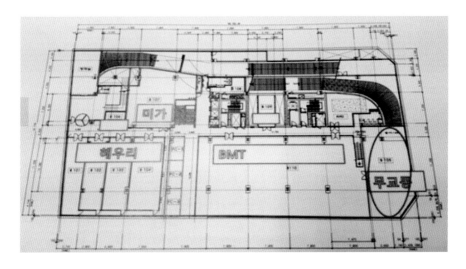

지하는 대체로 접근성이나 가시성에 문제가 있기 마련이지만, 이곳은 좀 더 심했던 것으로 기억한다. 그 정도의 건물이면 지하로 들어가는 출입구가 많이 있거나 썬큰으로 하여 접근성을 좋게 하는 사례가 많은데 본 물건은 지하로 연결되는 곳을 찾기가 쉽지 않아 빙빙 헤매다가 돌아갔다.

이런 물건은 일반 임차인이 원하는 물건이 아닐 가능성이 높다. 임차인뿐만 아니라 이용고객도 비슷한 성향이므로 일반음식점이 들어와 성공하기는 쉽지 않다. 임차대상이나 고객대상이 한정적일 수밖에 없어 낙찰가가 보통의 경우보다 많이 떨어질 수밖에 없는 구조이다.

위 그림의 빨간색 동그라미가 본 물건인데, 만약 그 주변이 썬큰 구조처럼 지상과 바로 통할 수 있는 설계였다면 상당히 우수한 물건이 되었을 가능성이 높다. 그런데 이 물건으로 접근하기가 너무 힘들다. 엘리베이터가 가장 빠른 접근로인데 이마저도 찾기가 쉽지 않다. 여러 측면에서 상당히 많은 부분을 만족시키는 물건이지만 접근성과 가시성의 문제가 워낙 심각하다. 따라서 낙찰가가 감정가에 비해 저렴할 수밖에 없다. 일반인에게는 별로이나 목적형 영업에 능한 분들에게는 주변 여건이 아주 우수하므로 좋은 물건일 수도 있다.(주변에 시청역, 서울시청, 을지로입구역 등이 있다.)

4장

우월한 입지를 결정하는 '구매수요'

01

'유효수요' 용어의
난해함과 그 대안

구매수요 – 상가의 젖줄

산모가 건강해야 아이도 무럭무럭 자라듯이 상가 주변에 든든한 구매수요가 있어야 장사가 잘 된다. 필자가 만든 구매수요 측정 계산법을 제대로 습득하여 그 크기와 범위를 보다 정확히 파악할 수 있기 바란다.

'유효수요'– 용어의 난해함과 한계

유효수요란 '구매력 있는 수요'로서, 경제학에서 사용하는 용어이다. 주로 경제학자나 경제관료 등 경제 전문가들이 사용하는 용어이며, 일반인이 사용하는 일은 거의 없다. 그러한 생소함 또는 어휘 탓인지 유효수요란 용어는 이해하기 쉬운 것도 어렵게 만들고 일상적인 이야기도 현실과 동떨어진 학문적 이야기로 바꾸는 마술을 부린다. 심지어 유효수요 관련 문제나 영역은 일반인이 제대로 알지 못하면 함부로 얘기하면 안 되는 듯한, 전문가만 다뤄야 할 특수 분야처럼 보이게 한다.

경제전문가보다 일반인들이 훨씬 더 관심이 많은 상가 재테크의 영역에 경제전문가만 알아듣고 사용해야 할 듯한 용어, 선뜻 다가가기 힘든 용어인 '유효수요'란 용어를 꼭 사용해야만 할까? 보다 쉽고, 보다 친근한, 누구나 얘기해도 어울릴 수 있는 그런 용어는 없을까?

'구매수요' - 개념의 편안함

필자가 이런저런 생각을 해 보니, '구매수요'란 단어가 있다. 상가입지, 상가의 수요와 공급의 시작점은 상품과 서비스의 구매행위로부터 시작하므로, 이 책에서는 다가가기 어려운 '유효수요'란 용어를 대신하여 '구매수요'라는 좀 더 편한 용어를 사용하고자 한다.

일반 사람들의 경우 유효수요의 개념을 듣고 나선 "뭐지? 너무 어렵네. 내가 알아야 할 영역이 아니군. 관심을 꺼야겠군."이라고 생각할 가능성이 높은 반면 구매수요란 말을 들으면 그리 어렵다는 생각보다는 "무언가를 구매하려는구나. 나도 늘 하는 행동인데, 알아봐야겠군."이라고 편하게 생각하고 현상을 이해하려고 할 것이다. 누구나 익숙하게 알고 있고, 편하게 생각할 수 있는 '구매수요' 혹은 '배후수요' 등 좀 더 친근한 용어를 사용해 상가, 상권과 관련된 현상을 이해하고 설명하는 게 보다 바람직하다 생각한다.

구매수요는 고정인구와 유동인구로 구성된다

구매수요(혹은 유효수요, 배후수요)는 구매력과 구매의사를 수반하고 해당 상권이나 상가에서 판매하는 상품과 서비스를 구매할 사람들을 의미한다.

구매수요는 고정인구와 유동인구로 구성된다. 고정인구는 해당 지역에서 지속적이고 반복적인 구매행위를 하는 사람이며, 유동인구는 일시적이고 간헐적인 구매행위를 하는 사람을 의미한다. 따라서 고정인구를 주요 기반으로 삼는 단지내상가와 근린상가의 매출액은 꾸준한 경향이 있는 반면 유동인구를 주요 기반으로 하는 중심상가나 유흥상가 등은 매출액의 변동 폭이 큰 대신 상권 범위가 넓고 규모가 큰 대형상권의 특성을 갖는다.

따라서 안정성을 원한다면 대단지 아파트 주변의 단지내상가나 근린상가에 투자하는 게 좋고, 반면 불안정성이 커 손해를 입을 수도 있지만 큰 이득을 찾는다면 중심상가나 유흥상가 등에 투자하는 게 좋다.

구매수요는 상가의 존립기반인 만큼 입지분석 시 해당 상가 주변의 고정인구와 유동인구의 크기를 가능한 한 정확하게 파악하여야 한다. 그 크기에 따라 동선의 수와 굵기가 달라지고 결국 상권에 주는 영향력까지 달라지기 때문이다. 아무리 기타의 입지조건이 좋아도 구매수요가 부족하면 상가의 생명은 유지될 수 없는 만큼 이 장에서 필자가 제시하는 '구매수요 측정법'들을 필히 습득하여 실전에 활용할 수 있기 바란다.

03

구매수요의 크기는
어떻게 측정하나?

구매수요는 고정인구와 유동인구로 구성되므로 구매수요의 크기를 정확히 파악하려면 이 둘의 크기 모두 파악해야 한다.

구매수요 측정방법

고정인구의 크기를 파악하기 위해서는 상가 주변에 얼마나 많은 사람들이 사는지 혹은 근무하는지를 파악해야 한다. 집과 관련해서는 공동주택(아파트, 빌라)이나 단독주택 등의 세대수를 계산해야 하며, 직장은 업무시설이나 공장 등의 근무인원을 계산해야 한다.

유동인구는 상가 주변을 오가는 사람들이므로 이를 측정하기가 매우 어렵다. 따라서 정부나 관계기관의 자료를 그대로 이용하거나 이를 근거로 가공하여 추정할 수밖에 없다. 그 중에서 소상공인 상권분석시스템이나 대형 전철역 이용자수는 유동인구 파악에 큰 도움이 된다. 구체적으로 하나하나 살펴보자.

고정인구

1) 아파트

대단지 아파트는 다음이나 네이버 지도에 세대수가 표기되어 있고, 대단지가 아닌 경우에도 검색을 하면 세대수 정도는 비교적 쉽게 찾을 수 있다.

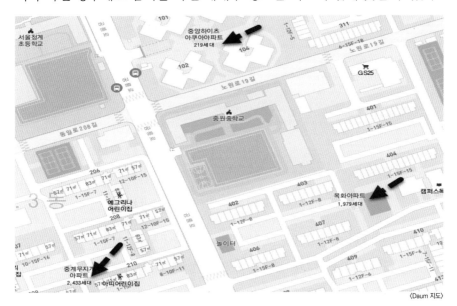

〈Daum 지도〉

> **참고** 최소 구매수요의 크기를 아파트는 500세대, 오피스텔은 300세대로 달리 보는데 그 이유는 거주자의 소비성향과 소비패턴에서 차이가 나기 때문이다. 오피스텔은 소비성향이 높고 구매횟수도 많은 젊은 사람들이 많이 거주하는데 이들은 다소 비싸도 자기 거주지 부근에서 소비하는 경향을 보이는 반면 아파트에 거주하는 사람들은 상대적으로 나이가 든 경우가 많고 소비도 실속으로 하는 경향이 있어 조금 멀더라도 가격이 저렴한 곳을 이용한다. 따라서 아파트는 오피스텔에 비해 상권형성에 필요한 최소한의 단위가 좀 더 크다.

2) 대규모 빌라단지

빌라와 아파트, 단독주택 등이 혼란스럽게 섞여 있으면 파악하기가 쉽지 않으나, 빌라단지처럼 비슷한 규모의 빌라가 집중적으로 모여 있는 지역에서는 대략적인 구매수요의 크기, 즉 세대수의 파악이 가능하다.

〈상대원동의 빌라단지로 파란 점은 빌라임을 나타낸다〉

위와 같이 빌라가 집중적으로 모여 있는 지역에서 빨간색 동그라미 위치에 있는 상가 혹은 대지가 매물로 나왔다고 하자. 상가를 하나 얻어 장사를 하고자 하거나, 이 토지를 매입하여 상가를 개발하려고 하는데 장사가 될 만한 배후수요 즉 주변 세대수가 얼마나 되는지 어떻게 알 수 있을까? 일일이 건축물대장 하나하나를 떼서 세대수를 계산하는 게 정확하겠지만 현실적으로 너무 많은 시간과 노력이 들어가므로 필자의 방법을 따르기 바란다.

① 보통 크기의 빌라 3개 정도를 표본으로 추출한다.
② 표본을 통해 해당 빌라 한 채당 세대수를 파악한다.
③ 이렇게 나온 한 채당 세대수를 지역 전체의 빌라 개수를 세어 곱한다.(한 채당 세대수×전체 빌라 수) 이렇게 하면 그 지역 전체의 세대수가 나온다.

위 그림의 상대원동을 예로 들면 378-40의 경우는 10세대, 상대원동 380-7의 경우도 10세대로 나온다. 대체적으로 보통의 빌라는 4층 정도인데, 오래된 빌라는 지하층까지 있는 경우가 많아 8~10세대, 오래 안 된 빌라는 주차장 등으로 인해 8세대 정도 되는 경우가 많다. 대략 70채 정도되니 8세대로 계산하면 70채×8세대=560세대, 10세대는 70채×10세대=700세대로 나온다. 대략 560~700세대로 추정되나, 중간중간 단독주택 등도 있을 수 있으므로 이를 보정하면 약 600세대 정도로 보면 될 듯하다. 다만 여기서 고려할 것이 있다. 해당 지역이 지구단위계획에 의해 개발된 전용주거단지라면 상가건축제한이 있는 경우가 많으나, 그렇지 않다면 상가로 건축하거나 용도변경하는데 큰 어려움이 없어서 600세대 전체를 주택 세대 수 즉 구매수요로 판단하면 안 된다. 대부분은 주택이겠지만 일부는 상가일 수 있고 지금은 단독주택이지만 나중에 상가로 용도변경할 수도 있다. 따라서 로드뷰 등으로 확인을 하여 현재 경쟁상가는 없는지 혹은 입지 상 현재는 단독주택이지만 나중에 상가로 용도변경할 만한 자리가 많은지 등도 체크하여 진정한 구매수요의 크기를 확인할 필요가 있다.

3) 단독주택 단지 - 가천대 부근 사례

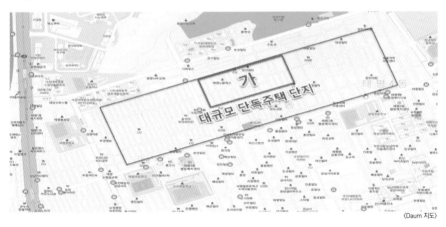

〈Daum 지도〉

위 그림은 성남시 가천대역 부근의 대규모 단독주택 밀집지역이다. 이 그림에서 가)면적에 해당하는 구매수요의 크기, 즉 세대수를 알고 싶다면, 어떻게 파악해야 할까?

〈Daum 지도〉

가)에 해당하는 면적이 너무 넓어 하나하나 세는 건 역부족이다. 다행히 이 지역은 거의 같은 면적의 단독주택이 소재하고 있으므로 이렇게 하면 좋다.

① 그림의 A면적을 샘플 값으로 하여 해당 면적 내 단독주택 건물 수를 구하라.

② ①의 값을 전체 면적으로 환산하라.

③ 한 주택 당 거주하는 세대수를 유추하라.

④ ②와 ③에서 구한 값을 곱하라. 이를 공식으로 만들면 아래와 같이 도식화할 수 있다.

[A면적 내 단독주택 건물 수×(전체면적÷A면적)×주택 당 거주하는 추정 세대수]

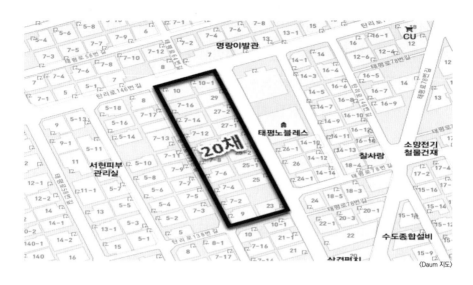
〈Daum 지도〉

　샘플면적 A에는 단독주택 20채가 있으며 빨간 선의 전체면적 가)는 A면적의 22배 정도의 크기가 되므로 전체 단독주택 수는 20채×22배=440채가 된다. 이제 단독주택별 세대수만 구하면 된다. 보통 한 채는 1층, 2층, 지하층으로 구성되며, 주인이 1층이나 2층 중 한 층에서 살고 나머지 층과 지하는 임대를 주는 경우가 많다. 이때 지하층은 두 세대에게 주는 경우도 상당히 있음을 감안하면 한 집 당 3~4세대라는 결과가 나온다. 따라서 가)구역의 구매수요 크기는 한 집에 3세대가 산다면 440×3세대=1,320세대 정도이고 4세대가 산다면 440×4세대=1,760세대 정도로 추산된다. 즉 약 1,300~1,800세대 정도의 가구가 우리가 분석하고자 하는 가)구역에 거주한다고 보면 된다.

　4) 업무시설 – 저 큰 서초 삼성타운에는 몇 명이나 근무할까?

• 각종의 연구결과에 의한 1인당 사무실 점유면적 계산

　서울시 사무직 노동자 수 전망치에 따르면 1인당 사무실 점유면적은

21.04㎡, 평수로는 6.36평이라고 한다. 가령 1만 평인 오피스빌딩이라면 대략 1,572명이 근무하고 있다는 의미이다.(2010년 국토연구원 발표) 다른 연구에 의하면, 서울시 사무직 노동자 1인당 사무실 점유면적은 17.75㎡(5.37평/인)이며, 직원 휴게 공간 확대 등 근무환경 개선으로 1인당 사무실 점유면적은 점점 늘어나는 추세라고 한다.(서울시 업무공간 수요예측 및 공급가능성 진단, 서울시정개발연구원, 2005) 이를 기준으로 1만 평인 오피스빌딩에는 대략 1,862명이 근무한다고 보면 된다.

위 연구결과를 종합하면, 대체로는 5~6평/인 정도로 보면 무난할 듯하다. 따라서 1인당 5평으로 잡으면 빠르고 쉽게 오피스 빌딩의 근무인원을 유추할 수 있다.

• 서초동 삼성타운 구매수요의 크기

필자가 서초동 삼성타운의 건축물대장을 떼어보니 A동 연면적 110,660㎡(33,474평), B동 81,117㎡,(24,537평), C동 196,561㎡(59,459평) 총합계 388,338㎡(117,472평)로 나온다.

그렇다면 서초 삼성타운 구매수요 크기는 어느 정도일까?

각종의 연구결과를 토대로 나온 1인당 5평으로 잡고 계산하면 빠르고 쉽게 오피스 빌딩의 근무인원을 유추할 수 있다. 서초 삼성타운 전체면적이 117,472평이므로 대략 12만 평이라고 보고 이를 5평으로 나누면 약 2만4천명 정도가 근무한다는 결과가 나오므로 대략 그 정도 크기의 구매수요가 주변 상권에 영향을 미침을 바로 알 수 있다.

위키백과에 나오는 내용을 토대로 1인당 사무실 점유면적을 계산하면, 위키백과에는 A동 삼성생명 연면적 3만3,485평, B동 삼성화재 연면적 2만

4,770평, C동 삼성전자 5만9,722평 합계 연면적 11만7,977평이며, 삼성그룹 직원 등 2만여 명이 상주한다고 나온다. 따라서 이를 근거로 1인당 사무실 점유면적을 계산하면 대략 5.9평이다. 가령 1만 평의 오피스빌딩이라면 1,695명이 근무한다는 의미이다.

• 네이버 그린팩토리의 구매수요 크기

경기도 성남시 분당구 정자동에 소재하는 네이버 그린팩토리는 건축물대장 상 연면적이 101,661㎡(30,752평)이다. 네이버 그린팩토리의 구매수요 크기는 어느 정도일까?

30,752평이니 대략 31,000평이라고 보고 1인당 5평 점유한다고 보면 바로 15,500명 정도가 근무할 것으로 유추할 수 있다.

• 여의도동 LG트윈타워의 구매수요의 크기

건축물대장을 떼어보니 157,835㎡(47,745평)이다. 대략 4만8천 평이니 1인당 5평으로 적용하면 9천6백명 정도 상주하고 있음을 바로 유추할 수 있다.

위에서 본 사례와 달리 아파트, 빌라, 단독주택, 업무시설 등이 혼재되어서 뚜렷한 특징을 발견하기 힘든 지역은 구매수요 크기를 정확히 파악하기가 쉽지 않다. 이런 경우에는 소상공인 상권정보시스템(sg.sbiz.or.kr)에서 상당히 의미 있는 정보를 얻을 수 있다. 상권정보시스템에 대한 설명은 다음에서 살펴볼 유동인구의 크기파악 편에서 상세히 설명하기로 한다.

유동인구

1) 전철역 이용자수로 추정해 보기

현실적으로 유동인구의 크기를 파악하는 것은 쉽지 않다. 용어에 담긴 의

미처럼 움직이는 수요를 측정하기는 대단히 어렵다. 이런 경우에는 정부나 관련기관에서 발표하는 자료인 전철역이나 버스 등 이용 승객수를 통해 대략적인 규모를 짐작하거나 다른 한편으로는 가장 간편하면서도 비교적 신뢰할 수 있는 소상공인 상권정보시스템을 이용하는 것이다.

유동인구는 교통수단 특히 대중교통을 많이 이용하여 이동하므로 역이나 버스터미널의 이용객 수를 파악하여 대략적인 크기를 유추할 수 있다.

2019년 기준 하루 승하차 인원이 가장 많은 전철역은 강남역(20만2,174명), 이어 잠실역 2호선(17만722명), 홍대입구역(16만7,873명), 신림역(13만9,189명), 구로디지털단지역(12만6,035명), 고속터미널 3호선(12만1,246명), 삼성역(12만1,184명), 신도림역(11만8,082명), 서울역 1호선(11만1,771명), 선릉역(10만5,144명), 을지로입구역(10만1,199명) 순으로 나타났다.

강남역의 하루 승하차 인원이 20만2,174명으로 집계되었는데, 강남역 부근의 버스 승하차 인원수를 추정하고자 필자는 다음과 같이 기존의 연구 자료를 응용하였다.

[방법1]

① 2014년 10월 16일 하루 동안 서울 중심업무지구(강남역)를 최종 목적지로 대중교통을 이용해 통행한 사람은 총 48,363명이고, 이 중에서 전철 이용자가 36,541명, 버스 이용자가 11,822명으로 나타났다고 한다.(이석주, 장동익, 교통카드 이용실적 자료 기반의 대중교통 이용자 시공간 패턴 분석 및 시뮬레이션 모형 구축, 2015)

② ①의 자료를 토대로 전철 : 버스 이용자수를 비율로 나타내면 1 : 0.324 즉 버스 이용자는 강남역 전철 이용자의 32.4% 정도로 추산된다.

③ 따라서 2019년 강남역 하루 승하차 인원수인 202,174명에 대입하면 버스 승하차 인원수는 202,174×32.4%=65,504명으로 산출된다.

[방법2]

① 2020년 2월 13일자 동아일보 "환승으로 연간 53만원 아껴"라는 기사에 의하면, 서울시 하루 평균 교통수단별 이용건수는 지하철이 601만 건, 버스가 517만 건, 택시가 113만 건, 기타가 5만 건 등 총 1,236만 건으로 조사되었다고 한다.

② ①의 자료를 토대로 지하철 대 버스 이용비율은 1 : 0.86 즉 버스 이용자는 전철 이용자의 86% 정도로 추산된다.

③ 따라서 2019년 강남역 전철 하루 승하차 인원수인 202,174명에 이를 대입하면 202,174×86%=17만3,869명의 수치가 산출된다. 즉 2019년 하루 강남역 부근 버스 승하차 인원은 약 17만3,869명으로 추정된다.

위 두 가지 방법으로 도출한 데이터는 정교하지 않아 허점이 많을 수 있지만, 강남역 부근의 버스 이용자 수에 관한 단초는 된다. 즉 편차는 크지만 하루 6만5,504~17만3,689명 정도의 사람들이 버스로 강남역 부근을 이용한다고 추정해 볼 수 있다. 유동인구의 파악을 위해서는 관련 연구가 좀 더 심층적으로 진행될 필요가 있다.

2) 소상권인 상권정보시스템으로 손쉽게 파악하기

소상공인 상권정보시스템(sg.sbiz.or.kr)을 이용하면 다양한 정보를 손쉽게 얻을 수 있다. 특히 유동인구에 관한 연구가 크게 진행된 게 많지 않아서 큰 도움이 된다. 소상공인상권정보시스템으로 검색하면 지도화면이 뜬다.

메뉴에서 상세검색을 선택한 후 검색하고자 하는 업종을 선택한다. 만약 부동산중개업이면 부동산중개로 검색하면 된다. 그런 다음 지역을 선택하고 상권분석에 마우스를 갖다 대면 원형, 반경, 다각, 상권 등의 메뉴가 뜨는데 편의대로 앞에서 분석하려고 했던 성남시 경원대 부근의 단독주택 밀집지역인 태평동 가)지역을 분석 대상으로 삼아 부동산중개업을 검색하면 다음과 같은 분석결과가 나온다.

해당 지역을 상권평가, 해당 업종분석, 매출분석, 인구분석, 소득과 소비분석, 지역분석 등으로 나눠 대상영역별로 상세히 분석해 준다. 100프로 믿

을 순 없겠지만 충분히 참고할 만한 좋은 지침이 된다. 특히 인구분석은 아주 도움이 되는 분석틀이다. 인구분석을 보면 유동인구/주거인구/직장인구/주거형태 등에 관한 소중한 정보를 얻을 수 있다. 태평동 가)지역의 인구분석에 대한 소상공인지원시스템의 검색결과를 보면 유동인구 1,265명, 남성 비율 57.1%, 월요일에 유동인구가 가장 많고 일요일에 가장 적다고 되어 있으며 직장 인구 총 547명, 남성 비율 52.5%, 50대 29.8%라고 알려준다.

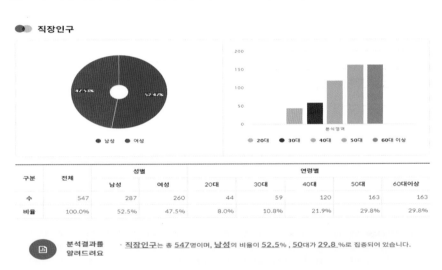

● 직장인구

구분	전체	성별		연령별				
		남성	여성	20대	30대	40대	50대	60대이상
수	547	287	260	44	59	120	163	163
비율	100.0%	52.5%	47.5%	8.0%	10.8%	21.9%	29.8%	29.8%

분석결과를 알려드려요 · 직장인구는 총 547명이며, 남성의 비율이 52.5% , 50대가 29.8 %로 집중되어 있습니다.

또한 주거형태는 모두 다 아파트 이외의 형태이며, 총 가구 수는 1,635세대라고 한다. 우리가 앞에서 대략 도출해낸 세대수의 값인 1,300~1,800세대와 거의 비슷하다. 이처럼 소상공인 상권정보시스템은 힘들여 계산하는 수고 없이도 해당 지역에 대한 다방면의 정보를 제공받을 수 있는 매우 유용한 사이트이므로 많이 활용할 필요가 있다. 특히 유동인구에 대한 정보를 얻기가 쉽지 않은데 클릭 몇 번으로 소중한 정보에 접근할 수 있으니 얼마나 고마운가? 통계데이터센터(data.lostat.go.kr)의 모바일 유동인구 지도 서비스도 참고할만하다.

명동상권이 강남상권보다 코로나에 취약한 이유
우리나라에서 최고로 비효율적인 땅의 대명사 '명동'

전국 최고로 비싼 땅 명동 네이처리퍼블릭 부지 : 공시지가 평당 6억 5,826만원

2020년 2월 현재 우리나라에서 최고로 비싼 땅은 명동 네이처리퍼블릭 부지로서, 17년 연속 1위를 차지하고 있다. 이 땅에 매겨진 공시지가는 ㎡당 1억 9,900만원, 평으로 환산하면 6억 5,826만원이다. 명동상권이 코로나19의 여파로 예전만 못하다지만, 전국 땅값 상위 10위권 내 부지는 모두 서울 명동상권에 위치한 것으로 나타났다.

상업지역과 땅의 이용효율

서울에 땅 100평을 가지고 있다면 1종 전용주거지역의 경우 건폐율이 50% 이하, 용적률이 100% 이하이므로 최대 100평까지 건물을 지을 수 있고, 건폐율을 최대화해 짓는다면 2층까지 지을 수 있다. 2종 전용주거지역은 건폐율이 40%, 용적률이 120%이므로 120평, 3층까지 지을 수 있다. 중심상업지역은 건폐율이 60%, 용적률이 1,000% 이하이므로, 1,000평, 16층까지 지을 수 있는데, 명동은 사대문 안이므로 800평, 14층까지 지을 수 있다.

상업지역은 땅값이 비싸서 토지 이용을 최대화하는 게 일반적이다. 즉 높은 건물을 짓는 게 당연하다. 비싼 땅을 놀릴 이유가 없다. 명동은 전국에서 최고로 비싼 땅이니 토지 이용이 최대화되어 있으리라 예상할 수 있다. 아마도 용적률 800%를 다 채우고도 모자라 용적률 인센티브를 받으려 노력하지 않았을까?

> **참고** 건폐율이란 "대지면적에서 건물의 바닥 면적이 차자하는 비율"로서, 건폐율 최대 50%란 대지가 100평일 때 최대 50평까지 건축할 수 있다는 의미이다. 용적률이란 대지면적에 대한 건축물 연면적의 비율을 의미하는 것으로 연면적은 각 층의 바닥면적을 모두 합한 값을 의미한다. 용적률=(건축물의 연면적/대지면적)×100. 예를 들면 100평의 대지 위에 건폐율 50% 4층짜리 건물을 지었다면 각 바닥면적의 합계(연면적)가 200평이므로 용적률은 200%인 것이다.

우리나라에서 17년 연속 최고로 비효율적으로 이용되고 있는 땅은?

우리나라 최고 비싼 땅인 명동의 토지이용 현실을 보자.

3층으로 보인다. 2종 전용주거지역과 같은 3층이다. 바로 앞 땅은 더 심하다. 1층이다. 도시 외곽이나 공원과 같은 녹지지역에서나 볼 법한 그림이다. 도저히 우리나라 최고로 비싼 땅이라는 생각이 안 든다. 토지이용이 극도로 비효율적이다. 필자의 눈에는 우리나라 최고로 비싼 땅이라기보다는 우리나라에서 가장 비효율적으로 쓰이는 땅의 대명사처럼 보인다. 이처럼 땅값은 17년 연속으로 우리나라 최고인데 땅은 극도로 비효율적으로 이용되고 있으니 사용자는 적은 건축면적을 쓰면서도 땅값의 사용료인 임대료를 모두 도맡아야 하는 매우 비합리적인 구조에 놓일 수밖에 없다.

명동상권이 강남상권에 비해 코로나에 취약한 이유

가장 비싼 땅이 모여 있는 명동 8길을 둘러보니 거의 모든 건물이 3층이나 4층이다 .우리나라 최고의 중심상업지역이 주거지역보다 못한 용적률을 사용하고 있다. 땅의 용적률은 800%인데 실제 사용하고 있는 용적률은 200%가 안 된다는 의미이다. 600%가 놀고 있다. 일반적인 경우라면 이 600%에 해당하는 면적 중 거의 대부분은 업무시설이 차지하고 그곳에서 근무하는 많은 사람들이 명동상권의 고정수요를 형성했을 것이다. 그랬으면 명동상권은 지금처럼 외국인에만 의존하는 상권이 아니라 탄탄한 고정수요를 배후수요로 가진 상권으로서 코로나처럼 이상 현상이 발생하여도 나름대로의 유지가 가능했을 것이다.

하지만 명동은 땅값이 너무 비싸서 업무시설이 들어오기에는 제약점이 많다. 즉 비용 대비 효과가 아주 좋지 않아 명동에 업무시설을 지을 혹은 임차하여 사용할 이유를 찾기 힘들다. 그래서 명동은 코로나 같은 이상사태 발생 시 취약할 수밖에 없다.

반면 강남역 주위를 보자. 토지이용이 거의 최대화되어 있다.

상업지역의 상당수를 업무시설이 차지하고 그곳에 수많은 사람들이 근무하므로, 주변 강남상권에 탄탄한 고정수요를 공급하고 있다. 코로나의 여파로 강남상권도 타격을 받았으나, 명동상권에 비해서는 비교할 수 없을 정도로 탄탄하다. 위의 두 사진만 보아도 고정수요가 미미한 명동상권은 어떤 이유에 의해 유동인구가 사라지면 다른 상권보다 큰 피해를 받을 수밖에 없음을 알 수 있다.

04

상가의 상권력이 미치는 범위는 어떻게 확정될까?

구매수요 범위확정 - 남양주 부영그린타운 A상가

앞에서 살펴본 남양주 도농지구 부영그린타운 내 A상가의 구매수요 범위는 어떻게 될까? 즉 A상가를 이용하는 구매고객의 범위는 어느 정도일까 하는 문제이다. 이는 A상가가 미치는 상권력의 범위라고도 할 수 있다.

아래 그림에서 A상가의 상권력의 범위(구매고객의 범위)는 어디까지일지 생각해보고 대략 그려 보자.

파란색 네모는 주변의 근린상가나 단지내상가들이니 이를 고려해 생각해 보라.

〈Daum 지도〉

　가장 쉽게 생각하면 A와 주변 상가 간 거리의 중간 까지가 A를 이용할 구
매고객의 범위라고 생각할 수 있다. 이에 따라 그림을 표시하면 다음과 같
이 검은 색의 박스선이 그려진다.

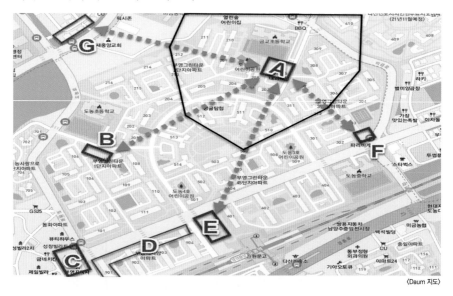

〈Daum 지도〉

그런데 단순히 거리의 중간이라고 할 수 없는 게 현실이다. 상가건물에 입점해 있는 품목이 다양하고 규모가 크면 사람들은 작은 규모보다는 큰 상가를 이용하기 마련이다. 따라서 주변 상가보다 A의 규모가 크면 범위를 좀 더 멀리 잡고 작으면 좀 더 좁게 하는 방식으로 미세 조정하면 될 듯하다. 이런 식으로 미세 조정한 결과가 다음의 그림에 표시된 좀 더 확장된 빨간색의 박스이다.

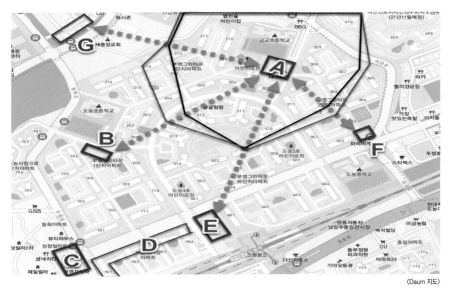

〈Daum 지도〉

물론 현실에서는 상가를 선택할 때 규모 이외에도 영업업종, 마케팅 능력, 지형지세, 출입구의 위치 등 수많은 변수가 영향을 미치므로 위에서 검토한 바와 크게 차이가 날 수 있다.

일반적인 단지내상가와 근린상가는 위에서 살펴본 바와 같이 접근하면 되나, 서울로의 출퇴근이 많은 지역·지구의 경우(즉 다른 지역으로의 이동이 많은 곳)에는 상기의 요소 이외에도 중요하게 고려할 점이 한 가지 더 있다.

인구의 거시적 이동흐름(거시동선)에 대한 고려가 바로 그것이다.

조사에 따르면 앞서 말한 대로 남양주시 통근·통학 인구의 상당수가 서울 및 바로 인근의 구리시 기존 시가지쪽으로 이동할 가능성이 매우 높다고 한다. 따라서 인구의 거시적 이동 흐름은 아래 그림처럼 오전에는 서울·구리 쪽 방향으로 향하고, 저녁에는 반대로 서울·구리에서 남양주 방향으로 향할 거라 판단된다.

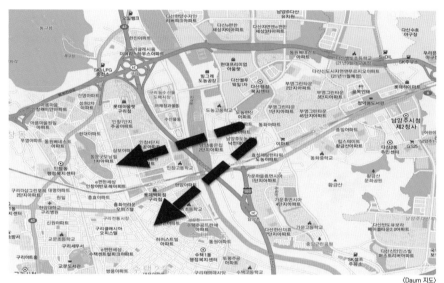

〈Daum 지도〉

〈도농지구 인구의 거시적 이동방향 : 출근 시간〉

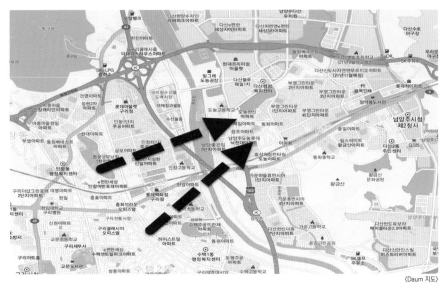

〈Daum 지도〉

〈도농지구 인구의 거시적 이동방향 : 퇴근 시간〉

    이를 반영하면 도농지구 사람들(구매수요)은 서울 혹은 구리 시내 등으로 이동하기 위해 주요한 이동수단인 전철이나 광역버스 등을 이용할 것이다. 따라서 도농지구 남쪽에 있는 전철역과 광역버스 정거장으로 이동하는 흐름을 형성한다. 아래 그림이 이를 잘 나타낸다. 평소 자주 이동하는 경로이므로 도농지구의 사람들은 도농역 방향인 남쪽으로 이동하는 걸 자연스럽게 받아들일 거 같다.

〈Daum 지도〉

아래 그림은 도농역으로 향하는 주요한 이동 흐름 하에서 근린상가나 학교로 향하는 미세한 흐름도 있음을 나타내고 있다.

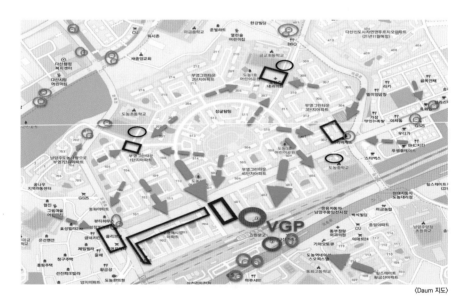

〈Daum 지도〉

아래 그림의 1 위치에 있는 사람들은 A상가를 이용하기 쉬울까? E상가를 이용하기 쉬울까?

거리도 같고, 규모나 업종구성 등 상권력이 같은 조건이라면 아마도 1 위치의 사람들은 A보다는 E상가를 이용하기 쉽다. E상가는 1 위치에 있는 사람들이 평소 도농역으로 이동할 때 지나가는 방향에 위치하므로 거부감을 주지 않을 듯하나, A는 평소의 진행방향과는 반대 방향에 위치하므로 생소함 내지 거북함을 느낄 가능성이 높기 때문이다.

(현실에서는 E상가를 이용하려면 큰 도로를 건너야 하는 부담이 있고, 지형지세 등 다른 요소의 영향이 강할 수 있어서 위에서 살펴본 바와는 차이가 있을 수 있다.)

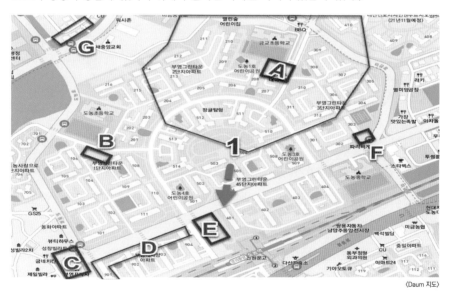

〈Daum 지도〉

따라서 A상가의 구매수요 범위는 사람들의 전철역 이동방향 일치 여부에 따라 아래쪽은 빨간색의 경계선보다 위에서, 위쪽은 원래 예상 경계보다 더 위쪽으로 좀 더 확장될 가능성이 높다.

아래 그림은 도농지역 사람들의 거시적 이동 흐름을 반영한 A상가의 구매고객의 범위가 원래의 위치보다 약간 위쪽으로 조정될 수 있음을 나타낸다.

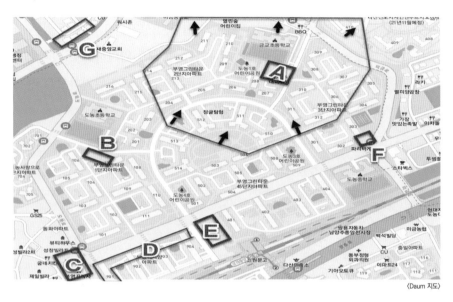

〈Daum 지도〉

이처럼 상권력의 범위는 인구의 거시적 이동 흐름을 고려했을 때와 고려하지 않았을 때 큰 차이가 있을 수 있다. 위의 A상가의 예는 인구의 거시적 이동 흐름에 크게 영향을 받지 않는 단지내상가라는 점에 주목할 필요가 있다. 즉 단지내상가도 상권력의 범위가 바뀔 수 있는데, 막대한 유동인구를 기반으로 하여 존립하는 중심상가, 유흥상가는 어떻겠는가? 두말할 것도 없이 인구의 거시적 이동 흐름에 대한 분석이 반드시 고려돼야 한다.

05

낙성대역 상권이
명동역 상권보다 더 크다고???

구매수요의 크기 비교

낙성대역 상권의 구매수요 크기

　낙성대역 상권의 구매수요 크기를 지도 상에 표시해보면 그 범위는 대략
다음과 같을 수 있다. 주변 역과의 거리를 염두에 두고 산이나 큰 도로 등
의 상권장애요인을 감안한 결과다.

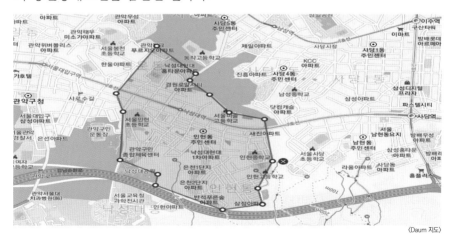

〈Daum 지도〉

낙성대역 상권의 범위는 좌측으로는 서울대입구역과의 중간 정도나 중간 조금 못 미친 부분까지다. 다른 조건이 같다면 서울대입구역이 낙성대역보다 좀 더 크고 강한 상권이기 때문이다. 우측 사당역 쪽으로도 마찬가지 이유로 중간에서 조금 못 미칠 가능성이 높다. 위로는 산자락까지이며, 아래로는 강남순환로라는 장벽까지가 낙성대역 상권이 미치는 영역으로 보인다.

명동역 상권의 구매수요 크기

명동역 상권의 구매수요 크기를 주변 역과의 거리 등을 감안해 지도 상에 표시해보면 대략 그 범위는 다음과 같을 수 있다.

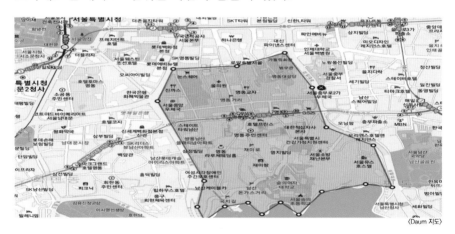

〈Daum 지도〉

명동역 좌측으로는 회현역과의 중간 정도까지 특히 11차선이라는 도로 장벽이 두 개의 역 사이에서 상권 확장을 막고 있으므로 그렇게 봄이 타당할 듯하다. 우측으로는 명동역과 충무로역 중간에 있는 8차선의 삼일대로까지, 위로는 대략 을지로입구역과 을지로 3가역을 감안해 중간 조금 더 위쪽까지, 아래로는 남산 바로 아래까지 명동역 상권으로 보면 될 듯하다. 참고로 사람들이 명동 상권이라고 말할 때는 특별한 영역의 정의 없이, 쓰는 사람에 따라 달라지는 경우가 일반적이며 대체로 명동역 주변의 발달된 상업지역 위주로 파악하는 듯하다.

지도 상으로 본 낙성대역 상권과 명동역 상권의 구매수요 크기는 어디가 더 클까?

위와 같이 설정한 낙성대역의 구매수요 크기는 면적이 대략 112만㎡이다.

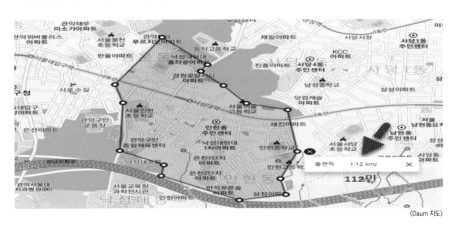

〈Daum 지도〉

반면 명동역의 구매수요 크기는 약 60만㎡이다.

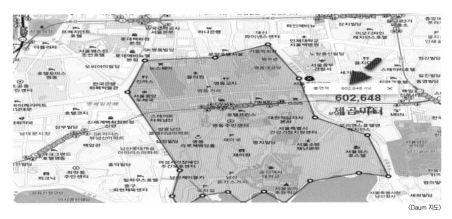

〈Daum 지도〉

낙성대역의 구매수요의 크기는 대략 112만㎡, 명동역은 약 60만㎡.

이처럼 지도 상의 면적만으로 구매수요의 크기를 측정하니 눈에 확 들어오고 쉽게 이해가 되어 편하기는 한데 낙성대역 상권이 명동역 상권에 비해 약 1.8배 크다는 결과를 보여주니 이는 심각한 오류가 아닐 수 없다.

지도 상의 면적으로 판단하는 구매수요 크기 측정방식의 효용과 한계점

위의 사례에서 알 수 있듯이 지도로 구매수요의 크기를 측정하는 방식은 아주 간단하다는 큰 장점이 있으나, 한계점도 명백히 존재한다. 따라서 이에 대한 고려가 없으면 위 사례처럼 낙성대역 상권이 명동역 상권보다 1.8배 이상 크다고 잘못 판단할 수 있는 소지가 다분히 있다.

구매수요의 크기를 파악하거나 비교할 때 눈으로 보이는 지도 상의 면적만 보고 속단해서는 안 된다. 지도 상에 보이는 구매수요는 주로 고정인구이고 유동인구의 크기는 볼 수 없다. 이는 주로 고정고객을 대상으로 하는 단지내 상가와 근린상가에 적용하기에는 아주 유효하나, 유동인구에 많이 의존하는 중심상권(혹은 중심상가)이나 유흥상권(혹은 유흥상가)의 분석에는 커다란 한계점이 있다. 이런 상권을 분석할 때는 반드시 유동인구의 흐름과 규모를 파악하려는 노력이 동반되어야 한다.

이런 의미에서 필자가 이 책에서 제시하는 개념인 대규모 인구유출입시설 혹은 초거대규모 인구유출입시설의 위치와 규모(유입하고 배출하는 인구수)에 대한 파악과 고려가 필요하다. 가령 강남역 상권의 구매수요 크기를 분석한다면, 강남역 부근의 지도 상 면적으로 파악하는 크기뿐만 아니라, 부근의 초거대규모 인구유출입시설인 전철역(강남역)과 버스 정거장 이용자수, 업무시설의 규모(규모에 따른 인구수 추정), 상가 수요와 공급 측면을 동시에 가지고 있는 상업지역까지 분석해야 어느 정도 신뢰할 수 있는 숫자를 얻을 수 있다.

또한 지도를 활용한 측정방식은 동일 지역 내 상권을 비교할 때는 상당히 유효할 가능성이 높으나, 다른 지역 간의 비교에는 한계가 있을 가능성이 높다. 용도지역이 다를 수 있고 혹시 용도지역이 같아도 토지이용의 효율성이 다르기 때문이다. 게다가 지역 간에는 업종 구성 등의 차이에 따라 상가 수요와 공급적 측면에서 커다란 차이가 있을 수 있다. 즉, 지도 측정 방식은 평면적이므로 실제의 입체적인 공간지형을 담지 못하고 입체성에 내재된 상가의 수요적 측면과 공급적 측면을 구분하여 설명해주지 못한다.

필자도 상가투자를 시작할 때쯤 지도로 면적을 비교하는 방식을 간편하게 사용하였으나 위의 사례처럼 맞지 않는 부분이 상당히 있어 그 한계를 유념하고 있다. 그럼에도 아주 쉽고 간단하며 어떤 경우에는 상당한 설득력도 있는 게 사실이다.

결론적으로 이런 한계를 인식하고 오차를 줄이기 위해 노력한다면, 가령 용도지역을 조사하고, 설정된 용도지역이 원래의 설정 의도대로 이용되고 있는지를 파악(로드뷰 등을 통해)하여 현실을 반영하며 주변 상가의 여건까지 함께 고려한다면 지도 상의 면적으로 구매수요의 크기를 파악하는 방법은 아주 간단하고 유용한 측정법이 될 수 있다.

참고 유효수요(개념, 크기, 범위)와 관련해서는 다음 책의 해당 편(P67~89)을 참고할 필요가 있다. "김종율, 나는 집 대신 상가에 투자한다, 베리북, 2016년 8월 11일"

06

구매수요의 결집현상,
분산현상과 상권형성
같은 세대라도 영업 활성화 정도가 다를 수 있다

상권형성을 위한 최소한의 구매수요 조건

상권이 제대로 형성되려면 구매수요의 크기가 일정 세대수 이상이 되어야 하고, 수요의 누수현상이 발생하지 않고 결집되어 있어야 한다. 500세대를 가진 아파트라도 그 수요가 결집되어 어느 한 지점으로 모이지 못하고 여러 방면으로 수많은 출구가 있어 흩어진다면 단지내상가는 제대로 자리 잡지 못할 가능성이 높다. 이처럼 구매수요의 분산현상은 공동주택 단지의 경우 단지 출입구(정문, 후문, 쪽문 등)의 수와 깊은 관련이 있다.

단독주택이 밀집된 주거지 주변을 보면 상가의 수는 매우 많은데, 제대로 영업이 되는 곳을 찾기 힘들다. 그 원인은 바로 구매수요의 분산현상 때문이다. 단독주택 단지는 아파트 출입구 역할을 하는 곳이 너무 많아 사람들이 각 방면으로 흩어지므로 수요가 결집되기 힘들다.

성남시 태평동의 단독주택 단지 – 구매수요의 분산현상이 발생하는 경우

구매수요의 크기 편에서 살펴본 성남시 태평동 단독주택 단지의 가)구역을 예로 들어 살펴보자.

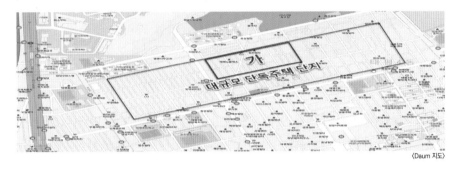

〈Daum 지도〉

가)구역은 약 4만4천㎡(13,300평)의 면적에 단독주택이 밀집해 있다. 아래 그림에서 보듯이 대상 지역에는 아파트의 출입구 역할을 하는 대략 28개의 진출입로가 즐비하게 늘어서 있다.

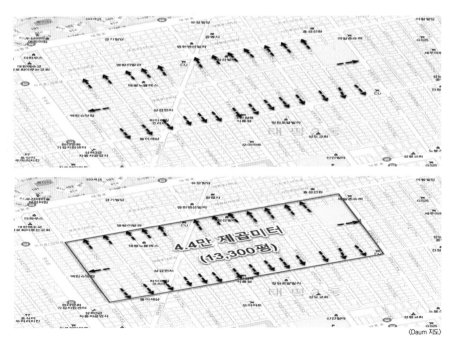

〈Daum 지도〉

구매수요의 크기 편에서 가)구역의 세대수는 약 1,300~1,800세대 정도로 추정하였다. 아파트의 경우 이 정도 규모의 세대면 나름 단지내상가가 자리 잡을 수 있는 가능성이 높다. 그런데 위와 같이 사방팔방으로 출입문 역할을 하는 곳이 많으면 수요가 결집되지 못하고 분산되어 상가 형성이 어렵다. 특히 지구단위계획 등으로 상가가 들어설 자리가 정해져 있지 않고 언제든지 용도변경을 통해 상가로의 변신이 가능한 구도심의 단독주택 단지는 더더욱 잘 되는 상가를 찾기 힘든 게 현실이다.

아래 그림처럼 가)구역을 아파트단지라고 가정하고, 모두 다 담장이나 펜스가 둘러져 있고 오직 하나의 출입구만 있다면 어떻게 될까?

〈Daum 지도〉

이런 경우라면 수요가 결집하여 표출되는 화살표 방향의 출입구 앞으로 상가들이 들어서게 될 것이다. 아마도 출입구에서 가깝거나 대로를 끼고 있는 사각 코너 등이 좋은 입지의 상가자리가 될 수 있고 그 주변도 활기를 띨 가능성이 높다.

서울시 송파동의 헬리오시티 단지내상가
– 수요의 결집 현상이 발생하는 경우

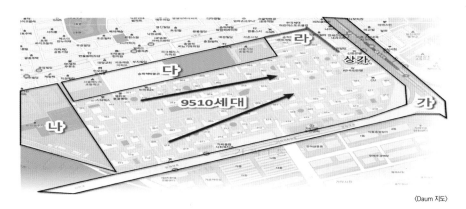

〈Daum 지도〉

　앞서 검토한 바와 같이 송파역 부근의 헬리오시티는 지형적 특성상 주변
상권과 단절되어 해당 구매수요가 단지내상가 방향으로 결집할 수밖에 없
는 특이한 구조로 되어있다. 즉 이러한 단절요소들이 헬리오시티의 구매수
요를 주변으로부터 철저히 차단시켜 오로지 한 방향(전철 출입구)으로 향하게
끔 작용하므로 단지내상가가 활성화될 수밖에 없는 좋은 구조이다.

　헬리오시티의 지형적 특성을 상세히 살펴보면

① 하단부와 우측의 가) 부분 : 인접한 8차선 도로와 10차선 도로가 이동
　　장애요인으로 작용함.
② 좌측의 나) 부분 : 탄천유수지와 탄천이 장벽 역할을 함.
③ 상단의 다) 부분 : 초등학교 2곳과 박물관, 공원 등이 위치하여 헬리오
　　시티 상단부에 위치한 근린상가로의 접근을 막음.
④ 상단 우측 라) 부분 : 아파트 담장이 둘러싸고 있음.

위의 사유로 헬리오시티 9,510세대의 구매수요는 가), 나), 다), 라)의 장벽에 막혀 어쩔 수 없이 전철 출입구 부근에 위치하는 단지내상가로 결집할 수밖에 없다. 따라서 단지내상가는 다른 특별한 사정이 없는 한 영업이 활성화될 가능성이 매우 높다.(참고페이지 : 49)

포인트

이처럼 수요가 많으면서 분산되지 않고 결집할 수밖에 없게 조성된 단지내상가를 찾아라. 특히 이런 곳 중에서도 단지내상가의 공급 규모가 많지 않은 곳을 주시하라. 아파트 단지내상가나 근린상가에 관심이 많다면, 구매수요의 크기인 아파트 세대수가 얼마나 되는지 조사해야 할 뿐만 아니라 이 구매수요가 분산되는가 아니면 한 방면으로 결집되는가를 체크해볼 필요가 있다.

세대수는 많고 아파트 주민들이 이용하는 출입구 수가 적은 경우라면 제한된 출입구 주변으로 구매수요가 결집된다. 당연히 사람들이 많이 이용하는 출입구 부근이 좋은 입지의 상가가 될 가능성이 매우 높다. 대단지 아파트의 주출입구(정문이 아니고 사실상의 정문 역할을 하는 곳) 부근을 주시하라.

5장

주변 '상가공급'이 작아야 장사가 잘 된다

01

토지면적이 비슷하다고
과연 상가 공급면적도 비슷할까?

시흥 은계지구, 부천 옥길지구 사례

상가 공급량 - 많을수록 피곤해진다.

경쟁자가 적을수록 합격하기도 쉽다. 대학 들어갈 때도 경쟁률 낮은 곳을 찾으려 눈치 경쟁을 하는데, 먹고 사는 문제와 직결되는 상가 매입·임대 시에는 왜 관심을 두지 않을까? 필자가 제시하는 간편하고도 쉬운 공급면적 계산법을 요긴하게 사용하기 바란다.

아래 두 지역의 비교를 통해 토지면적과 상가 공급면적의 상관관계를 알아보자.

시흥 은계지구 상업용지 면적

아래 사진의 시흥 은계지구 상업용지 면적은 합계 4,340㎡(2,153+2,187)이다.(필지 수는 11필지, 건물은 총 9개)

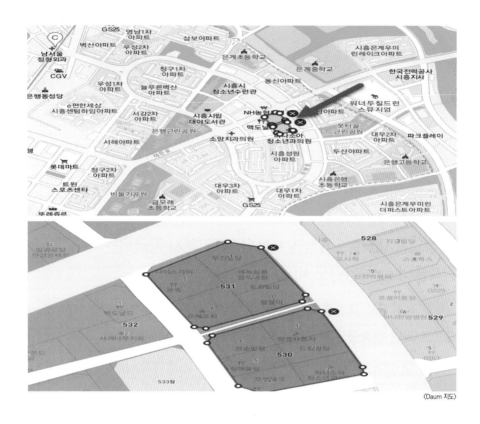

〈Daum 지도〉

부천 옥길지구 상업용지 면적

다음 사진의 부천 옥길지구 상업용지 면적은 대략 4,797㎡로 시흥 은계지구 상업용지에 비해 10% 정도 크다.(필지 수는 3필지, 건물은 총 2개)

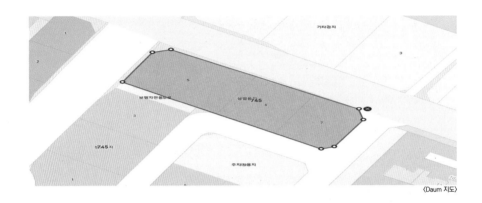

〈Daum 지도〉

두 상업용지(시흥 은계지구, 부천 옥길지구)에서 공급되는 건축물의 총 공급규모 비교

부천 옥길지구 토지면적이 시흥 은계지구 토지면적에 비해 약 10% 정도 크므로 과연 건축물의 총 공급규모도 약 10% 정도 더 많을까?

시흥 은계지구 해당 번지의 건축물 대장을 열람해 본 바 상세내역은 다음과 같다.

은행동 지번별	531-1	531-2	531-3	531-4	531-5	530-1	530-2	530-3	530-4	530-5	530-6	합계	평균
토지면적	376	373	363	518	523	385	354	392	367	323	366	4,340	395
건축면적	249	510		384	361	153	266	286	242	466		2,917	324
건폐율(%)	66.4	69.3		74.0	69.0	39.8	75.3	73.1	66.0	67.6			67.0
연면적	1,893	2,465		2,046	2,628	188	955	1,873	896	1,700		14,644	1,627
용적률 산정용 연면적	1,671	1,968		1,692	2,252	188	955	1,681	896	1,385		12,688	1,410
용적률(%)	444	267		326	429	50	269	420	243	200			294
지상, 지하층수	7.1	5.1		5.1	7.1	2.0	4.0	6.1	4.0	3.1			
용도 등	근생	근생, 교육연구	531-2 건축물의 부속토지	근생, 주택	근생	근생	근생, 노유자 시설	근생	근생	근생	530-5 건축물의 부속토지		

부천 옥길지구 해당 번지의 건축물 대장을 열람해 본 바 상세내역은 다음과 같다.

옥길동 지번별	토지면적	건축면적	건폐율	연면적	용적률 산정용 연면적	용적률	지상, 지하층수	용도 등
745-5	2,140	2,070	59.5	31,717	19,565	562	10.5	근생,문화 및 집회시설
745-6	1,340							745-5의 부속토지
745-7	1,317	788	59.9	10,827	7,817	593	10.3	근생
합계	4,797	2,858		42,544	27,382			
평균			59.7			577		

요약해보면 다음과 같다. (단위 : ㎡)

토지면적은 부천옥길(4,797)이 시흥은계(4,340)보다 불과 10% 정도 많은데, 용적률산정용 연면적은 부천옥길(27,382)이 시흥은계(12,688) 보다 216% 많고 지하층까지 포함하면 290%나 더 많다. 즉 토지면적이 비슷하다고 연면적도 비슷할거라고 지레짐작하면 안된다. 위 사례는 토지가 얼마나 큰 가 보다 용적률이 어느 정도인가가 상가공급 규모에 훨씬 더 큰 영향을 미칠 수 있음을 말해준다. 지도상의 토지면적만 대충 재어 상가 공급규모를 추산하는 경우 그 한계가 있음을 명심하자.

① 토지면적 : 부천옥길 10%▲ > 시흥은계

② 건축면적 : 부천옥길 < 시흥은계 2%▲

③ 용적률 산정용 연면적(지하층 불포함 연면적) : 부천옥길 2.19배▲ > 시흥은계

④ 지하층 포함 연면적 : 부천옥길 2.9배▲ > 시흥은계

지도 상의 토지 면적만으로 상가의 공급규모를 추산하는 방식의 한계와 그 대안의 모색

상가의 공급규모를 파악하려 할 때, 지도 상에서 보이는 토지 면적만으로 혹은 건물의 개수만 세어서 비교하는 것은 앞의 사례에서 보듯이 큰 오류를 범할 가능성이 있으며, 이는 커다란 투자손실로 이어질 수 있다. 이런 오류를 범하지 않으려면 어떻게 해야 할까?

꼭 건축물대장을 일일이 떼어 확인해봐야만 하나? 간단하지만 큰 오차가 없는 방법은 없을까?

신도시나 택지개발지구는 토지 이용효율이 최대화되어 있으므로 토지면적의 일정 비율(대체로 60%)을 건폐율로 보고 건축면적을 계산해도 무방하다. 단, 연면적을 계산할 때는 반드시 로드뷰 등을 통해 실제 올라간 건물의 층수를 살펴볼 필요가 있다. 용도지역이 상업용지로 같고 건폐율도 거의 비슷하지만 로드뷰로 층수를 살펴보니 한 곳은 최고 층수가 4층이고, 다른 한 곳은 8층이라면 연면적에서 두 배나 차이가 나기 때문이다.

아직 건축이 이뤄지기 전이라면 관련 지구단위계획을 살펴봐야 한다. 신도시나 택지개발지구는 상업용지라도 용적률이 서로 다르고 층수 제한이 있는 경우도 많다. 같은 토지면적에 같은 건폐율이라도 용적률이 다르면 건축 연면적은 차이가 날 수 있고, 용적률까지 같더라도 층수 제한이 다르면 연면적에 차이가 날 수 있으므로 반드시 로드뷰 등을 통해 몇 층 정도로 건축되는지 정도는 살펴보고 연면적을 계산해야 한다.

요약하면, 상가의 공급규모를 파악하려 할 때는 토지 면적이 같고 용도지역이 같아도 건축 연면적이 크게 차이가 날 수 있으므로, 반드시 로드뷰를 통해 건물 층수를 확인할 필요가 있다.

✔TIP 서울시 건폐율과 용적률

용도지역	세부지역	서울시 조례(%)		비고
		건폐율	용적률	
주거 지역	제1종 전용주거지역	50	100	
	제2종 전용주거지역	40	120	
	제1종 일반주거지역	60	150	
	제2종 일반주거지역	60	200	
	제3종 일반주거지역	50	250	
	준주거지역	60	400	
상업 지역	중심상업지역	60	1000	역사도심 800
	일반상업지역	60	800	역사도심 600
	근린상업지역	60	600	역사도심 500
	유통상업지역	60	600	
공업 지역	전용공업지역	60	200	
	일반공업지역	60	200	
	준공업지역	60	400	
녹지 지역	보존녹지지역	20	50	
	생산녹지지역	20	50	
	자연녹지지역	20	50	

대지가 100평일 때 용도지역별 건축 가능한 최대 면적은?

(서울에서) 대지가 같은 100평이라도 A토지는 1,000평까지 건축 가능한데, B토지는 A의 1/10인 100평까지만 건축 가능한 경우가 있다. 토지의 효율적 이용을 위해 토지를 16개의 용도지역으로 나누어 그에 맞게 건폐율과 용적률을 규정하고 있기 때문이다.

서울의 중심상업지역은 대지가 100평이라면 최대 1,000평까지 건축을 할 수 있으므로, 건폐율 60%를 감안하면 16.66층까지((즉 16층+α) 건축 가능하다는 의미이고, 1종 전용주거지역은 건폐율이 50%이므로 1층을 최대 50%로 지으면 2층까지 건축 가능하다는 의미이다.

서울에서 대지 100평에 건축할 수 있는 최대 면적

(단위 : 평)

보전 녹지	생산 녹지	자연 녹지	1종 전용 주거	2종 전용 주거	1종 일반 주거	2종 일반 주거	3종 일반 주거	전용 공업	일반 공업	준공 업	준주 거	유통 상업	근린 상업	일반 상업	중심 상업
50	50	50	100	120	150	200	250	200	200	400	400	600	600	800	1000

주) 상기 숫자는 용도지역별 용적률(%)과 같다.

서울에서 대지 100평에 건축할 수 있는 1층 최대 면적

(단위 : 평)

보전 녹지	생산 녹지	자연 녹지	1종 전용 주거	2종 전용 주거	1종 일반 주거	2종 일반 주거	3종 일반 주거	전용 공업	일반 공업	준공 업	준주 거	유통 상업	근린 상업	일반 상업	중심 상업
20	20	20	50	40	60	60	50	60	60	60	60	60	60	60	60

주) 상기 숫자는 용도지역별 건폐율(%)과 같다.

서울에서 대지 100평에 몇 층까지 지을 수 있나? (건폐율을 다 채워 건축시)

(단위 : 층)

보전 녹지	생산 녹지	자연 녹지	1종 전용 주거	2종 전용 주거	1종 일반 주거	2종 일반 주거	3종 일반 주거	전용 공업	일반 공업	준공 업	준주 거	유통 상업	근린 상업	일반 상업	중심 상업
3	3	3	2	3	3	4	5	4	4	7	7	10	10	14	17

토지 이용이 효율화되어 있는 곳에서는 건축면적을 크게 하면 할수록 거두어들일 수익도 커지므로 용적률이 높은 게 당연히 유리하다. 반면 토지가 효율적으로 사용되지 못하는 곳에서는 원래의 주어진 용적률대로 사용하지 못하는 게 일반적이므로 용적률이 많다고 토지가격이 비쌀 이유가 별로 없으며 용적률 차이가 토지가격에 반영되는 게 이상할 수 있다. 특히 지방에서는 상업지역이 너무 많고, 토지이용은 극히 비효율적이므로 용도지역에 따른 토지가의 차이가 과연 정상적인가? 하는 의문이 들 때가 많다.

02

상가 공급면적을
간편하게 계산하는 법

분당 목련마을 근린상가

상가 공급면적 간편 계산법의 유용성과 한계

필자가 상가 공급면적을 간단하게 파악할 때 사용하는 방법을 소개하려한다. 이 방법을 사용하면 신도시나 택지개발지구처럼 토지 이용이 극대화되는 곳이나 강남역 부근처럼 토지 이용이 효율적으로 이루어지는 곳에서는 큰 오차 없이 상가 공급면적을 쉽게 파악할 수 있다. 하지만 토지가 당초 계획과는 달리 매우 비효율적으로 활용되는 경우 가령 지방도시나 명동의 상업지역처럼 사용할 수 있는 용적률은 어마어마한데 실제 사용하는 용적률은 2종 일반주거지역 수준밖에 안 되는 경우 등에는 전혀 맞지 않으므로 사용할 수 없는, 아니 사용해서는 안 되는 한계가 있다.

또한 전체가 상가 기능을 하는 박스형 건물(가령 각 층의 면적이 거의 동일한 건물)에는 큰 오차가 없으나, 박스형 이외의 건물에는 큰 오차가 생길 가능성이 높아 적용에 무리가 따른다. 게다가 박스형이라도 각 층의 용도에 따른 구별은 불가능함을 고려해야 한다. 즉 해당 층이 상가인지, 사무실인지는 알 수가 없다. 중심상가 밀집지역처럼 큰 규모를 분석할 때보다는 단지내 상가(근린상가)처럼 작은 규모를 분석할 때 유용하다. 이런 조건에 부합할 경우 필자가 소개하는 상가 공급면적 간편 계산법을 사용하면 건축물대장을 다 떼어보지 않아도 대략적인 상가의 규모를 큰 오차 없이 파악할 수 있다.

건폐율

경기도 건폐율은 일반주거지역은 대체적으로 60%(단 3종 일반주거지역은 50%)이며, 상업지역 중 근린상업지역과 유통상업지역은 60%, 중심상업지역과 일반상업지역은 70% 이하이다. 중심상가는 중심상업지역이나 일반상업지역에 주로 들어가고, 근린상가는 일반주거지역이나 준주거지역, 근린상업지역에 많이 들어간다. 이를 근거로 근린상가라면 건폐율을 60%로 보고 계산해도 크게 무리가 아닐 듯하다.(서울의 건폐율은 일반주거지역은 대체적으로 60%〈단 3종 일반주거지역은 50%〉이며, 상업지역의 경우는 60%이다. 상가가 들어서는 자리는 일반주거지역이나 상업지역인 경우가 대부분이므로 상가의 건폐율을 60%라고 치고 계산해도 무방할 듯하다.)

물론 택지개발지구 등에서는 지구단위계획으로 일정 요건을 갖추면 건폐율과 용적률을 상향해 주는 경우가 있지만 실제 그 규모가 크지 않고 또한 간단하게 대략적인 공급규모를 추정하려는 것이므로 이런 세부적 변수까지 고려하지 않아도 무방하다. 중요한 건 다른 지역 상가의 공급규모와 비교 시 일관된 기준을 적용하는 일이다.

상가 공급면적 간편 계산법 예시
– 분당 야탑동 목련마을 근린상업지역 사례

분석하려는 대상이 경기도 성남시 분당구 야탑동 목련마을의 인근 근린 상업지역 A의 공급규모라 가정하고 간편 계산법을 통해 상가공급 규모를 산출해보자.

지도 상의 근린상업지구 A 내 상가공급의 총 면적을 파악하려면 우선 지도(다음지도 혹은 네이버지도) 우측의 면적 재기(빨간색 화살표) 기능을 클릭해 토지면적을 잰다.

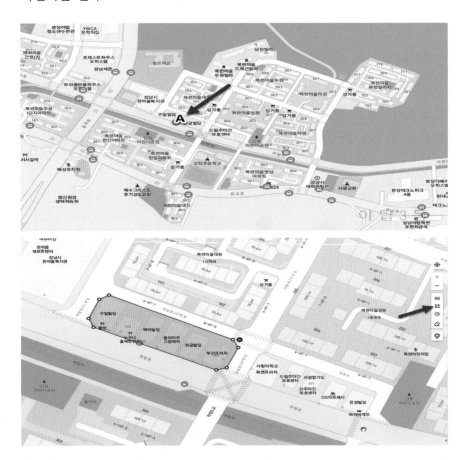

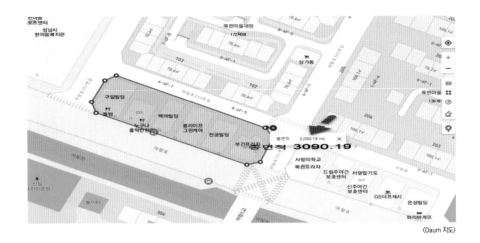

〈Daum 지도〉

토지면적은 A가 대략 3,090㎡로 나온다.

건폐율은 대략 60%이므로 3,090×0.6=1,854㎡

즉 신도시나 택지개발지구 등은 토지가 아주 효율적으로 이용되므로 건물은 건폐율과 용적률을 꽉 채워 들어서는 게 일반적이다.(단 층수 제한이 있을 수 있어 용적률을 다 채우지 못하는 경우가 있으니 로드뷰 등을 통해 몇 층 정도인지 확인할 필요가 있다.)

로드뷰를 통해 대충 살펴보니 건물 대부분이 5개 층으로 구성된 것으로 보인다.(아마 지구단위계획에서 건물의 최고 층수를 5층으로 규제하고 있을 듯하다.) 이를 건폐율에 곱하면 1,854×5층=9,270㎡(2,804평)이라는 최대 용적률 수치가 나오나 용적률을 다 맞춰 짓기는 쉽지 않고 약 5% 정도의 여유를 둘 수 있다고 가정하면 9,270×0.95=8,806㎡(2,663평)가 된다. 정리하면 8,806~ 최대 9,270㎡ 정도 되는 연면적의 상가가 A지역에서 공급된 것으로 추정할 수 있다.(지하층 공급은 제외함)

실제 맞는지 건축물대장을 확인해보자.

(단위 : ㎡)

야탑동	174-1	174-2	174-3	174-4	174-5	174-6	합계
토지면적	579	480	480	480	480	588	3,087
건축면적	376	244	307	305	321	402	1,955
건폐율(%)	64.9	508	64.1	63.6	66.9	68.5	
용적률 산정용 연면적	1,737	1,144	1,437	1,420	1,412	1,757	8,907
용적률(%)	299.8	238.0	299.0	296.0	294.0	299.0	
총 연면적	2,248	1,144	1,771	1,803	1,824	2,301	11,091

건축물대장을 열람하여 A구역 건물들의 총 연면적을 계산해보니 8,907㎡임이 확인된다. 이는 필자가 간단계산법으로 도출해 낸 건물 연면적 8,806~최대 9,270㎡의 범위 안에 있다. 이처럼 필자가 소개하는 방법을 활용하면 건축물대장을 일일이 떼어 확인할 필요 없이 상가 공급규모를 간단하게 큰 오차 없이 파악할 수 있다.

상가 공급면적 간편 계산법 정리

① 인터넷 지도로 전체 토지면적 산출하기

② 전체 토지면적 × 용도지역별 건폐율(대체로 60%) = 전체 건축 바닥면적

③ 로드뷰를 통해 해당 지역 건축물의 평균 층수 확인

④ 평균 층수 × 전체 건축 바닥면적= 전체 건축 연면적

⑤ 전체 건축 연면적 × 보정비율(95%) = 대략적인 실제 건축 연면적

위례 신도시 근린상가 공급면적을
간편 계산법으로 도출하고 실제와 비교하라

다음은 위례지구의 어느 근린상가 부지이다. 사례에서 근린상가의 총 공급면적은 얼마인지, 상가 공급면적 간편 계산법으로 산출하고, 이를 실제와 비교하시오.

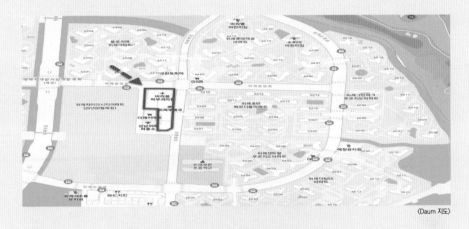

〈Daum 지도〉

다음이나 네이버 지도의 면적 재기 기능을 활용하면 쉽게 다음과 같은 면적이 산출된다.
– 9,111㎡

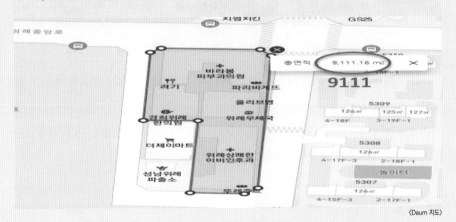

〈Daum 지도〉

신도시의 경우 토지를 상당히 효율적으로 이용하므로 건폐율 60%는 거의 다 채운다.

용적률은 택지개발지구마다 다르므로 다음이나 네이버 지도의 로드뷰로 몇 층 정도 되는지 살펴보아 최고층을 건폐율에 곱해주면 지하층을 제외한 연면적이 도출된다.

상가 공급면적 간편 계산법을 이용한 면적

토지면적 × 건폐율 60% × 로드뷰로 보이는 최고 층 늑 용적률 산정용 연면적

정확히 알려면 건축물대장을 열람해봐야 하나 시간이 걸리고 번거로우니 간편 계산법으로 간단히 상가 공급면적을 산출해보려는 것이다.

로드뷰로 보니 대체로 10층 건물이 많다. 그렇다면 이제 연면적을 계산할 수 있다.

다음 지도로 토지면적을 쉽게 계산하니 9,111㎡, 건폐율은 대체로 60%일 것이고, 용적률은 모르지만 건폐율 면적에 10층을 곱하면 총 면적 즉 대략적인 용적률 산정용 총 면적이 산출된다. 9,111㎡×60%×10개 층=54,666㎡로 나온다. 용적률을 다 채워 짓기는 쉽지 않을 수 있으므로 약 5%의 여유를 둔다면 54,666×0.95=51,932㎡

즉, 그림의 빨간 선 내에서 공급되는 상가 총 면적(지하층은 제외)은 51,932~최대 54,666㎡ 로 추정된다.

과연 맞는지 건축물대장을 떼어 비교해보자.

(단위 : ㎡)

창곡동	513	513-6	513-1	513-2	513-3	합계
토지면적	2,965	1,321	1,613	1,808	1,400	9,107
건축면적	1,778	792	948	1,084	839	5,441
건폐율(%)	60.0	60.0	58.8	60.0	60.0	
용적률산정용 연면적	17,766	7,797	9,675	10,829	8,390	54,457
용적률(%)	599	590	599	599	599	
연면적	31,249	11,799	14,651	15,802	12,136	85,637
층수	11/B5	10/B4	11/B4	11/B3	11/B3	
주용도	2종 근생	1,2종 근생	근생,교육인구,업무시설	1,2종 근생	근생	

건축물 대장을 기초로 한 총 공급면적은 54,457㎡이고, 다음이나 네이버 지도로 간단하게 아주 빨리 산출한 상가 총 공급면적은 54,666㎡이다. 추정 범위 안에 들어오는 결과이다.

필자가 경쟁상가의 공급면적을 빨리 계산하고자 만들어낸 상가 공급면적 간편 계산법은 이처럼 상당히 유용할 때가 많다. 다만 상가 공급면적 간편 계산법은 신도시나 강남역 부근처럼 토지이용이 상당히 효율적으로 이용되는 곳에서는 아주 유용한 방법이지만, 명동이나 지방의 상업지역처럼 법정 용적률과 실제 사용하는 용적률의 편차가 심한 곳에서는 오차가 너무 커서 사용 불가능하다. 또한 건축물의 전체 면적을 간단히 계산하자는 의미여서 건물 내 층별 용도 등의 차이를 알 수는 없다는 한계가 있으니 이 점을 유의해야 한다.

03

건축비, 실제로 얼마나 들까?

평당 건축비 – 검색해보니

시중에는 평당 건축비가 400만원이니, 500만원이니, 혹은 훨씬 더 든다고도 하고, 종잡을 수 없는 소문만 퍼져 있다. 필자가 '평당 건축비'로 인터넷 검색을 해 보니 제대로 설명된 기사나 홈페이지를 찾을 수 없다. "평당 건축비 250~300만원 합리적이죠.", "평당 건축비 100만원에 도전한다."와 같은 한참 지난 과거의 얘기만 즐비하다. 간혹 최신판이 나오는데 특수한 환경 하에서만 가능한, 현실과는 전혀 맞지 않는 내용이다. 결국 제대로 건축하는데 실제로 들어가는 건축비는 얼마인지에 대해서 정확히 알려주는 곳을 하나도 찾지 못했다.

건축 현장에서 실제 지급되는 상가주택의 평당 건축비는, 2020년 현재 550만원(부가세 포함)

건축 관련 15년 이상의 커리어와 기획설계 800건, 건축 600건 이상을 진행하며, 정확한 건축공사비 데이터를 보유한 하우빌드(howbuild.com)에 따르면, 2020년 평당 공사비(부가세포함)는,

★ 제외 시 : 420만원	★ 포함 시 : 550만원이다.
(★ : 벽지, 장판, 타일, 도기, 등기구, E/V)	

공사면적은 각층 바닥면적의 합 + 발코니 100% + 필로티와 누다락 면적 50% 의 기준으로 산정한다고 한다.

공사비에 영향을 주는 요인

평당 건축비라고 얘기하듯이 면적이 제일 중요한 요소이나 면적 이외에 공사비에 영향을 미치는 중요한 요인들이 있다.

① 건물의 형태– 외벽의 둘레, 층고, 층수
② 지하층 여부– 지상층의 1.5배에서 2배 정도 공사비가 더 든다
③ 건물의 용도가 상가인가 혹은 주택인가 여부, 실의 개수, 주택의 개수
④ 사용하는 자재의 종류 등

2020년 현재 상가주택의 평당 건축비가 약 550만원(부가세 포함)이니 주택보다 건축비가 덜 드는 상가는 이보다 저렴할 거라 본다.

면적은 같지만 외벽의 둘레 차이에 의한 평당 공사비의 증감 발생

공사비에 영향을 미치는 많은 요인 중 외벽 둘레의 차이에 따른 공사비 증감을 살펴보자.

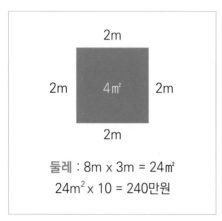
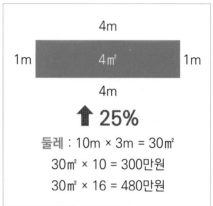

1) 3m : 높이

2) 10, 16 : ㎡당 공사비(만원), 16은 정사각형에서 벗어나 직사각형으로 건축함에 따른 추가비용을 포함한 수치임

위에서 보듯이 면적은 4㎡로 같지만 외벽의 길이가 달라짐에 따라 공사비는 25% 정도 차이가 난다. 또한 각이 많아질수록 공사비가 더 증가한다. 정사각형으로 짓는 게 공사비가 가장 적게 들고, 모양이 특이할수록 많이 든다. 위의 사례에서는 ㎡당 10만원으로 계산했으나 단위당 비용을 더 크게 잡을수록 건축비 차이는 더 크게 벌어진다. 실제 현장은 200평, 300평도 될 수 있으므로 외벽의 길이에 따른 공사비 차이는 매우 클 수 있다. 위의 사례는 상가주택이므로 상가로만 구성되는 건물이라면 공사비가 다소 줄어들 수 있다.

지하층 공사비 – 왜 2배나 더 들까?

지하층 공사비가 2배나 더 드는 이유

구조와 마감이 훨씬 단순한데도 공사비가 약 2배나 더 많이 소요되는 이유는 뭐지? 하우빌드가 제공한 자료를 쉽게 풀어서 그 이유를 자세히 설명하면 아래와 같다.

① 흙막이 시설
② 지상층에 비해 더 긴 공사기간
③ 민원 발생 요인(소음, 진동 등)이 증가하므로 비용이 증대될 가능성
④ 지하층의 구조는 지상층보다 더 강하고 층고가 높음. 따라서 철근, 레미콘이 더 많이 들어가므로 당연히 공사비도 더 소요됨
⑤ 10m 이상 지하층을 설치하는 경우 지하 안전영향평가와 굴토심의를 받아야 하므로 설계비용 증가.

지하층 공사비 투입 대비 효용은?

지하층 공사비가 지상층에 비해 훨씬 많이 들어간다는데 지하층을 건축할 이유가 있을까?

상가 층별 분양가 및 임대료 비교분석에서 언급하듯이 상황에 따라 다를 수 있겠지만 필자의 경험상 상가의 지하층은 1층 임대료의 거의 1/4~1/5 수준이다. 같은 면적이면 1/4 수준의 임대료밖에 받을 수 없는데 비용은 50~100%가 더 들어가니 특별한 경우가 아니라면 지하층을 짓는다는 건 상당히 비경제적이다. 다만, 지하층을 건축하지 않으면 1층에 주차장을 갖춰야 할 가능성이 높은데, 상가의 1층은 임대가나 매매가에서 차지하는 비중이 매우 막대하므로 득실을 철저히 계산한 후에 지하층 건축 여부를 결정해야 한다. 가급적 상가 전문가의 도움을 받아 최고의 임대가와 최고의 매매가를 받을 수 있으면서 건축비는 최소화하는 방안을 설계단계에서 고려할 필요가 있다. 주차 문제를 해결할 수 없을 정도로 대지 면적이 작거나 혹은 토지이용이 최대화되어 있는 곳에서는 지하층 건축이 불가피할 가능성이 높다.

가지고 있는 땅에 건축을 하는 경우 건축비가 얼마나 들지 무료로 알아보고 싶다면, 하우빌드(http://www.howbuild.com/ww.howbuild.com)에 해당 주소를 입력하면 바로 대략적인 공사비 예측이 가능하다.

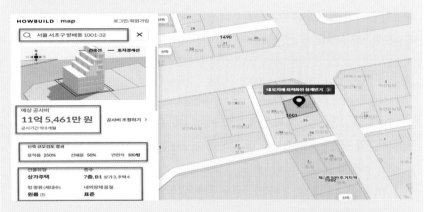

또한 주변의 임대시세 등을 알려주므로 수익성 여부를 검토하는데도 도움이 된다.

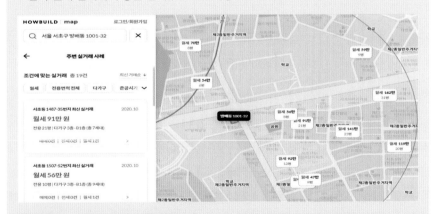

건축설계, 시공사 선정, 건축 진행, 준공 등 건축 전반에 관해 플랫폼을 제공하므로 자기 건물을 짓고 싶어 하는 초보 건축가에게 큰 도움이 될 수 있다.

04

상가 층별 분양가,
층별 임대료 차이는?

마곡지구 사례, 여의도 오피스 빌딩 사례

마곡지구 업무지구 C12 블록 상가
– 층별 분양가 차이는 얼마일까?

　필자가 마곡지구 C12 블록(마곡역 인근)에 위치한 오피스빌딩의 상가 8곳의 분양가(1층~3층)를 조사하여 평균값을 구해보니 2층의 분양가는 1층 분양가의 39.4%, 3층은 30.7% 수준이었다. 구체적으로 보면 2층의 분양가는 1층 분양가 대비 35.6%~43%, 3층은 24.5%~34.8% 수준이었다. 위 8곳의 상가와 오피스의 전용률은 각각 44.0%, 44.4%로 나타나 큰 차이가 없었다.

마곡지구 C12 블록 상가 1층 대비 분양가 비율

층	1층	2층	3층
분양가 비율	100%	39.40%	30.70%

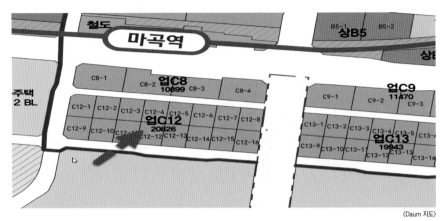

〈층별 임대료 분석〉

〈Daum 지도〉

한국감정원 자료(2020년 3분기의 층별 임대료 및 층별 효용비율)를 토대로 필자가 중요지역만 정리하여 층별 임대료 비율(층별 효용비율)을 살펴보니,

서울 층별 효용비율 정리(층별 효용비율이란 쉽게 말하면 1층 대비 임대료 비율임)

지역	상권	1층	2층	3층	4층	5층	6~10층	11층 이상	지하
	서울 전체 평균	100	59	51	51	51	52	60	35
	도심-명동	100	31	22	23	21	20	21	16
	기타-홍대합정	100	42	26	24	23	23	22	23
	강남-강남대로	100	44	28	25	25	24	26	29
	도심-시청	100	46	50	48	46	44	45	35
	기타-잠실	100	47	42	40	37	40	36	19
	기타-장안동	100	49	37	36	35	34	45	27
서울	기타-사당	100	49	40	40	39	38	–	26
	기타-화곡	100	50	47	42	43	39	–	32
	도심-동대문	100	56	50	51	50	50	52	39
	강남-논현역	100	56	56	54	54	56	55	35
	도심-을지로	100	56	56	49	56	55	61	35
	여의도마포-공덕역	100	56	53	53	52	52	52	38
	강남-도산대로	100	58	51	50	50	47	43	39

지역	상권	1층	2층	3층	4층	5층	6~10층	11층 이상	지하
서울	기타-목동	100	59	50	47	46	48	48	26
	도심-종로	100	60	59	57	57	57	56	44
	여의도마포-여의도	100	62	57	56	56	56	63	43
	도심-광화문	100	64	57	56	58	58	65	29
	강남-서초	100	65	60	59	58	60	60	32
	도심-충무로	100	68	68	64	65	64	67	46
	기타-천호	100	70	47	45	38	38	32	31
	기타-용산	100	73	71	69	68	69	62	60
	강남-신사역	100	73	55	50	50	52	51	39
	강남-테헤란로	100	74	62	63	62	63	68	37
	여의도마포-영등포	100	78	54	52	52	50	43	33
	도심-남대문	100	82	84	85	85	81	89	69

오피스의 층별 효용비율 정리

지역	상권	1층	2층	3층	4층	5층	6-10층	11층
경기	경기 전체 평균	100	62	58	57	56	58	63
	분당	100	57	55	54	54	55	57
	인계동	100	55	46	46	45	45	49
	일산동구	100	45	36	37	37	37	–
	평촌범계	100	51	44	40	44	47	51
인천	인천 전체 평균	100	56	46	42	41	42	52
	구월간석	100	51	39	33	31	32	41
	부평	100	62	48	46	45	46	48
	주안	100	41	40	38	38	38	–
부산	부산 전체 평균	100	59	40	38	37	36	38
	남포동	100	69	43	35	31	30	32
	부산역	100	40	39	40	39	39	48
	서면	100	64	38	36	35	33	33
	연산로터리	100	58	43	39	39	35	27
	현대백화점주변	100	62	55	56	58	58	62

지역	상권	1층	2층	3층	4층	5층	6-10층	11층
대구	대구 전체 평균	100	52	47	45	44	44	58
	동대구	100	68	63	62	59	61	64
	동성로	100	54	47	45	45	45	57
	수성범어	100	50	45	44	42	43	50
광주	광주 전체 평균	100	56	52	49	48	51	56
대전	대전 전체 평균	100	59	44	42	42	43	44
울산	울산 전체 평균	100	61	51	49	48	47	56

위 자료 중 남대문 상권 2층 이상의 효용비율이 높게 나타난 이유는 집합 건물 상가의 층별로 동종 또는 유사한 업종의 도매 전문 매장이 집적해 있기 때문이라고 보는 견해가 있다.(김종근·주승민, 층별 효용 비율분석을 통한 상권 특성 분석과 동향탐색)

필자의 견해

우선 위 자료는 상가건물과 오피스건물을 구분하여 조사하지 않은 것으로 보인다. 상가건물과 오피스 건물은 임대료 특성이 다른데, 이를 섞어서 조사한다면 통계가 왜곡될 수밖에 없다. 즉 아래에서도 설명하겠지만 상가는 층이 올라갈수록(대체로 4층까지) 임대료가 급격히 떨어지는 경향이 있다. 반면 오피스 전용 건물은 층이 올라간다고 해서 임대료가 급격히 떨어지는 일은 거의 없다. 오히려 2층보다 10층이 더 높을 수 있다.

따라서 위의 자료를 통해 상가건물의 특성을 파악하려면 상가 위주로 구성된 명동(1층 100, 2층 31, 3층 22, 4층 23, 5층 21)을, 오피스 건물의 특성을 파악하려면 사무실 위주로 구성된 강남 테헤란로(1층 100, 2층 74, 3층 62, 4층 63, 5층 62)를 보면 될 듯하다.

결론적으로 위 자료는 층별 효용비율의 대략적 파악에는 도움이 되나, 상가와 사무실을 섞는 바람에 층의 용도에 따른 차이를 반영하지 못하는 한계를 보인다. 상가와 오피스의 서로 다른 특성을 반영하려면 향후 이를 분리하여 조사할 필요가 있다.

위의 발표 자료 그대로 해석해 보면 필자의 생각은 다음과 같다.

상가 혹은 상권이 유동인구를 주요 대상으로 하는지, 아니면 고정수요를 주요 대상으로 하는지에 따라 1층 대비 2층, 3층 등의 임대료 비율이 차이가 날 수 있다. 명동처럼 상가 혹은 상권이 유동인구를 주요 대상으로 할수록 1층이 절대적으로 중요하고, 2층, 3층 순으로 즉 접근성과 가시성이 떨어질수록 그에 비례해 1층 대비 임대료의 값이 점점 떨어진다.

필자의 경험상 상가의 임대료는 시간이 지남에 따라 1층과 그 이외의 층간에 차이가 점점 벌어져 장기적으로는 대개 다음의 수준 정도로 수렴한다 (사무실 위주의 건물에 상가가 일부 들어가 있는 경우는 제외한다. 또한 도시가 덜 발달될수록 1층 이외의 층은 중요도가 떨어져 층간 임대료 비율도 더 떨어지는 경향이 있다.)

1층을 1로 본다면, 2층은 약 1/2~1/3인데 1/3로 수렴, 3층은 약 1/3~1/4인데 1/4로 수렴, 4층 이상은 약 1/4~1/4.5. 4층 이상은 거의 비슷한데, 고층 빌딩의 경우 최고층은 4층 등에 비해 분양가나 임대가가 더 비싼 경향이 있다. 지하는 1/4~1/5 정도로 볼 수 있다. 지하는 다양하고 의외성이 많아, 가시성이나 접근성이 좋으면 2층 수준까지 오를 수도 있고 반대의 경우면 1/5도 안 될 수 있어 특히 주의해야 한다. 층별 임대료 비율은 개별적 여건에 따라 당연히 달라지므로 위에서 필자가 제시한 수치는 하나의 안, 정도로 참고하였으면 한다.

2층, 3층 등의 분양가는 위의 1층 대비 임대료 수준보다 훨씬 높게 책정·분양되는 게 현실이나 시간이 지남에 따라 떨어져서 필자가 제시한 수준(층별 임대료 비율) 정도에서 형성되는 경향이 있다. 게다가 매매가 가능하려면 1층에 비해 층이 올라갈수록(단 4층 이상의 경우는 4층과 거의 동일) 매매수익률을 높게 주어야 하므로 혹시 현재의 임대료가 위에서 제시한 수준보다 상회하여도 매도가 등을 종합적으로 고려하면 결국은 상기 수준 정도로 수렴할 가능성이 크다.

한국감정원 자료(2020년 3분기의 층별 효용비율)에서 볼 수 있듯이, 명동이나 홍대 합정, 강남대로 부근의 1층 대비 2층 임대가 비율이 다른 곳보다 낮은 이유는 오피스 빌딩과는 다른 상가만의 특수성이 그대로 반영된 거라 판단된다. 유동인구를 주요 대상으로 하는 상권에서는 접근성과 가시성 측면에서 1층 매장이 2층, 3층 등에 비해 절대적으로 유리하므로 그 이점만큼 1층 매장의 임대료가 상대적으로 훨씬 높은 수준에서 책정된다.

반면 대형 오피스 빌딩 내의 상가처럼 자체 내에 큰 수요가 있다면 1층과 다른 층(2층, 3층 등)과의 임대가 차이는 줄어들 수 있다. 유동인구에 의존하는 비율이 감소하는 만큼 접근성·가시성의 중요성이 줄어들고 한편으로는 단골고객의 비중이 높아져 1층이어야만 하는 이유까지 희석되기 때문이다. 이처럼 같은 상가라도 주요 고객층이 누구인가 혹은 상가가 속한 빌딩의 성격(오피스빌딩인가, 상가건물인가)에 따라 1층, 2층, 3층, 기타 층들의 중요도는 차이가 날 수 있다.

여의도 오피스빌딩 임대료 분석

필자가 대표적인 업무시설 밀집지역인 여의도의 오피스 빌딩 29곳을 분석한 결과에 따르면 이 지역의 계약 평당 평균 보증금은 69.79만원, 임대료는 6.64만원, 관리비는 3.35만원, 전용률은 54%, 준공연도는 1994년도, 실제 지불금액(임대료 환산+관리비)은 10.69만원으로 조사되었다.(2020년 11월 현재 인터넷으로 검색한 여의도 오피스빌딩의 임대물건임)

이를 전용면적으로 환산하면 전용평당 실제로 지불하는 모든 비용(임대료 환산총액+관리비)은 평균 20.34만원이었다.(계약 평형은 자신이 실제 사용하는 면적과는 차이가 있으므로 이를 전용평형으로 바꿔 계산할 필요가 있다.)

여의도 지역 29개 오피스빌딩 임대료 등 현황 정리

구분	계약평형기준(만원/평)					전용률	전용면적기준 (만원/평)		평당 관리비 비율	완공 년도
	보증금	임대료	관리비	환산 임대료	실제지출 임대료		임대료	실제지불 임대료		
평균	69.79	6.64	3.35	7.34	10.69	54%	13.97	20.34	52%	1994

주) 1. 환산임대료 : (임대료 보증금÷100) + 임대료   2. 실제지출임대료 : 환산임대료 + 관리비

초고층 오피스빌딩의 층별 효용격차

30층 이상 초고층빌딩의 층별 임대료는 저층부에서 초고층부로 갈수록 계단식의 형태로 증가하는 경향이 있다. 대한생명 63빌딩 저층부(3~19층)의 임대료 지수를 100으로 할 때, 중층부(20~39층)는 103.3, 고층부(40~54층)는 109.6%로 분석되었다. 포스코센터는 2~6층의 임대료 지수를 100으로 할 경우 7~15층은 105.3%, 16~22층은 109.4%, 23~27층은 112.9%, 28층이상 116.8%로 조사 분석되었다. 다른 초고층 오피스빌딩도 비슷한 경향을 보였다고 한다.(김영혁, 초고층 오피스빌딩의 층별 효용격차 사례분석)

상가건물의 층별 상가구성과 관련해
– 스트리트형 상가의 본질적 문제(필자의 견해)

태권도 학원은 3층 이상, 최소한 2층 이상에 위치하고 1층에 있는 경우를 본 적이 없다. 왜 그럴까? 이왕 장사하는 사람이면 접근성과 가시성이 좋은 1층에 들어가고 싶을 텐데,

태권도 학원을 층에 따른 상가의 임대료 수준과 연결 지어 생각해 보면 문제에 대한 답이 쉽게 구해진다. 즉, 매우 큰 공간을 필요로 하는 업종인 태권도 학원이 3, 4층보다 훨씬 비싼 1층에 그만큼의 공간을 확보하여 임대료를 지불하면 이익이 남을 수 없기 때문이다. 즉 3, 4층에 들어가는 업종은 그 층에 들어갈 수밖에 없는 특수성이 있다. 그런데 일반적인 박스형 상가건물과는 달리 1, 2층 특히 1층을 대량으로 공급하는 스트리트형 상가는 상가공급에서 나름 필요한 층 위계질서를 파괴함으로써 1층 상가는 공실로 넘쳐나도 들어갈 수 있는 업종은 극히 제한되는 아주 특이한 구조적 문제점을 가지고 있다.

상가의 층별 분양가·임대가 차이는 왜 발생하는 것일까?

위에서 살펴본 바와 같이 1층이 다른 층에 비해 분양가도 훨씬 높고, 임대가도 훨씬 높은데 왜 그런 것일까?

필자는 상가의 접근성과 가시성의 차이에서 비롯된다고 생각한다. 1층은 2층, 3층에 비해 사람들이 접근하기가 훨씬 쉽고, 쉽게 눈에 띄므로, 그만큼 구매행위가 일어날 가능성이 높은 입지다. 접근성은 최단거리 원칙과 밀접한 관련이 있다. 사람들은 최단거리 원칙에 강하게 지배받으므로 가장

빨리 접근할 수 있는 곳에서 구매행위를 할 가능성이 높다. 1층은 사람들이 길을 가다가도 쉽게 들어갈 수 있고, 또한 눈에 잘 띄기 때문에 그만큼 이용 빈도가 높은 곳이다. 상가의 접근성과 가시성이 상가의 가치를 결정하는 이유다.

하나 더 추가하자면, 보통 상가건물은 박스형이 많으므로 접근성과 가시성이 좋은 1층은 다른 층에 비해서도 훨씬 희소하다. 접근성과 가시성이 좋을 뿐만 아니라 희소하니 분양가·임대가가 높을 수밖에 없다. 마곡지구의 상가분양가 비율에서도 살펴보았듯이 2층은 1층의 약 40%, 3층은 약 30% 수준이다. 그런데 위례 신도시 중심상가처럼 1층 위주로 대량 공급하는 스트리트형 상가는 1층 상가가 넘쳐나므로 필자가 제시한 층별 분양가·임대가 비율을 적용할 수 없다.

05

구매수요와 상가공급의 단절사례

사방이 아파트인데 그림의 떡

다음의 A 입지는 상가 자리로서 좋은 자리인가?

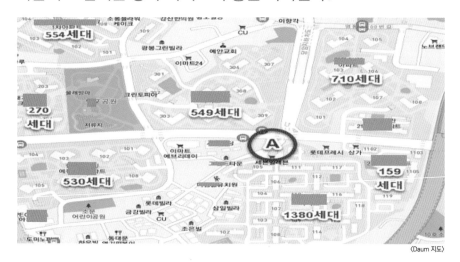

〈Daum 지도〉

　A 주변에는 최소 4,000세대 이상의 아파트가 밀집되어 있으며, 사거리 코너로서 아파트 세 곳이 A를 둘러싸고 있다. A 주변에 구매수요가 넓게는 약 5,000세대, 좁게는 약 3,000세대 정도로 보인다. 3,000세대의 핵심 코너자리이며 주변에 상가도 많아 보이지 않는다. 지도 상으로 언뜻 판단하

기에는 아주 좋은 자리이다.

그런데 지도를 자세히 보니 사거리 코너임에는 분명한데, A로 연결되는 아파트 출입구가 보이지 않는다. 상세히 살펴보자.

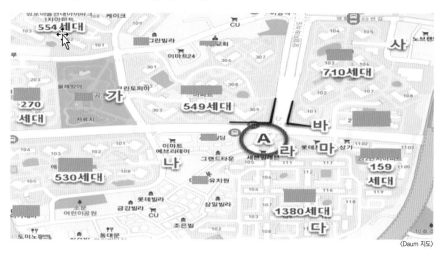

〈Daum 지도〉

앞에 있는 아파트 549세대로 연결되는 아파트 출입구는 사실상 없고, 710세대의 경우는 꽤 멀어 보인다. 로드뷰로 보자.

아파트 방음벽이 549세대와 710세대가 A상가로 가는 진입로를 막고 있는 형국이다. 게다가 549세대의 출입구 가)로부터 A상가까지의 거리를 재보니 약 200m 이상이어서 A상가를 이용할 가능성이 별로 없다. 710세대도 방음벽이 가로막고 있으나 바) 쪽에 출입구는 보인다. 그런데 더 자세히 보면 이곳은 차만 주로 왕래하는 통로이고 메인 출입구는 사)인 거 같다. 결국 A상가를 둘러싸고 있는 아파트 세 곳 중 두 곳은 그림의 떡인 듯싶다.

530세대의 아파트 주변인 나) 부근도 살펴보자. A상가에서 200m 이상의 거리에 있어 다소 멀다. 또 아파트 출입구 바로 앞인 나) 주변에 상가들이 많아 보인다. 경쟁 상대가 너무 많다.

이제 마지막 기대주인 A상가 바로 밑의 1,380세대를 보자. A상가 바로 밑인 라)부분에 아파트 출입구가 있어 보인다. 1,380세대의 출입구 바로 앞, 꽤 좋을 듯하다. 로브뷰를 살펴보자.

출입구는 맞는데 보행로가 끊겨 있다. 사실상 통행이 없다는 것이다. 주민들이 많이 이용한다면 사고를 막기 위해 보행로를 만들지 않았을 리가 없다. 우측의 159세대 아파트도 사실상 기대할 게 없다. 바) 부근에 상가가

있어서 A상가로 오는 구매수요를 다 잘라먹는다.

주변 구매수요(약 5,000세대)가 갖가지 사유로 다 그림의 떡이다. 주변에 수요가 많은 건 분명하다. 또한 상가공급 또한 많아 보이지 않아서 A는 일반적으로는 좋은 자리인데, 위에서 본 여러 요인으로 인해 구매수요가 심각하게 단절된 사례이다. 이렇게 주변에 수요는 풍부한 반면 공급은 제한적이어서 장사가 잘될 거 같은데도 불구하고 구매수요의 단절로 인해 장사가 안 되는 곳을 심심찮게 찾을 수 있다.

단절의 주요한 요인은 대규모의 구매수요와 주변의 상가를 이어줄 매개체인 횡단보도나 아파트 출입구(정문, 후문, 쪽문 등)가 적절히 배치되어 있지 않거나 혹시 배치되어 있어도 지형지세상 실제로는 이용할 수 없는 경우, 상가건물의 건축설계를 잘못하여 상가로의 접근성과 가시성이 안 좋은 경우 등이다. 지면 관계상 더 이상의 사례는 생략하기로 한다.

B와 C 부근에 아파트로 진입하는 통로(쪽문, 후문 등)가 생기면 어떻게 될까?

〈Daum 지도〉

지금 현재는 방음벽이 삼팔선처럼 A상가 바로 앞 구매수요의 진입을 막고 있으나, 특별한 사유가 발생하여 B와 C부근에 출입구가 생긴다면 약 1,300세대 중 상당수가 A를 이용할 수 있게 된다. 같은 자리임에도 불구하고 출입구가 만들어지면 훨씬 더 확장된 구매수요를 확보하게 되므로 현재보다 훨씬 더 좋아질 게 자명하다.

없던 출입구가 만들어져 주변 상가가 빛을 발하게 된 사례(인천 작전동 도두리 공원 주변)

〈Daum 지도〉

인천시 작전동 도두리 공원 앞 삼거리에 위치한 작전현대 2차 아파트 약 1,700세대
에서 이마트로 향하는 출입문이 2008년 이전에는 없었다. 주출입구는 반대편인 나)
에만 있었는데 이마트가 들어온 후 주민들이 이마트 이용 시 불편함을 느껴 주민투표
를 통해 그림의 빨간색 동그라미 부근인 가)에 출입구를 만들었다. 이후 나)로 쏠리던
아파트 1,700세대의 구매수요는 가)와 나)로 분산되게 되었다. 물론 없던 출입구를
새로 만든다는 건 쉬운 일이 아니나 반드시 불가능한 일도 아니다. 주민 대다수가 원
하면 가능한 일이고 그렇게 되는 경우 상가의 가치는 급등하게 된다.

출입구와 횡단보도, 배달 관련업
구매수요와 상가공급을 이어주는 핵심 중매인

아파트 출입구와 횡단보도는 구매수요와 상가공급을 이어주는 매개체

일종의 결혼중개소 내지 공인중개사 역할을 한다. 아파트 출입구와 횡단보도가 내 상가와 바로 연결되어 있으면 계약을 능숙하게 처리하는 공인중개사처럼 구매수요를 내 상가로 바로 이어줘 구매행위가 이루어지게 한다. 구매수요와 상가공급의 단절사례에서 살펴보았듯이 대단지 아파트가 내 상가 바로 앞에 병풍처럼 펼쳐져 있어도 내 상가로 향하는 출입구와 횡단보도가 없으면 그림의 떡이 된다.

아파트 출입구 특히 사람들이 주로 이용하는 출입구, 특히 사실상의 정문 역할을 하는 출입구를 찾아내고 상가로 이어주는 횡단보도를 찾아봐야 한다. 명심하라. 사실상의 정문과 횡단보도가 상가와 구매수요를 이어주는 핵심 중매인이라는 것을.

코로나 시대에는 사람들이 집에만 머무르기에 동선이 형성될 가능성이 줄어들고, 배달앱 등으로 주문을 한다. 코로나 이전에 구매수요와 상가공급을 이어주는 출입구와 횡단보도 역할을 코로나가 극심해진 이후에는 배달 관련 매체나 배달종사자(배달원, 배달앱) 등이 대신하는 경향이 늘고 있다.

핫바지 역할의 아파트 정문, 지도에는 없는 사실상의 정문

아래 그림 가)아파트의 사람들이 주변에 있는 근린상가 (A, B)를 이용한다면 B상가보다 가깝고 규모도 더 큰 A상가를 주로 이용할 것이다. 가)단지 사람들의 이동방향을 아래 그림의 화살표로 나타낼 수 있으나, 현실적으로는 출입구를 통해 횡단보도를 거쳐 A로 이동하게 된다.

〈Daum 지도〉

아래 그림처럼 출입문이 a에만 있다면 사람들은 상가로 바로 가는 게 아니라 a를 거쳐 A상가로 가게 된다. 그런데 지도에는 나와 있지 않으나, 아래 그림처럼 b위치에 사실상의 출입문이 있다.

〈Daum 지도〉

출입문 b는 A상가로 가려는 사람들의 이동방향과 정확히 일치하므로 지도에도 없는 길이지만 사실상의 정문 역할을 하는 반면 a는 지도로 언뜻 보면 사람들의 주출입구 역할을 하는 듯 보이나, 사실은 자동차가 주로 이용하는 자동차의 정문 역할에 그칠 뿐이다.

이처럼 아파트의 출입구를 파악할 때는 사실상의 정문 역할을 하는 곳이 어디냐에 중점을 두어야 한다. 보이는 모습만으로, 지도에 나타난 위치만으로 정문이라 판단하면 낭패를 볼 수 있다.

손오공 　상가·빌딩 투자는 손오공의 5L2V가 답이다　 5L2V

- '좋은 입지' 분석법 5L 거시동선 상의 입지, 주동선 상의 입지,
  좋은 접근성과 가시성, 큰 구매수요, 적은 상가공급
- '좋은 가격' 분석법 2V 상가가치 분석법, 상가가치 증대법

3부

상가·꼬마빌딩
가치분석 편

1장

투자의 성패를 결정하는
'상가가치분석'

01

상가의 수요와 공급,
상가 가격의 결정, 현실은?

상가가치

　우리나라에서 최고로 비싼 명동역이나 강남역 출구 바로 앞자리, 사람들로 북적대는 상가는 얼마를 줘도 사기만 하면 돈을 벌까? 입지가 좋은 곳에 투자하면 모두 다 잘한 투자인가? 상가가치에 관해 제대로 설명한 책을 본 적이 없어 안타까운 마음에 여러 사례를 들어 자세히 분석하였다.

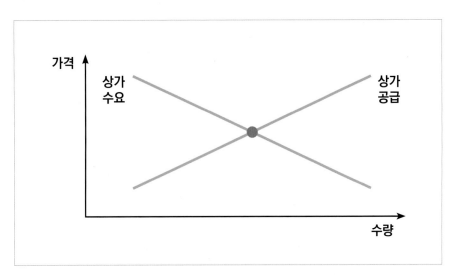

경제원리로 보면 상가임대료와 매매가격은 상가의 수요와 공급에 의해 결정된다. 따라서 수요가 공급에 비해 많으면 시장원리에 따라 공급이 점차 증가하여 적정 임대료, 적정 매매가격이 형성되는 게 일반적이다. 하지만 현실은 많이 다르다. 상가는 인허가 및 건축 등과 같은 제약으로 인해 공급 탄력성이 낮다. 어떤 경우에는 공급 자체가 완전 비탄력적이어서 아래 그림과 같은 그래프의 모양을 띄기도 한다.

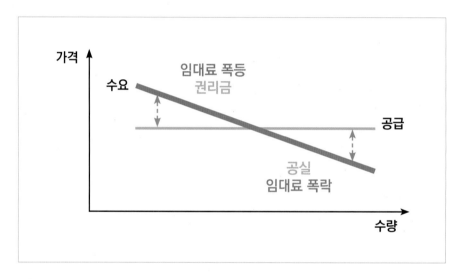

특히 택지개발지구와 같이 지구단위계획이 설정되어 있는 경우에는, 이미 토지이용계획이 수립되어 이용 목적대로 조성된 토지가 사전에 분양된다. 따라서 토지를 분양받은 사람들은 주변의 공급과다 혹은 공급부족과는 별개로 던져진 주사위에 맞춰 분양받은 목적대로 공급할 수밖에 없다. 즉 공급초과가 예상되어도 토지를 사전에 이미 분양받아 대금을 납입한 상태이므로 어쩔 수 없이 공급초과에 가세할 수밖에 없는 게 현실이다. 그렇게 되면 위 그림처럼 공실은 넘쳐나고 임대료는 폭락할 수밖에 없다.

반대의 경우도 존재한다. 예상외의 수요 초과가 발생해도 상가를 더 공급할 여지가 거의 없다. 이런 경우에는 정반대로 권리금과 임대료의 폭등이라는 결과를 가져온다.

폭등과 폭락이라는 사태를 사전에 막기 위해서는 도시설계 입안 단계에서 상가의 특성과 상권별 차이 등을 정확히 분석하고 그 결과를 반영하여야 한다.

가령 거시동선을 염두에 두고 중심상가의 위치를 결정한다든지, 상가공급이 과다하지 않도록 사전에 상가공급량 분석을 철저히 한다든지. 1층 상가를 대량 공급함으로써 대규모 장기공실을 야기하는 스트리트형 상가 조성을 자제한다든지. 그리고 구매수요와 주변 상가의 중간 매개체인 아파트 출입문이나 횡단보도 등의 위치나 개수 등(코로나 시대에는 온라인 상의 매개체 역할을 하는 배달매체- 배달앱 등)에 대해서도 보다 정교한 분석을 한다든지.

상가는 공급의 탄력성이 매우 약하여 폭등과 폭락을 수반할 때가 많다. 이런 경우 상당한 수익이 발생할 수도, 상당한 피해를 입을 수도 있으므로 투자자는 이에 대한 대비를 철저히 하여야 한다.

02

상가 매매가격은
어떻게 계산하나?

좋은 입지인지, 아닌지를 잘 구분할 줄 알아도 비싸게 사면 아무 소용이 없다. 상가의 입지분석 못지않게, 아니 오히려 더 중요한 게 상가의 가치를 제대로 평가하는 능력이다. 이 장에서 소개하는 실 사례 중심의 상가가치 판별검증법이 많은 도움이 되길 바란다.

감정평가 방법 3가지

물건의 가치를 평가하는 방식에는 기본적으로 원가법, 거래사례 비교법, 수익환산법이 있다.

• 원가법이란 토지가격과 건물가격을 구해 이를 합하는 방식이다. 토지가 격은 비교표준지의 공시지가를 기준으로 그 공시기준일부터 가격평가시 점까지 인근지역의 지가변동률, 생산자물가지수, 기타 당해 토지의 위치· 형상·이용상황·환경 등을 고려하여 평가한다. 건물가격은 건물의 구조·규 모·시공정도·용재·관리상태·경과연수 등을 고려해 평가한다.

• 거래사례 비교법은 평가 대상물건과 가치형성요인이 같거나 비슷한 물건

의 거래사례를 선정해 대상물건의 현황에 맞게 시점수정, 사정보정 등을 통해 평가하는 방식이다.

- 시중에서 사용하는 수익환산법은 감정평가 방식으로서의 수익환산법과는 약간의 차이가 있으나 원리는 비슷하다. 아래에서 설명하기로 한다.

수익환산법(상가와 같은 수익형 물건의 매매가격 계산법)

상가(상가건물·상가주택·꼬마빌딩 등 수익형 상품)는 다음과 같은 수익환산법으로 매매가가 정해지는 게 일반적이며, 원가법이나 거래사례 비교법으로 보완해준다. 즉 수익성 건물의 매매가는 토지비+건축비의 합이 아니라 임대수익에 따라 정해지는 게 일반적이다.

▶ 매매가 = {(월임대료 × 12개월) ÷ 수익률} + 보증금
 - 매매가는 월임대료의 증감에 따라 달라질 수 있다.
 - 매매가는 보증금에 따라 달라질 수 있다. (보증금은 대체로 월세의 일정 비율인 경우가 많은데 대체로 환산 임대가의 10~20% 정도이다.)
 - 매매가는 원하는 수익률에 따라 달라질 수 있다.

▶ 수익률 = (월임대료 × 12개월) ÷ (매매가 – 보증금)
 - 수익률은 기본수익률(이자율) + 부가수익률(부가수익률은 입지, 지역, 층, 임차인 영업업종, 통건물 여부, 경제상황, 매도인 성향, 경제여건, 위험성향, 개발기대감 등의 상호작용으로 결정된다.)
 ※ 대출을 받은 경우의 수익률 = {(월임대료 × 12) – 대출이자} ÷ (매매가 – 보증금 – 대출금)
 - 대출액이 많을수록 실제 투입금액이 적어지므로 수익률은 훨씬 더 높아지는 구조이다.

따라서 위 공식을 보면 알 수 있듯이 매매가를 결정하는 핵심 변수는 월임대료와 수익률이다.

상가(수익형 물건)의 매매가격 실전연습

상가(상가건물·상가주택·꼬마빌딩)를 소개받았는데, 임차 보증금의 합이 2억원이고 월세가 1,000만원 나오는 경우,

---

매도수익률이 3%라면 매매가는?

매매가 = {(1,000만원×12)/0.03} + 2억원 = 40억 + 2억원 = 42억원

매도수익률이 4%라면 매매가는?

매매가 = {(1,000만원×12)/0.04} + 2억원 = 30억 + 2억원 = 32억원

꼬마건물을 소개받았는데, 임차 보증금의 합이 2억원이고 월세가 1,200만원 나오는 경우,

매도수익률이 3%라면 매매가는?

매매가 = {(1,200만원×12)/0.03} + 2억원 = 48억원 + 2억원 = 50억원

매도수익률이 4%라면 매매가는?

매매가 = {(1,200만원×12)/0.04} + 2억원 = 36억원 + 2억원 = 38억원

포인트

매매 수익률의 경우, 층이 올라갈수록 수익률을 많이 주어야 매도가 가능하다. 지하는 더 많이 주어야 한다. 가령 같은 건물의 1층 코너목이 3%에 매매가 가능하다면 2층 코너목은 4%, 3층은 5%, 4층 이상은 6%, 지하는 8%, 이런 식으로 더 많이 주어야 매매가 가능해진다.

업종에 따라서도 차이가 난다. 가령 같은 2층의 동일한 자리인데 은행이나 스타벅스 등 선호업종을 임차인으로 두고 있으면 4%로 매매가 될 수 있지만, 유흥업소인 룸살롱 등은 훨씬 높은 10%는 돼야 매매가 되는 등 일종의 비선호업종은 동일한 건물의 동일한 자리, 동일한 임대료라도 매도가에서 매우 큰 차이가 난다.

입지에 따라서도 차이가 난다. 강남역 바로 앞 상가는 외지의 시골마을 상가보다 수익률을 훨씬 적게 주어도 매매가 가능하고, 같은 건물이라면 1층에 있는 상가가 5층이나 지하층처럼 접근성이나 가시성이 안 좋은 상가에 비해 수익률을 적게 주어도 매매가 가능하다.

최고의 상권인 강남역과 명동 내
꼬마빌딩의 실제 거래가격은?

최근 4년간(2017~2020년) 거래된 강남역과 명동역 인근의 상업용 건물(꼬마빌딩 등)의 매매가격과 토지 평당 거래가격을 알아보자.(자료출처 : www.disco.re)

강남역 부근 상업용 건물(꼬마빌딩 등)의 실제 거래가격

아래 그림은 강남역~신논현역 사이 최근 4년간 매매가이다. 대형 빌딩을 제외하면 약 50~300억 범위 내의 물건이 많다.

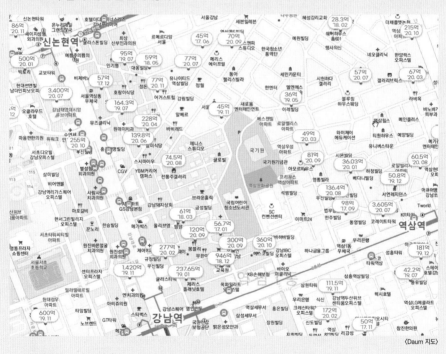

〈Daum 지도〉

토지 평당가의 경우 강남역~신논현역 사이의 강남대로 바로 주변은 2~7억 선이며, 이면도로로 들어갈수록 토지 평당가가 낮아지는 경향을 보인다.(여기서의 토지 평당가란 매매가를 토지평수로 나눈 값이다.)

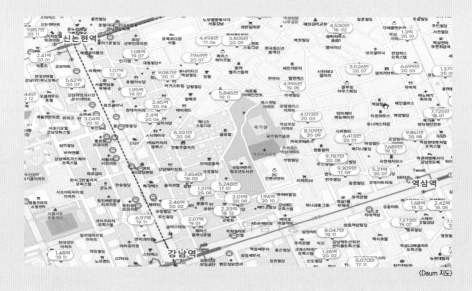

〈Daum 지도〉

아래 그림은 강남역 남쪽 지역의 최근 4년간 매매가이다. 대형 빌딩을 제외하면 매매가는 약 50~150억 범위 내의 것이 많다.

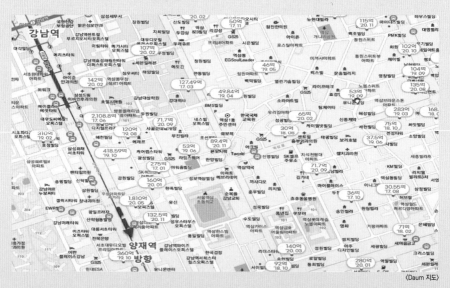

〈Daum 지도〉

토지 평당가의 경우, 강남역~양재역 사이의 강남대로 주변부는 몇 건 거래건수를 살펴보면 약 2억원 선대로 보이며, 이면도로로 진입할수록 평당가가 급격히 떨어진다.

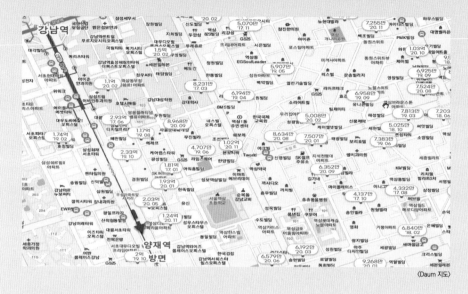

〈Daum 지도〉

명동역 부근 상업용 건물(꼬마빌딩 등)의 매매가

아래 그림은 명동 부근의 최근 4년간 매매가이다.

명동 부근은 약 50~200억 정도의 매매가를 형성하고 있다.(자료출처 : www.disco.re)

〈Daum 지도〉

토지 평당가는 명동 길 북쪽(을지로 입구역 부근)은 1.4~2.6억 정도의 분포를 보인다.

〈Daum 지도〉

토지 평당가는 명동 길 남쪽(명동역 부근)은 3~10억 정도로 편차가 크다.

〈Daum 지도〉

급매로 소개받은 다음 상가건물의 가치를 평가해
매입여부를 결정하라

"서초구 방배동 1001-32 대지 90평, 연면적은 미상, 건축연도는 1975년식 약 45년 됨. 보증금은 2억, 월세는 1,500만원인데, 매매가는 65억원, 방금 나온 급매 물건이라면서 공인중개사무소에서 전화가 왔다. 물건이 너무 좋아 빨리 매입여부를 결정하지 않으면 다른 사람에게 바로 팔릴 거 같다는 급한 연락을 받았다고 가정하자. 평소 상가건물(꼬마빌딩)을 하나 매입해 노후를 대비하려는 당신은 이 상가건물을 어떻게 평가하여 매입여부를 결정할 것인가?"

(위 물건의 실제 현황은 서울고 교차로 사거리 부근의 방서 파출소인데 위의 설명처럼 매각 대상물건으로 가정하자.)

〈Daum 지도〉

앞에서 배운 물건가치를 평가하는 세 가지 방식으로 본 사례 매매가의 적정성을 살펴보자.

수익환산법에 의한 적정 매매가격 산출

상가는 주택과 달리 기본적으로는 수익환산법에 의해 매매가격이 결정되므로, 수익환산법으로 매매가를 도출해 본다. 수익환산법으로 매매가격을 계산하기 위해서는 임대보증금, 월세, 수익률이란 변수를 알아야 한다. 그런데 위의 조건에서 보증금과 월세는 나와 있는데, 수익률은 안 나와 있으므로 매매수익률이 변화할 때 적정 매매가는 어떻게 바뀌는지 우선 알아보자. 그리고 나서 물건 주변의 매매수익률은 어느 정도 되는지 알아보기로 하자.

매매수익률이 변화하면 다음과 같이 매매가에서 큰 차이가 나므로, 그 지역의 적정 매매수익률이 어느 정도인지 면밀히 알아봐야 한다.

적정매매 수익률	2%	2.5%	3%	3.5%	4%	4.5%	5%
보증금	2억	2억	2억	2억	2억	2억	2억
월세	1,500만	1,500만	1,500만	1,500만	1,500만	1,500만	1,500만
적정매매가	92억	74억	62억	53.4억	47억	42억	38억

> 수익률 3% 시   {(1,500만원×12)/0.03} + 2억원 = 60억 + 2억원 = 62억원

위의 표에서 알 수 있듯이 적정매매수익률이 얼마인가에 따라 상기 건물의 가격은 92억이 될 수도 있고, 38억이 될 수도 있다. 매매수익률은 여러 요소에 따라 변화하는데, 중요한 변수로는 은행이자율, 입지, 지역, 층, 임차인 영업업종, 경제여건, 세금관계, 매도자의 성향, 개발기대감 등이 있고 이러한 요인들이 복합적으로 작용하나, 특히 은행금리와 입지가 매매수익률 결정에 가장 큰 영향을 미친다.

이렇게 대략적인 매도가를 미리 예상해보고, 주변 공인중개사무소를 들러 주변의 나와 있는 매물들을 소개받아 건물의 임대수입과 매도가 등을 알아보며 매매수익률이 어느 정도 되는지 파악한다. 한 두 건으로 그 지역의 적정 매매수익률을 판단하기는 힘드니 여러 중개업소, 여러 물건을 소개받아 판단하는 게 좋다. 매물 주변이 아닌 다른 지역의 매매수

익률도 참고할 필요가 있다. 물건을 많이 볼수록 적정 매매수익률을 보다 정확히 찾아낼 수 있고, 상가물건 보는 눈도 트여 좋은 물건을 살 가능성이 높아진다.

알아본 적정 매매수익률이 3% 정도 된다면(아마 이 지역 정도의 통건물인 경우 3% 정도면 충분히 매력적인 수익률일 듯하다.) 이 물건의 매매가는 62억원 정도가 적정하다는 것이다. 따라서 공인중개사무소에서 부른 매매가 65억원은 적정수익률 3%로 환산한 적정 매매가 62억원에 비해 오히려 3억원 정도 비싼 셈이다.

임대료가 바뀌면 매매가가 바뀌므로 현재의 임대료가 적정한지 검증해야 한다.

매매가는 매매수익률과 임대료에 의해 달라지는데, 위에서 매매수익률을 검토해봤으므로 이제는 제시받은 현황 임대료가 적정한지 알아볼 차례이다. 임대료 현황이 주변 임대시세와 비슷한 지, 혹시 이 물건만 유독 높은지 아니면 턱없이 낮은지 검증해봐야 한다. 임대료에 의해 매매가가 정해지는 수익형 물건의 특성을 이용해 임대료가 최상인 상태에서 매매가 성사된 후 임차인이 바로 나가버리는 경우도 있으므로 반드시 임대료가 주변과 얼마나 차이가 있는지 확인해 봐야 한다. 주의할 게 또 있다. 주택은 층이 같으면 좋은 곳과 나쁜 곳의 차이가 크지 않지만 상가는 천양지차라는 점이다. 전면 코너목 상가와 후면의 외진 상가의 임대료는 비교 자체가 불가하다. 임대료의 차이분만 아니라 매매수익률의 차이도 워낙 커서 같은 평이라도 뒤쪽 외진 곳은 매매가가 3억인데 전면의 코너목 상가는 10억이 넘을 수도 있는 천차만별의 세계이다. 상가의 특수성을 감안하여 주변 임대시세를 참고하여야 한다.

임대시세를 조사할 때는 대상물건과 멀리 떨어진 곳보다는 바로 옆의 건물들을 비교해봐야 한다. 중간에 끼인 건물을 소개받았다면 바로 옆인 좌우 물건의 임대시세를 조사하면 된다. 바로 옆 건물의 임대시세를 조사해서 거의 비슷하다면 상당히 신뢰할 수 있다. 1층, 2층, 3층 등 각 층의 임대료를 알아보고 각 층별 평당 임대료를 계산한다. 같은 층이라도 전면과 후면은 천양지차이니 전면 후면도 별도로 조사한다. 이를 매각물건에 적용하면 정상적인 임대료의 유추가 가능하다. 이를 공인중개사가 건네준 매각물건의 임대료와 비교해보면 된다.

조사 결과 소개받은 건물의 임대시세가 주위보다 높다면 앞으로 하향 조정될 가능성이 많다고 봐야 하며, 낮다면 앞으로 더 높여 받을 가능성이 있다. 따라서 공인중개사무소에서 받은 그 건물의 상가임대료 내역과는 별도로 주위 시세를 감안한 적정 임대료를 계산하여 아래와 같이 매매가를 산출해 봐야 한다.

적정 수익률이 3%일 때 임대료 변화에 따른 매매가의 변화

적정매매 수익률	3%	3%	3%	3%	3%	3%	3%
보증금	2억	2억	2억	2억	2억	2억	2억
월세	1,200만	1,300만	1,400만	1,500만	1,600만	1,700만	1,800만
적정매매가	50억	54억	58억	62억	66억	70억	74억

　현재 보증금 2억 월세 1,500만원인데, 알아보니 임대료가 주위에 비해 200만원 정도 낮은 것으로 조사되었다면 앞으로 보증금 2억, 월세 1,700만원으로 조정될 수 있으므로 계산하면 적정매매가는 70억원이 된다. 반면 주위에 비해 200만원 높다고 조사되었다면 앞으로 보증금 2억 월세 1,300만원 정도까지 하향 조정될 수 있으므로 적정 매매가는 54억원이 된다.

　본 물건의 경우 옆 건물 좌우의 임대시세와 비교해보니 약 200만원 정도 저렴하다고 가정하자. 장기적으로 옆 건물 임대료와 비슷한 수준까지 상향 조정될 가능성이 높으므로 보증금 2억, 월세 1,700만원까지 조정 가능하고, 이를 수익률 3%로 계산하여 매매가를 산출해보면 약 70억원이다.

　즉, 이 물건은 현재 임대가인 보증금 2억원, 월세 1,500만원을 기준으로 한다면 매도가 65억원은 적정수익률 3%를 기준으로 할 때 약간 비싼 가격(약 3억원)이나 현재의 월세가 주위의 임대료보다 저렴하므로 장기적으로 1,700만원까지 올릴 수 있고 그렇게 될 경우 매매가는 70억원 정도까지 상승하게 된다.

　따라서 매도인이 원하는 65억원은 현재의 임대료를 바탕으로 한 62억원에 비해서는 조금 비싼 가격이나, 주위의 임대시세를 반영한 임대료를 바탕으로 한 적정매매가 70억원에 비해서는 싼 가격이다. 급매가는 아닐 수 있으나 괜찮은 가격일 수 있다.

이처럼 수익률에 따라 매매가가 변화하기도 하고 임대료 특히 월세에 따라서도 매매가가 변화한다. 현재의 임대료가 주위보다 현저히 높은 경우라면 이후 임대료가 낮아질 가능성이 많고 그에 따라 매매가도 크게 하락할 가능성이 있다. 반면 임대료가 주위보다 현저히 낮은 경우라면 이후 임대료를 높일 수 있는 여지가 있고 그에 따라 매매가도 크게 상승하므로 좋은 물건이 될 수 있다. 참고로 입지는 좋은데 허름하여 주위에 비해 임대료를 제대로 받지 못하는 건물의 경우 리모델링 등을 통해 조금만 손을 보면 임대료를 많이 올릴 수 있다. 그렇게 되면 매매가까지 상승하므로 많은 돈을 들이지 않고도 큰 매매차익 실현이 가능해진다. 보기 좋은 건물보다는 입지는 좋은데 허름하여 임대료를 제대로 받지 못하는 건물이 돈이 될 가능성이 높다. 이 책의 상가가치 증대방법 편을 필히 참고하기 바란다.

거래사례 비교법에 의한 매매가격 유추

아파트 실거래가격을 알려주는 국토부 실거래가 공개시스템이나 아실, 지인처럼, 상가(상가주택, 상가건물, 꼬마빌딩, 오피스)도 실제 거래가격을 알려주는 홈페이지가 있다. 밸류맵(valuemap.com), 디스코(disco.re), 부동산플래닛(bdsplanet.com), 밸류쇼핑 등이다. 이 중 디스코에서 주소를 검색해 보자. 해당 물건 주변으로 5건의 실제 거래사례가 보인다.

〈Daum 지도〉

각 물건을 클릭하면 매매가, 토지면적, 건물면적 등 상세내역을 볼 수 있다. 위 화면의 금액은 매매가 총액으로 표시한 것인데, 평단가로 바꿀 수도 있다. 아주 유익하다.

〈Daum 지도〉

실제 거래사례의 해당하는 지번에 커서를 갖다 대고 클릭을 하면 구체적인 정보를 알 수 있다. 이들 5건의 세부내용을 정리하면 다음과 같다.

구분	본건	실거래사례					주변매물 정보
		1	2	3	4	5	
주소(방배동)	(방배동 1001-32)	(방배동 1001-3*)	(방배동 1002-*)	(서초동 1489-1*)	(서초동 1489-*)	(서초동 1490-3*)	(서초동 1516-*)
매매가(억원)	65.0	305.0	52.2	72.0	96.0	135.5	100.0
토지평당 매매가(만원)	7,222	4,533	4,285	6,756	5,449	7,783	
매매시기		2,159	856	1,859	2,361	2,361	
대지면적(평)		2019.05	2018.01	2019.11	2017.11	2020.02	
건축면적(평)	90	67	122	107	176	174	141
연면적(평)		33	73	52	74	85	35
용적률산정용 연면적(평)		141	609	387	407	574	270
		108	427	311	340	434	
건축년도(년)	1975	1983	1995	1993	1980	2018	1988
층수/지하	2	4/B1	7/B2	7/B1	5/B1	6/B1	4/B1

구분	본건	실거래사례					주변매물 정보
		1	2	3	4	5	
지목	대	대	대	대	대	대	대
용도지역	3종 일반주거	3종 일반주거	2종 일반주거	3종 일반주거	3종 일반주거	3종 일반주거	2종 일반주거
개별공시지가 (㎡/만원)	3,391	3,391	2,244	3,570	4,264	3,471	3,801
주용도		1종 근생	업무시설	업무시설	1종 근생	1종 근생	1종 근생
과거매매가1			33.4 (2019.05)	63 (2016.04)		69.6 (2016.10) 연면적 190평	35 (2017.09)
과거매개가2				41.4 (2007.12)			
임차인현황							보증금 7.3억 월세 1,475만원
기타							**부동산

참고) 토지 평당 매매가는 매매금액을 토지평수로 나눈 값이며, 건물 평당 매매가는 매매금액을 건물 연면적으로 나눈 값이니 진정한 토지 평당가, 건물 평당가는 아님에 유의해야 한다.

위의 표를 참고로, 상가의 입지나 건물의 연식 등 노후화 정도, 임차인의 구성, 매매년도 등에 따른 부동산 가격상승률 등을 감안해 당해 토지와 건물의 가치를 평가해야 한다.

지면관계상 위 실거래사례 5건 중 본 물건과 가장 유사성이 높은 1건(거래사례1)을 중심으로 비교해보자.

본 물건과 거래사례 1은 3종 일반주거지역으로 용도지역이 같고, 서로 붙어있는 옆 땅이며, 거래 시기도 오래되지 않아 거래사례로서 상당히 참고할 만한 사례이다. 입지로서 비교해보면 큰 차이는 없으나, 일반적으로 사거리 코너에 가까운 본 건이 사례 1보다는 조금 더 나은 땅으로 볼 수도 있다. 사례 1은 약 40년 된 건물을 포함한 평당가격이 4,533만원, 2년(매매시점 차이)이란 기간의 물가상승률을 감안한다 하여도 본 건에 비해 상당히 가치가 저렴한 것으로 보인다.

다른 매매사례를 비교해 보았을 때 사례 2도 평당 4,285만원이지만, 본 건과는 용도지역이 다르고(본 건 3종일반주거, 사례 2는 2종일반주거), 뒤쪽이라 본 건에 비해 저렴할 수밖에 없다. 사례 3과 4는 본 건과 같은 용도지역이다. 사례 3은 평당 6,756만원인데, 건물연식이 1993년으로 건물가치가 훨씬 우수하다. 지면 관계상 상가입지에 대한 구체적인 평가를 싣지 못하지만, 입지도 본 건보다 우수할 가능성이 높다. 이렇게 거래사례법을 통해 분석해 보니 본 건은 거래사례 1에 비해서 매우 높은 가격이고, 거래사례 3과 4를 비교해 봤을 때도 본 건이 그리 저렴한 물건은 아닌 것으로 파악된다. 다만 최근 몇 년간 상가건물이나 꼬마빌딩의 가격이 워낙 많이 올라서 이를 감안할 필요가 있다.

원가법에 따른 매매가격 산출

토지 가격과 건물 가격을 계산해 적정 매매가를 유추하는 방식이다. 감정평가에서는 건물의 내용연수를 대체로 40~50년으로 보는 경우가 많으나, 실제 상가 매매현장에서는 30년 이상의 오래된 건물은 재산가치가 거의 없는 것으로 보므로 토지의 가치로만 매매가격을 평가하는 경향이 있다.

이 책의 "건축비, 실제로 얼마나 들까?"편에서 설명하듯이, 2020년 상가주택의 평균 건축비는 평당 550만원(부가세 포함)인데, 상가는 이보다 적으므로 대략 450~500만원 정도로 잡고 계산하면 크게 틀리지 않을 듯하다. 따라서 감가상각기간을 실매매현장기준대로 30년으로 적용하여 계산하면 1년에 대략 15만원씩 감소(약 470만원 ÷ 30년)한다. 이 수치로 건물의 가치를 대략 유추해 보면 20년 된 건물은 대략 평당 150만원 정도, 10년 된 건물은 300만원 정도의 가치가 남아 있다고 볼 수 있다.

이렇게 나온 건축비를 매매가에서 빼면 매도자가 받고 싶은 해당 물건의 토지 가격이 나오는데, 이를 현실의 적정 토지가와 비교해 보면 된다. 본 건에 대비해 설명하면, 45년 된 건물이므로 건물가치는 없고, 오로지 토지의 가치라고 보면 된다. 따라서 매매가 65억을 토지 평수로 나누면 65억/90평= 평당 7,222만원.

토지이용계획확인원을 떼어보니 개별공시지가는 2020년 현재 2,244만원/㎡이므로 평당 7,405만원, 이 물건의 평당 매도가 7,222만원은 개별공시지가보다 싸다. 보통의 경우라면 공시지가 보다 훨씬 비싼 게 일반적이므로 이 땅은 매우 싸게 나왔을 가능성이 높다. 다만 상가는 주택이나 토지와는 달리 입지가 좋은 땅일수록 건축이라는 과정을 통해 부가가치가 급상승하므로 건축원가나 토지원가로만 상가의 가치를 판단하는 것은 무리가 있다.

총평

위에서 살펴보았듯이 기본적으로는 수익환산법을 우선으로 삼고, 거래사례법과 원가계산법을 참고하여 본 물건의 가치가 적정한지를 평가하여 매입여부를 결정해야 한다. 본 물건은 원가계산법으로는 매우 저렴한 가격으로 보이나, 거래사례 비교법으로는 과거의 거래사례에 비해 다소 비싼 물건으로 보인다.

제일 중요한 수익환산법으로 판단해 보자. 현재 임대료가 보증금 2억, 월세 1,500만원인데 주위 임대시세에 비해 월세가 200만원 정도 저렴하다고 가정하면, 앞으로 월세가 1,700만원 정도로 상승할 수 있다. 이를 반영하면 매매가는 수익률 3%를 기준으로 할 때 70억 정도 되는 물건이 된다. 현재 보증금 2억, 월세 1,500, 수익률 3%의 적정 매매가는 62억원, 매도가는 65억원이므로 급매가는 아닌 듯하고, 본 물건의 가치에 비해서는 다소 저렴해 보이므로, 매수자의 성향, 구입 필요성 등에 따라 매입 여부를 결정하면 될 듯하다.

강남역 앞 1층 10평, 시골 지하층 100평
임대료가 같다면 매매가도 같을까?

보증금 1억, 월세 500만원으로 임대료는 같지만 하나는 강남역 전철 출구 바로 앞 1층 전면 상가로 실평수 10평이고, 다른 하나는 시골의 어느 면이나 리의 지하층 룸살롱으로 실평수 100평이라고 가정하자.(물론 강남역 출구 바로 앞 1층 전면 상가 실평수 10평이 500만원밖에 안 할 리는 없다.) 과연 매도가도 같을까? 독자분들은 어떻게 생각하나? 10평 강남 건이 비쌀까? 100평 시골 지하 룸살롱이 더 비쌀까?

임차보증금 1억 월임대료 500만원인 경우 수익률에 따른 매도가의 변화

수익률	2%	3%	4%	6%	8%	10%	12%	15%	20%
매도가	31억	21억	16억	11억	8.5억	7억	6억	5억	4억

수익률 2% 시 {(500만원×12)/0.02} + 1억원 = 30억 + 1억원 = 31억원

매도수익률만 동일하다면 위의 두 사례는 임대료(보증금 1억 월임대료 500만원)가 동일하므로 매매가도 같을 수밖에 없다. 그런데 현실은 절대 그렇지가 않다. 누구나 사고 싶어 하는 핵심 요지의 상가는 수익률이 아주 낮아도 사겠다는 사람이 줄을 서 있고, 변두리 어딘가의 사람들 왕래가 뜸한 곳은 수익률을 아무리 높게 주어도 찾는 사람이 없는 게 현실이다. 변두리 지하의 장기간 공실인 상가는 공짜로 준다고 해도 가져갈 사람이 없을 수 있다. 주택은 싸게 임대 놓으면 거의 다 처리가 가능하나 상가는 그렇지 않다. 그게 주택과 상가의 차이이고 이런 상가의 특수성을 모르면 상가투자가 주택이나 토지투자에 비해 어렵다며 계속 헤맬 수밖에 없다.

강남역 출구 바로 앞의 사례는 아마도 2~3% 수준이면 매매가 성사가 될 가능성이 높고 시골 어느 면이나 리의 지하 층 룸살롱 100평은 10% 정도의 수익률을 주어도 매매가 성사될 가능성이 별로 없을 수 있다. 필자라면 임대수익률이 10%의 지하, 거기다가 룸살롱 당연히 쳐다보지 않는다. 만약 20%라면, 글쎄, 대박 맞았다고 생각할 리는 없고, 이것저

것 문제는 없는지 일단 체크할 것 같다.(물론 사례별로 다를 수 있음은 물론이다.)

이런 어마어마한 수익률에 혹해 외진 곳의 지하나 높은 층에 투자해 아주 가끔 큰돈을 버는 경우도 있으나, 이는 운 좋은 아주 특별한 케이스이고 대개 결말이 좋지 못한 게 일반적이다. 상가 초보 분들은 이런 엄청난 수익률에 혹하는 경우가 많고 이렇게 분별력 없는 초보 분들을 이용해 상가투자 성공기를 올려 수익을 얻는 사람들도 있다. 안 좋은 상가는 이런 어마어마한 수익률을 주어도 매도가 안 되는 경우가 비일비재하다. 입지가 안 좋거나, 층이 안 좋거나, 지역이 안 좋거나, 임차인 업종이 안 좋거나 등등 안 좋은 게 많이 겹칠수록 임대수익률이 올라가는 건 너무 당연한 일이고, 이에 따라 매매수익률도 당연히 어마어마해야 팔릴까 말까 할 수 있다. 같은 보증금 1억 월세 500만원인데, 강남 사례는 수익률 2~3% 정도만 되어도 매도가 되어서 20~30억원 정도인데 반해, 시골 어느 면이나 리지하의 룸살롱은 보증금이 1억원, 월세가 500만원으로 강남과 같은 월세인데(건평도 100평이나 되고 연간임대수익률은 강남의 10배 정도 혹시 대출을 끼면 상상 불가한 수익률인데) 매매가는 4억 밖에 안 갈 수 있다. 수익률의 마술에 너무 혹하지 말고 그 실체를 직시하라.

임대료가 같다고 매도가도 같을 거라고 착각하지 마라. 상가 전문가라고 하는 분 중에서도 수익률의 마술 혹은 함정을 제대로 이해하지 못하는 경우가 있으니 수익률의 마술에 열광하며 그 속에 내재한 위험 등을 간파하지 못하는 초보 분들은 얼마나 많을까?

상가투자는 입지가 좋은 곳을 싸게 사는 게 제일 안전하고 좋은 투자이다. 입지가 좋은 곳은 임대인이 아무것도 몰라도 주위에 비해 약간 저렴하게만 놓으면 임차인이 알아서 들어오려고 한다. 안 좋거나 특별한 제약이 있을수록 임대인은 그 상가를 둘러싼 각종의 제약사항을 해결하려고 많이 알아야 하고 임차인을 들이는데 더 큰 노력이 필요하다.

상가 핵심 요지는 손 바뀜이 거의 없다.(필자가 10년 전쯤 명동 핵심 요지 부근 상가건물 수십 곳의 등기부등본을 열람해 본 바, 거의 모든 건물이 수십 년간 거래가 없었고 대출도 없었다. 좋은 상가건물은 화수분이므로 잠김현상이 심해 매물이 거의 없다. 최근의 코로나 사태로 치명타를 입고 있어 예전의 명동은 아니지만)

위의 사례처럼 시골의 지하층 상가의 경우도 손바뀜이 거의 없다. 손바뀜이 거의 없는 건 비슷할 수 있는데 그 이유가 완전히 다르다. 하나는 안 팔아서 거래가 없고, 하나는 못

팔아서 거래가 없다. 이런 곳에서 한두 건 성공했다고 크게 기뻐할 게 못된다. 입지가 안 좋은 곳, 사람들의 관심 대상이 아닌 곳은 한두 번은 성공해도 항상 큰 손실이라는 위험이 상존하므로 수익률이 높은 것임을 인지해야 한다. 결국에는 실패할 확률이 높다. 굳이 해야 한다면 욕심을 줄여 조금만 남기고 매도 타임을 빨리 가져가는 방식으로 진행해야 한다.

포인트

> 상가입지를 볼 줄 알아도, 상가의 가치를 파악하지 못하면 상가투자가 어려울 수밖에 없다. 상가의 입지는 물론 상가의 가치를 볼 줄 알면 그때부터 상가투자에 자신감이 붙기 시작한다. 필자의 이 책이 상가입지 판단, 상가가치 판단, 상가가치 증진 이 세 분야 모두를 마스터할 수 있도록 인도해 줄 것이다.

2장

작은 돈으로 대박을 맞을 수 있는
'상가가치 증대법'

작은 리모델링, 큰 만족

상가가치 증대법 1

서래마을 어느 상가건물

비교적 간단한 리모델링으로 큰 만족을 얻은 사례 몇 가지를 소개한다.

아래 그림에서 보듯이 건물이 다른 건물들 사이에 끼어 있어 잘 보이지 않는 한계가 있다.

아래와 같이 건물 외부를 간단하지만 포인트를 주니 한눈에 들어온다. 누차 얘기하지만 상가는 눈에 띄어야 한다. 주택과는 다른 특성을 명심하자. 큰돈 안 들이고 건물 가치를 증대시켰다.

용산구 원효로의 어느 상가건물
- 용산구 원효로1가 121-××

아래의 경우도 큰돈 안 들이고 상가의 주목도를 높인 경우이다. 비용 대비 효과가 최고라 할 수 있다. 리모델링은 큰돈을 필요로 한다는 고정관념을 버리자.

강남역 부근의 어느 상가건물

원래는 좀 촌스럽다는 느낌이 들었는데 외벽을 살짝 손보니 아주 세련된 건물로 변신했다.

완전 변신으로 가치를 증대시킨 경우 – 강동구 ××동의 경우

　토지면적 : 174㎡(52.6평)　2종 일반주거지역　개별공시지가 : 424만원/㎡
이 토지는 어떻게 바뀌었을까?

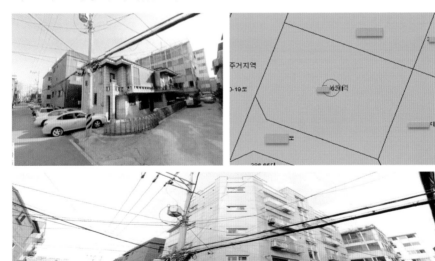

- 다세대주택 5층 8세대(1층 필로티, 2~5층 : 한 층에 2세대씩 총 8세대)

- 건축면적 : 103㎡(31평)

- 연면적 : 395㎡(120평)

- 건폐율 : 59.55%

- 용적률 : 227.4%

- 용적률 산정용 연면적 : 395㎡(120평)

- 1층 : 경비실(13㎡), 계단(10㎡), 2층(2세대) : 103㎡(31.1평), 3층(2세대) : 103㎡ (31.1평), 4층(2세대) : 101㎡(30.5평), 5층(2세대) : 64㎡(19.4평), 옥탑 : 10㎡(연면 적 제외)

- 주차 : 옥내 자주식 4대 46㎡, 옥외 자주식 2대 23㎡

이 건물 주변 주택의 임대시세는 어떻게 될까? 네이버 부동산에 검색한 바는 다음과 같다.

2년 된 실평수 14평 빌라가 보증금 1억 5,000만원/월세 50만원, 25년 된 다가구 실평수 12평이 보증금 4,000만원/월세 50만원, 15년 된 빌라 실평수 13평 보증금 1억 5,000만원/월세 50만원 등.

본 건은 최근 신축된 것이고 실평수도 더 크므로(한 층이 대략 실평수 31평이고 2세대이므로, 1세대 당 약 실평수 15.5평) 위의 월세보다 더 높을 가능성이 매우 크다. 보증금 1억 5,000만원/월세 60~70만원 정도 된다고 추정하여 상기 물건의 임대가 총액을 계산하면, 2~4층 각 2세대씩 총 6세대이므로 총 보증금은 9억, 총 월세는 360~420만원, 5층은 2세대인데 면적이 작으므로 한 세대 당 보증금 1억 5,000, 월세 40만원 정도로 잡으면 총 보증금 3억원, 월세 80만원. 그러므로 전체 층을 합한 보증금은 대략 12억원, 월세 440~500만원 정도의 임대수입이 예상된다.(단, 이는 간단하게 알아보려는 의미이므로 실제와 다를 수 있고, 실전에서는 훨씬 더 많은 사례 검증이 필요하다.)

건축비가 이 당시 대략 500만원 정도라고 하면 연면적이 120평이므로 대략 6억원쯤 소요되었을 듯하다. 벨류맵이나 디스코 등에서 주변의 과거 거래사례를 살펴보는 것도 필요하다. 지면 관계상 생략한다. 이런 식으로 본 물건을 리모델링한 후의 수익성 분석을 해 볼 수 있다.

완전 변신으로 가치를 증대시킨 경우
– 구로구 구로구 ××동 33-×××

토지면적 : 116㎡(35평) 3종 일반주거지역 개별공시지가 : 318만원/㎡
이 토지는 어떻게 바뀌었을까?

- 다세대주택 5층 8세대(1층 필로티, 2~5층 : 한 층에 2세대씩 총 8세대)
- 건축면적 : 108㎡(32.6평)
- 연면적 : 436㎡(132평)
- 건폐율 : 49.87%
- 용적률 : 200.1%
- 용적률 산정용 연면적 : 436㎡(132평)
- 1층 : 계단(11.5㎡), 2층(2세대) : 108㎡(32.7평), 3층(2세대) : 108㎡(32.7평), 4층 (2세대) : 108㎡(32.7평), 5층(2세대) : 98㎡(29.6평), 옥탑 : 11㎡(연면적 제외)
- 주차 : 옥내 자주식 4대 46㎡, 옥외 자주식 3대 34.5㎡

　　이 물건도 바로 위의 강동구 ××동처럼 간단하게 수익성 분석을 해 볼 수 있다.

02

용도를 바꾸면 길이 보인다

상가가치 증대법 2

건축물의 용도변경 시 검토해야 할 사항

용도변경이란 '이미 사용승인을 받은 건축물의 용도를 다른 용도로 바꾸는 것'으로서, 건축물의 용도를 변경하려 할 때에는 시장·군수·구청장의 허가를 받거나 신고하여야 한다. 해당 건물의 용도는 건축물대장에서 확인해 볼 수 있는데, 정부 24시 사이트나 서울시 정보광장, 경기부동산포털 등에서 아주 쉽게 무료로 확인할 수 있다. 용도변경을 하려면 다음 사항을 미리 검토해 보아야 한다.

①법정 주차대수 ②정화조 용량 ③다중이용시설과 같은 경우 소방시설 추가 여부 ④장애인 편의시설 설치 및 적합 여부 ⑤피난시설(계단) 추가 여부 등

주유소를 스타벅스 드라이브스루로 용도 변경한 사례
– 부산 해운대구 반여동 12××

- 토지면적 : 1,416㎡(428평)
- 용도지역 : 3종 일반주거지역, 현재 : 2종 근생(휴게음식점, 수리점)
- 총 연면적 : 556㎡(168평)
- 용적률 산정용 총 연면적 : 397㎡(120평)
- A동 건폐율 : 2.68%, A동 용적률 : 1.8%, B동 건폐율 : 15.17%, B동 용적률 : 26.25%

　원래 주유소 하던 곳을 스타벅스 드라이브스루로 용도 변경하였다. 지도를 살펴보니 이 자리는 근린상가가 들어설 자리가 아니다. 자동차 통행이 많은 강변도로상의 토지로 땅 모양도 그렇고 모든 면에서 주유소가 제격인 자리이다. 그런데 주유소 간 경쟁은 심해지고 전기차 증대로 수요는 줄면서 더 이상 오래 유지하기 힘들 것 같으니 변신을 시도할 수밖에 없었을 것 같다. 그런데 땅의 입지, 땅의 모양, 주변 상황을 보니 다른 유망 업종으로의 성공적인 변신은 사실 쉽지 않고 드라이브스루가 정말 제격인 땅이다.

과거에도 지금도 다른 용도로는 별 효용가치가 없는 그저 그런 땅을 최고의 땅으로 만들었다. 땅을 보는 혜안과 실행력이 대단하신 분으로 보인다.

〈Daum 지도〉

관리사무소로 사용하던 공간을 상가로 변신한 사례
– 성남 야탑동 건물

아래의 그림은 주차장 관리사무소로 사용하던 공간을 상가(일식 가락국수가게)로 변신시켜 최소한 배 이상의 가치가 상승된 사례이다.

서초구 서래마을 부근 주택을 상가로 변신시킨 사례

성수동 카페

공장을 카페로 용도 변경한 사례다. 겉은 공장의 모습을 띄고 있지만 내부는 카페로 바꿔 크게 성업 중이다. 성수동의 부상과 함께 가치가 대폭 상승했다.

용도변경의 종류

구분	내용	예시	
허가대상	해당하는 시설군에 속하는 건축물의 용도를 상위군에 해당하는 용도로 변경하는 경우	8호군 : 업무시설	4호군 : 문화 및 집회시설
신고대상	해당하는 시설군에 속하는 건축물의 용도를 하위군에 해당하는 용도로 변경하는 경우	7호군 : 근린생활 시설	8호군 : 업무시설
기재사항 변경대상	동일한 시설군 내에서 변경하고자 하는 경우	5호군 : 숙박시설 (일반숙박시설)	5호군 : 판매시설(상점)
	근린생활시설 내 변경 중 목욕장, 의원, 산후조리원, 공연장, PC방, 학원, 골프연습장, 단란주점, 안마시술소, 노래연습장으로 변경	제2종 근린생활시설 (일반음식점)	제2종 근린생활시설 (학원)
용도변경 없이 사용가능 (임의변경대상)	건축법 시행령[별표.1]용도별 건축물의 종류 중 동일한 호에 속하는 건축물 상호간의 변경	교육연구시설 (직업훈련소)	교육연구시설 (학원)
	제1종 근린생활시설과 제2종 근린생활시설 상호간의 변경(기재사항 변경 대상은 제외)	제1종 근린생활시설 (소매점)	제2종 근린생활시설 (일반음식점)

시설군과 시설군에 속하는 건축물의 용도

시설군	건축물의 용도
① 자동차 관련 시설군	자동차 관련 시설
② 산업 등의 시설군	운수시설, 창고시설, 공장, 위험물저장 및 처리시설, 분뇨 및 쓰레기 처리시설, 묘지관련시설, 장례식장
③ 전기통신시설군	방송통신시설, 발전시설
④ 문화 및 집회시설군	문화 및 집회시설, 종교시설, 위락시설, 관광휴게시설
⑤ 영업시설군	판매시설, 운동시설, 숙박시설, 제2종 근린생활시설 중 고시원
⑥ 교육 및 복지시설군	의료시설, 노유자시설, 교육연구시설, 수련시설
⑦ 근린생활시설군	제1종 근린생활시설, 제2종 근린생활시설(고시원은 제외)
⑧ 주거업무시설군	단독주택, 공동주택, 업무시설, 교정 및 군사시설
⑨ 그 밖의 시설군	동물 및 식물관련시설

※ ①로 올라갈수록 상위 시설군이고, ⑨로 내려갈수록 하위 시설군이다.

주의 : 건축물의 용도를 하위군에 해당하는 용도로 변경하는 신고대상도 위에서 살펴본 법정 주차대수와 정화조 용량의 적합성 여부 등 용도변경 시 검토사항을 만족시켜야 한다. 특히 문제 되는 부분은 주차대수와 정화조 용량이고 고시원과 같은 다중이용시설은 소방시설 추가 여부가 문제 될 수 있으니 미리 꼼꼼히 확인해봐야 한다.

서울시 부설주차장의 설치대상시설물 종류 및 설치기준(개정 2013.10.4)

시설물	설치기준
1. 위락시설	시설면적 67㎡당 1대
2. 문화 및 집회시설(관람장을 제외한다), 종교시설, 판매시설, 운수시설, 의료시설(정신병원·요양병원 및 격리병원을 제외한다), 운동시설(골프장·골프연습장 및 옥외수영장을 제외한다), 업무시설(외국공관 및 오피스텔을 제외한다), 방송통신시설중방송국, 장례식장	시설면적 100㎡당 1대

시설물	설치기준
2-1. 업무시설(외국공관 및 오피스텔을 제외한다)	일반업무시설 : 시설면적 100㎡당 1대 공공업무시설 : 시설면적 200㎡당 1대
3.제1종 근린생활시설 (제3호 바목 및 사목을 제외한다), 제2종 근린생활시설, 숙박시설	시설면적 134㎡당 1대
4. 단독주택(다가구주택을 제외한다)	시설면적 50㎡ 초과 150㎡ 이하 : 1대, 시설면적 150㎡ 초과 : 1대에 150㎡를 초과하는 100㎡당 1대를 더한 대수 [1+{(시설면적-150㎡)/100㎡}]
5. 다가구주택, 공동주택(외국공관안의 주택 등의 시설물 및 기숙사를 제외한다) 및 업무시설 중 오피스텔	「주택건설기준 등에 관한 규정」제27조제1항에 따라 산정된 주차대수(다가구주택, 오피스텔의 전용면적은 공동주택 전용면적 산정방법을 따른다)로 하되, 주차대수가 세대당 1대에 미달되는 경우에는 세대당(오피스텔에서 호실별로 구분되는 경우에는 호실당) 1대(전용면적이 30제곱미터이하인 경우에는 0.5대, 60제곱미터이하인 경우0.8대)이상으로 한다. 다만, 주택법시행령 제3조 규정에 의한 도시형생활주택 원룸형은 「주택건설기준 등에 관한 규정」제27조의 규정에서 정하는 바에 따른다.
6. 골프장, 골프연습장, 옥외수영장, 관람장	골프장 : 1홀당 10대 골프연습장 : 1타석당 1대 옥외수영장 : 정원 15인당 1대 관람장 : 정원 100인당 1대
7. 수련시설, 공장(아파트형제외), 발전시설	시설면적 233㎡당 1대
8. 창고시설	시설면적 267㎡당 1대
9. 그 밖의 건축물	• 대학생기숙사: 시설면적 400㎡당 1대 • 대학생기숙사를 제외한 그 밖의 건축물: 시설면적 200㎡ 당 1대

03

접근성, 가시성을 확보하면
수익 오르는 건 기본

상가가치 증대법 3

상가의 접근성이란 '구매수요가 내 상가에 얼마나 쉽고 편하게 접근할 수 있는가' 하는 문제이고, 상가의 가시성이란 '구매수요가 내 상가를 얼마나 잘 볼 수 있는가' 하는 것이다.

상가 1층은 다른 층에 비해 분양가와 임대가가 훨씬 더 높은데, 그 원인은 접근성과 가시성의 차이에서 비롯된다. 그만큼 1층 특히 1층 전면 코너목은 다른 층에 비해 접근하기 쉽고 눈에 잘 띈다. 따라서 사람들의 구매행위가 쉽게 이루어져 매출액이 높아질 가능성이 크고 종국적으로는 분양가의 차이, 임대료의 차이로 귀결된다는 게 필자의 생각이다.

접근성과 가시성의 개선으로 상가가치를 올리는 방법은 사실 간단하다.

상가의 접근성과 가시성을 저해하던 요인을 제거해 주면 된다. 앞(p183)에서 살펴본 것처럼 상가 자체에 의한 요인은 외부에 의해 발생된 것이 아니므로 제거하기 쉬워 보이지만 만만한 일이 아니다. 건축물이 이미 들어서면 이후에 고친다는 건 힘든 일이다. 또한 변경이 가능하더라도 집합건물처럼 일정한 수의 동의가 필요한 경우 이해관계 때문에 다수의 동의를 얻는데 애를 먹을 수밖에 없다.

그럼에도 이런 제한 사항을 극복하기만 하면 상가 또는 건물의 가치가 급상승하는 큰 기쁨을 수확하게 된다. 특히 지하층의 경우가 그렇다. 아래 사례에서 제시하는 ××역 지하층 다이소 건은 아주 좋은 사례이다.

화단 제거로 사거리 접근성과 가시성을 극대화하여 상가가치가 올라간 사례

위 그림처럼 건축설계단계에서 코너목의 장점을 살린 설계를 하지 않고 화단을 설치함으로써 우수한 입지만큼의 장점을 살리지 못하고 있었다. 필자가 누차 강조하였듯이 건축설계단계에서부터 상가의 가치를 최대한 올릴 수 있는 방법을 고민해야 한다. 상가의 특수성을 모르니, 상가다운 설계를 할 수가 없고 오로지 건축학적 관점에서만 디자인하니 상가의 가치는 저감될 수밖에 없다.

일단 이런 문제가 발생하면 사후에 고친다는 건 사실상 불가능하다. 단독 소유 건물도 사실상 쉽지 않은데 집합건물은 오죽할까? 이해가 다른 입주민을 대상으로 상당수의 동의를 받기까지 얼마나 많은 시간과 노력이 들겠는가? 나중에 바꾸는 건 거의 불가능에 가깝다. 위 사례는 예외적으로 구분 건물의 거의 대부분을 한 회사가 소유하고 있어서 가능했던 것으로 알고 있다.

건축설계단계에서 상가 전문가의 자문을 미리 받아 건축사와 상가 전문가가 제일 좋은 건축설계 안을 도출하는 것이 상가건물의 가치를 최고로 높이는 길이다.

참고로 집합건물 관리에 관한 법률은 제15조 공용부분의 변경 1항에서 "공용부분의 변경에 관한 사항은 관리단 집회에서 구분소유자의 4분의 3 이상 및 의결권의 4분의 3 이상의 결의로써 결정한다."라고 규정하고 있다.

그림처럼 화단을 헐어 접근성과 가시성을 높임으로써 1층 코너의 장점을 살렸다. 1층 상가의 가치가 과거에 비해 대폭 상승한 사례이다.

접근이 어렵고 보이지 않던 지하의 단점을 성공적으로 극복해 가치가 폭등한 사례

위 그림에서 보듯이 지하상가로 바로 들어갈 수 있는 입구가 없고 일반 건물처럼 정문 등을 통해 지하로 들어가야 하는 구조이다. 그만큼 접근하기 어렵고(접근성 불량) 게다가 아예 보이지도 않는다.(가시성 제로)

그런데 어느 날 지하층의 상가가치가 폭등하는 획기적인 일이 발생했다.

위 그림이나 아래 그림에서 보듯이 외부에서 특히 사람들 왕래가 많은 곳에서 지하로 바로 연결되는 출입문이 생기고 가시성도 눈에 확 들어올 만큼 확연히 좋아졌다. 가치가 폭증한 대표적 케이스라 할 수 있다. 참고로

지하의 단점은 썬큰(sunken) 구조로 짓는 등 건축 설계단계에서 좀 더 고심하면 어느 정도는 극복 가능하다.

　사람들이 많이 다니는 코너목에 출입구가 있어 다른 1층보다 오히려 더 접근하기 편하다. 지하가 아니라 1층 중에서도 웬만한 자리보다 더 좋은 입지로 변모했다. 큰돈 안 들이고 상가의 가치를 폭증시킨 대표적 케이스다.

진입을 가로막았던 유리벽을 개방하여 가치가 폭등한 사례

　××역 종합버스터미널로 홈플러스도 입점해 있어 항상 많은 사람들로 북적이는 곳이다. 그런데 가장 좋은 자리인 코너목의 건물 외벽이 유리창으로 외부와 차단되어 있다. 상가가 보이지도 않고 이곳을 이용하려면 반드시 출입문으로 가서 상당한 거리를 돌아가야 한다. 코너목의 장점은커녕 웬만한 일반 자리보다 접근성과 가시성이 더 안 좋다.

　그런데 아래와 같이 건물 외벽의 유리 담장을 없애 출입이 가능해지면서 접근성과 가시성이 최대화되었다. 거대한 유동인구를 바탕으로 상가의 가치가 폭등했음은 당연하다.

다음 그림의 상가건물은 어떻게 바꾸면 가치가 증대할까?

독자 스스로 풀어 보라. 이제 아주 쉽게 몇 억 혹은 몇 십억 건물 가치를 올리는 방법이 떠오를 거라 본다.

경기도 부천 사례

서울 송파구 ××동 사례

 집합건물의 소유 및 관리에 관한 법률 중 리모델링 관련 중요 부분

(약칭 : 집합건물법) 타법개정 2016. 1. 19. [법률 제13805호, 시행 2016. 8. 12.] 법무부

제15조(공용부분의 변경)
① 공용부분의 변경에 관한 사항은 관리단 집회에서 구분소유자의 4분의 3 이상 및 의결권의 4분의 3 이상의 결의로써 결정한다. 다만, 다음 각 호의 어느 하나에 해당하는 경우에는 제38조 제1항에 따른 통상의 집회 결의로써 결정할 수 있다.
1. 공용부분의 개량을 위한 것으로서 지나치게 많은 비용이 드는 것이 아닐 경우
2. 「관광진흥법」 제3조 제1항 제2호 나목에 따른 휴양 콘도미니엄업의 운영을 위한 휴양 콘도미니엄의 공용부분 변경에 관한 사항인 경우
② 제1항의 경우에 공용부분의 변경이 다른 구분소유자의 권리에 특별한 영향을 미칠 때에는 그 구분소유자의 승낙을 받아야 한다.
[전문개정 2010.3.31]

집합건물법 개정 완료 공용부분 변경 의결요건 완화

(20년1월22일 한국아파트신문)

9일 개정안 국회 본회의 통과, 내년부터 시행

2022년부터 집합건물 공용부분 변경 시 구분소유자 및 의결권의 3분의 2 이상 결의로 결정할 수 있게 된다. 또한 전유부분 150개 이상 집합건물은 매년 의무적으로 회계감사를 실시해야 한다.

지난 9일 이 같은 내용을 포함한 집합건물의 소유 및 관리에 관한 법률(이하 집합건물법) 일부 개정안이 국회 본회의를 통과했다. 이번 개정안은 지난 2018년 10월 1차 입법예고, 지난해 1월 2차 입법예고를 거친 뒤 지난해 7월 정부 제안으로 발의된 것으로, 집합건물 공용부분의 변경 결의 및 서면·전자적 방법에 의한 결의의 의결정족수를 합리화하고 전유부분이 일정 수 이상인 집합건물의 관리인은 감사인의 회계감사를 받도록 하는 등 집합건물 관리 합리화 및 투명성 제고에 중점을 뒀다.

이번에 개정된 주요사항은 ▲상가건물 구분점포 성립 위해 필요한 '바닥면적 1,000㎡ 이상' 요건 삭제 ▲분양자의 '최초 관리단 집회 3개월 이내 소집' 통지 의무 신설 ▲공용부분 변경에 관한 관리단집회 의결정족수 요건 '구분소유자의 3분의 2 이상 및 의결권의 3분의 2 이상 결의'로 완화(단, 건물 노후화 억제 등을 위한 공용부분 변경으로서 구분소유권 및 대지사용권 내용에 변동 일으키는 경우는 '구분소유자의 5분의 4 이상 및 의결권의 5분의 4 이상 결의') 등이다.

04

자투리땅, 꽤 쓸모있네

상가가치 증대법 4

    자투리땅이란 원래는 건축을 하다 남은 소규모 토지를 말하나, 활용가치가 많지 않은 작은 땅을 일컫는 용어라고 보면 된다. 자투리땅은 적은 자금으로 건축 가능하므로 혹시 실패하더라도 치명적인 손해를 입는 경우는 많지 않으며, 입지 여하에 따라서는 굉장한 고수익 상품으로 변모할 수도 있다. 다음 사례를 보면 거의 쓸모없던 자투리땅의 가치가 저리 크게 상승할 수도 있구나라는 생각이 절로 들 것이다.

김포시 양촌읍 양곡리 자투리땅 개발사례

    그렇게 작은 땅은 아니지만 땅의 효율적 이용의 모범 케이스라 소개한다.

    아래 그림의 자투리땅이 어떻게 변해 있을까?

- 대지면적 : 139㎡(42평)   • 건축면적 : 82.8㎡(25평)   • 건폐율 : 59.6%
- 연면적 : 146.7㎡(44.3평)   • 용적률 : 105%

엄청난 변화이다. 토지 활용이 극대화되어 있다. 건물의 가시성도 좋고 또한 예쁘다. 해당 건축주 분께선 상당한 내공을 가지신 분으로 보인다. 거의 쓸모없는 땅의 가격이 대폭 증가한 것으로 보인다. 아래 빨간 박스에 해당하는 부분의 벽면은 건물의 1층 면적을 매우 넓게 보이게 하는 포인트다. 토지의 활용도, 건물의 색채 구성도 아주 좋다.

마포구 ××동 자투리땅 활용사례 : 상가주택으로

이 땅이 어떻게 변했을까?(토지면적 22평, 2종 일반주거지역, 대)

건축면적 : 13.3평 연면적 : 36평 4층의 상가주택으로 변신했다.

　1층은 상가, 2~4층은 주택으로 1층부터 4층까지 모두 임대주어 임대수익 극대화를 기해도 되고, 자신이 직접 상가를 운영하며 2~4층 모두를 주택으로 사용해도 되고,

마포구 ××동 자투리땅 활용사례 : 상가건물

이 자투리땅은 어떻게 변했을까?(대지면적 : 65.1㎡(19.7평), 2종 일반주거지역, 대)

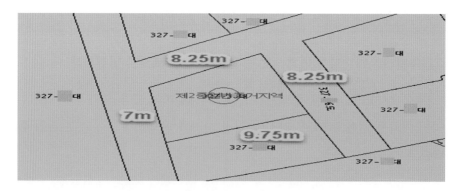

> • 건축면적 : 38.88㎡(11.76평)　• 연면적 : 129.7㎡(39.2평) 4층
>
> • 건폐율 : 59.7%　　　　　• 용적률 : 199.23%

1~4층까지 모두 근린생활시설 즉 상가로 변신했다. 한 층은 대략 10평이다.

부천시 6평 토지 건

대 20㎡(6.05평). 이렇게 작은 땅도 건축이 가능할까?

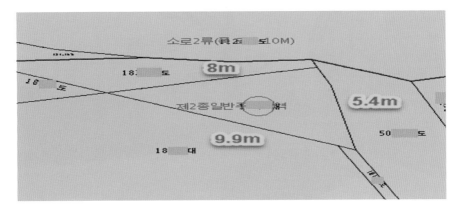

필자가 자투리땅 건축 경험을 해보고 싶다는 생각을 하던 와중에, 공매로 나온 땅이 있어 손해만 안 보면 나중에 시도해보려고 대충 그려본 후 일단 사 놓은 땅이다. 아주 작지만 충분히 개발 가능하다. 큰 이득도 없겠지만 큰 실패도 없을 거 같다. 혹시 실패해도 손해날 게 별로 없다. 큰 손해가 아니라면 경험이 남는 것이니. 아쉬운 점은 주변이 좀 더 개발되면 더 좋을 텐데... 토지 이용이 극대화된 지역 부근에 이런 땅이 있다면 정말 좋은 땅인데 이 주변은 그렇지 못한 게 못내 아쉽다. 바로 주변에 있는 대장신도시가 좀 더 개발되면 지어서 매도해볼까 한다.

매도 대상은 2층(2층이 아니고 실제는 다락)에서 혼자 생활하면서 1층에서 작은 영업장을 하실 분. 이런 분이면 아주 저렴한 돈으로 모든 게 해결되니 관심을 갖지 않을까? 작은 돈으로 작지만 자기 집과 작업장을 해결하고 싶은 대상에게 아주 저렴하게 매도를 할 생각이다. 아래 사진에 보듯이 본 건 토지 바로 앞에 전신주가 있어 전신주 이설문제를 해결해야 한다. 간단히 얘기하면, 측량을 해서 내 땅 안에 있으면 한전이, 내 땅 밖에 있으면 자비로 이설해야 하며, 혹시 자비로 해도 크게 들어가진 않는다.

1층 평면도

대지면적 : 17m2
건물면적 : 9m2

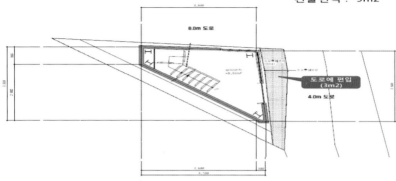

8.0m 도로

도로에 편입
(3m2)

4.0m 도로

2층 평면도

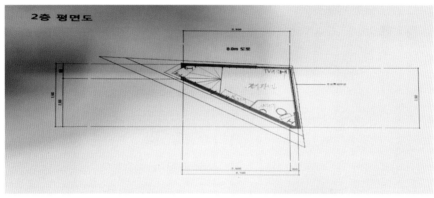

8.0m 도로

위의 조립식 건축물도 자투리땅에 건축된 대구의 예인데, 부천 건은 이런 식으로 지을 예정이다. 건물의 바탕색을 노란색이나 빨간색 등으로 전면 색칠하면 눈에 확 띄고, 건물 사이즈도 커 보인다. 물론 전화번호나 상호 등에는 노랑이나 빨강과 보색관계에 있는 색을 사용해 눈에 확 띄게 해주면 좋을 듯하다. 상가는 눈에 띄어야 한다. 접근성이 안 좋으면 가시성을 극대화해줘야 살아남는다.

05

상가가치 결정의 핵심 '건축설계' 이것만은 명심하라

상가가치 증대법 5

사례 검토

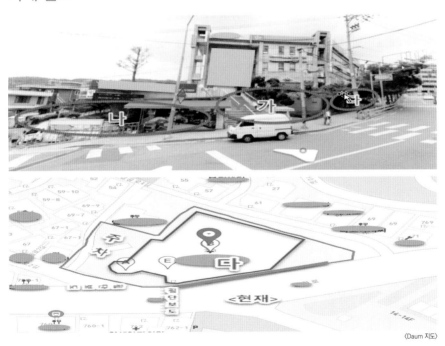

〈Daum 지도〉

참고 다음의 글은 독자들의 상가가치에 대한 이해를 돕기 위해 상가가치적 측면에서만 보는 얘기이니 그저 이런 생각도 있구나 정도로 이해하면 좋을 듯하다. 과거 건축 당시 본 건 토지나 건물의 특수성이 있어 현재와 같이 건축할 수밖에 없는 다른 사정이 있을 수도 있다.

위 그림 다) 부분은 도로 가드레일(초록색)로 막혀 있어서 주변 아파트 주민들이 접근하기가 사실상 힘들다. 가)와 나) 부분은 주변 주민들이 횡단보도를 이용하면 바로 건물이 들어서 있는 토지까지는 접근할 수 있으나, 그림에서 보듯이 건물이 뒤로 물러선 모양이며, 더욱이 가)부분을 자세히 보면 건물로 이끄는 계단이 오히려 장벽처럼 건물로의 진입을 가로막는 형국이다.

상가라면 사람들이 접근하기 쉽고 가시성이 좋아야 하는데 오히려 진입을 막고 있는 모양새이다. 게다가 토지의 모양 중 가장 효율적으로 이용되어야 할 횡단보도 부근의 토지가 상당히 비효율적으로 이용되고 있다. 즉, 가)의 계단이나 벽, 나)의 단층 상가와 주차장 진입로 등 상가의 부가 기능이 제일 비싼 토지 부분을 차지하고 있고 주된 기능은 사람들이 잘 가지 못하는 장소 쪽에 집중적으로 몰려 있는 모양새이다.

〈Daum 지도〉

따라서 위 그림과 같이 건물은 횡단보도 쪽으로 더 나오고 또한 횡단보도

쪽의 건물 전면이 더 길어져야 한다. 즉 아래 그림의 파란 선처럼 접근성과 가시성을 최대화할 수 있는 설계가 되어야 한다. 또한 가능하면 1층으로 접근할 때 계단이나 벽을 최소화하는 방안을 생각할 필요가 있다. 연구하면 접근성을 줄이는 좋은 방안들은 많다. 주차장은 가능하면 뒤 쪽에 배치하고 혹시 뒤쪽으로 진입로 확보가 힘들다면 전면으로 진입로를 만들되 그 폭을 최소화해야 한다. 진입은 앞으로, 진출은 뒤로하는 방법 등 횡단보도 쪽의 구매고객들이 많이 이용해야 할 장소는 가급적 상가로 사용할 수 있게 하고 뒤 쪽이나 지하를 주차장으로 이용하도록 건축설계 시 미리 고려해야 한다.

〈Daum 지도〉

이런 현상이 발생하는 근본 이유는 무엇일까?

토지의 특수성 때문에 그럴 수도 있고 건물주의 의도일 수도 있다. 가장 중요한 이유는 주택과 다른 상가의 특수성을 간과하기 때문이다. 즉 상가의 특성에 대한 이해가 부족한 상태에서 건축설계가 진행되는 경우이다. 건축사분들은 열심히 자신의 기량을 최대한 발휘하려고 노력하였음이 분명한데, 필자의 경험상 상가를 좀 안다고 하는 전문가조차 상가 관련 법규는 많이 알아도(물론 알아야 하고 알면 도움이야 되겠지만) 정말 꼭 알아야 할 분야인 상가가 치에 관한 것을 잘 모르거나 간과하는 경우를 많이 보았다. 그런데 상가입지 는 물론 상가의 가치까지 잘 알면서, 거기다가 구체적으로 월세를 최대한 받을 수 있는 상가건축 설계까지 다룰 줄 아는 상가 전문가가 과연 몇이나 될까?

상가 전문가조차 잘 모르고 있는 혹은 중요치 않다고 간과하고 있는 사항 을 건축 전문가인 건축사분들이 어떻게 잘 알 수 있을까? 필자의 책을 계기 로 상가 법규 분야에만 치우쳐 있는 기존의 상가 연구가 상가의 가치 분야로 확대되는 계기가 될 수 있기를 기원할 뿐이다.

상가건축 – 이것만은 명심하라.

앞에서도 언급했듯이 실제 상가건물이 지어지는 모습을 볼 때마다 건축학 적 관점에서만 접근하는 게 너무너무 안타깝다. 저렇게 건축하면 안 되는데, 상가는 주택과는 완전히 다른데, 보기에는 좋지만 저렇게 지으면 임대가도 훨씬 낮아지고, 결국 매매가에서도 수억 내지 수십억 손해 아닌 손해를 보 는데(실은 손해를 보는지도 전혀 모름), 참 안타까운 경우가 비일비재하다. 주택과 다른 상가의 특수성을 알지 못하니 그렇게 건축할 수밖에.

상가건물을 지을 때는 건축설계단계에서 상가의 가치를 볼 줄 알고 그 가 치를 증대시킬 줄 아는 전문가의 자문을 받는 게 좋다. 특히 비싼 자리에 짓 는 건물, 상가 위주로 짓는 대규모건물, 고저차가 심한 건물, 토지의 모양이 나 위치가 특이한 건물 등. 이런 건물들은 건축설계를 어떻게 하는가에 따 라 건물의 가치가 작게는 몇 억, 많게는 수십억 이상 차이가 난다. 설계단계 에서 건축사와 상가 전문가가 협의하여 상가건물에 맞게 미리 잘 설계하면 상가분양도 잘 되고, 임대료도 최대로 받을 수 있으며, 이에 따라 상가임대료를 기준으로 매매가가 정해지는 상가의 특성상 매도가도 최대로 받을 수 있다. 상가의 특수성을 모르면 자신도 모르게 수억에서 수십억을 손해 본다. 공사가 진행된 후에는 바꾸고 싶어도 바꿀 수가 없다.

이 점을 명심해야 한다. 상가는 '1층을 최대한 효율적으로 이용해야 한다'는 것을. 주택은 1층이 2층이나 3층 보다 더 나을 게 별로 없고 오히려 못 하지만, 제대로 된 상가의 경우는 1층 하나가 2층, 3층, 4층 모두를 합한 것 이상의 가치를 갖고 있음을.

이 말의 뜻을 이해한다면 당신은 상가투자에 대해선 이미 상당한 수준에 도달해 있음을 의미한다. 아직 무슨 말인지 잘은 모르는데 상가에 대해 아는 것은 많다면 그것은 투자의 핵심 내용은 전혀 모르는, 그저 현학적인, 잡다한 지식의 모래성을 쌓았을 뿐이다.

수도권 핵심 전철역 XX 부근 상가건물,
내가 건축주였다면

　다음은 하루 승하차 인원이 수만명인 핵심 전철역 바로 앞 한 블록 이내에 있는 상가건물 들이다. 필자가 보기에 '건축 단계에서 이렇게 설계가 되었다면 상가가치가 더 올랐을 텐데' 라고 생각하여 여기서 필자의 생각을 잠깐 소개하고자 한다. 다음은 필자의 짧은 소견이므로 반드시 옳다고 주장하는 게 아니라 기존과는 다른 방안도 있음을 제시할 뿐이다. 특히 필자는 오피스건물의 시각이 아니라 상가건물의 시각, 특히 가치증대의 시각에서 살펴본다는 점을 유의할 필요가 있다. 오피스건물은 상가건물과 다를 수 있다.

　건축할 수 있는 상가부지를 소유하고 있거나 혹은 후에 상가건축을 염두에 두고 있는 분들은 건축설계단계에서 다양한 안을 시도해 보고 상가의 가치를 최고로 올릴 수 있는 설계안을 찾기 바란다. 강조하고 싶은 건 어떻게 설계하느냐에 따라 건물가치가 수억에서 수십억 차이가 난다는 사실이다.

××은행 건물

　아래 건물은 어느 부분을 보완하면 상가가치가 더 좋아질까?

　일단 보도와 건물의 1층 높이가 맞지가 않다. 보도보다 대략 1미터(약 180mm×5계단

=0.9m) 정도 높아 보인다. 아래 그림의 옆 건물 3번처럼 1층은 가능한 한 보도에서 들어가기 편하게 이어져야 한다. 2번 해당 부분이 오히려 사람들(구매수요)의 진입을 막는 모양새이다. 즉 건물 자체가 대략 1m 정도 높게 지어져 있어 상가로의 접근이 편하지 않은 면이 아쉽다.(은행은 목적형 고객이 다수이므로 이런 특성을 반영해 일부러 이렇게 설계했을 수도 있다.)

또한 아래 그림처럼 샛길로 이어지는 1번 부분에 펜스와 조경이 설치되어 있는데(물론 조경 의무 충족을 위해 그랬겠지만), 이런 코너의 장점을 살리려면 이 조경은 다른 곳(뒤쪽)에서 해결하는 게 좋다. 그렇게 설계된다면 1번 부근의 접근성과 가시성이 개선되어 고객이 보다 접근하기 편하고, 눈에도 잘 띄었을 거라 생각한다.

쇼핑몰 건물

오래전 지어진 쇼핑몰들이 대체로 이런 형태가 많다. 상가의 가치를 좀 더 극대화하는 방법은 무엇일까?

　우선 옆 은행건물에서 얘기했듯이 일단 보도보다 1층이 너무 높다. 그리고 화살표 상의 화단 등의 존재가 사람은 절대 진입해서는 안 된다고 접근을 거부하는 듯하다. 이 부분을 옮기든지, 없애든지 하고 싶다. 화단은 조경설치 의무로 인해 반드시 설치해야 하지만 가능한 한 가치가 상대적으로 떨어지는 건물 뒤쪽이나 옆으로 설치해야 하고 건물 앞은 최대한 자제해야 한다.

　아래 그림의 화단 등의 문제 이외에도 A, B부분은 사거리 코너목인데 아쉽게도 벽으로 막혀 있다. 시멘트벽이 아니고 유리를 사용하여 개방감을 주면 접근성과 가시성이 좋아질 듯하다.

아래 그림의 A, B는 사람의 진입을 거부하는 장벽 역할을 하는 듯 보이며, C 부분은 헐어 접근성과 가시성을 확보하면 좋을 듯하다.

고저차가 심한 건물의 경우

아래 사진의 건물은 건물 앞과 뒤쪽의 고저차가 매우 심하다. 이런 경우 1층 상가를 어디로 기준으로 하는지가 매우 중요하다. 심한 고저차를 감안하면 현재의 건물도 상가로서 대체로 우수하다.

굳이 언급하자면 아래 그림에서 보이는 방향이 건물 전면이다. 측면이나 후면에 비해 상가가 많고 길이가 길기 때문이다. 1층의 기준(보행로에서 계단을 거치지 않고 오를 수 있는 곳)을 건물 전면으로 맞추어 건축설계를 했으면 더 좋지 않았을까 생각한다.(현재는 건물 옆면의 김밥집 부근에서 계단 없이 바로 진입할 수 있다.) 그렇게 되면 상가가 많고 전면이 넓은 쪽이 1층이

되므로 보다 많은 고객(구매수요)이 자연스레 편하게 1층을 이용할 수 있다. 단 건물 옆면의 편의점과 식당 부근은 약간 지하 비슷하게 되므로 보도에서 쉽게 진입할 수 없는 문제가 생긴다. 이 문제에 대해선 뒤에 언급하겠다.

1층의 기준을 건물 앞 보도로 설정하면 고객 진입을 막고 있는 아래 그림의 빨강선 박스로 표시한 부분은 없어지고 건물의 높이 기준점이 주위의 보행도로 수준으로 내려가 고객들이 건물 1층 상가로 자연스럽게 접근할 수 있다. 건물 전면이 제일 길고 상가도 많아서 상가의 가치가 상승한다.

이때 건물 옆쪽(편의점 쪽)은 보도보다 밑에 위치하게 되는데 이 부분을 해소하려면 건물 1층을 약간 들여 짓는 건 어떨까 하는 게 필자의 생각이다. 건물 1층을 몇 미터 들여 지음으로써(2층 이상은 지금과 같이 그대로) 편의점 등은 지하로 내려가는 게 아니라, 1층에 그대로 남게 된다. 보행도로에서 편의점으로 계단이나 슬로우프를 설치하는 등의 방법을 사용하면 정확히 1층의 가치 그대로는 아니지만 크게 훼손되지도 않는 수준으로 맞출 수 있지 않을까 생각한다.

즉 아래 그림처럼 1층 기준점이 보행도로 수준으로 내려가면 건물 정면은 좋아지나, 건축 옆면 즉 편의점 부근은 약간 지하화돼서 1층의 장점을 잃게 된다. 이 점을 보완하기 위해 화살표처럼 건물 옆면 즉 편의점 부근의 1층을 약간 안으로 들여 짓고 보도에서 1층으로 가는 계단이나 슬로우프를 설치하면 좋을 듯하다.

혹은 이런 방법도 있다. 아래 그림처럼 가)의 오른쪽과 왼편의 1층 기준점을 달리하면 (중간에는 계단 설치) 양쪽 다 1층이 되어 주위의 보행도로의 높이와 최대한 비슷하게 되므로 양쪽 다 고객(구매수요)이 접근하기 편하게 된다. 그림 상의 가) 오른쪽은 보도와 높이에서 차이가 있으나 건물 측면에 있는 편의점 등의 상가들은 주변 보행도로와 거의 비슷한 높이가 되어 고객이 불편 없이 상가에 접근할 수 있다. 즉 상가 한 칸 정도만 보행도로와 단차가 크고 다른 상가들은 보도에서 계단 없이 상가로 바로 접근 가능하다.

이런저런 생각을 하면 주변 보도의 높이와 맞출 수 있는 방법은 많다. 많은 고민을 해야 상가의 가치를 살릴 수 있다. 건축이 된 후에는 나중에 아무리 후회해도 수정이 불가능하다. 건축 설계단계에서 상가가치를 극대화할 수 있는 여러 안을 만들어 고민해 봐야 상가분양

도 잘되고, 최대의 임대수익을 얻을 수 있으며, 이에 따라 매매가도 최고로 받을 수 있는 상가 건물을 만들 수 있다. 고저차가 많은 건물, 규모가 큰 건물, 상가를 많이 넣어야 하는 건물, 주차장 부분이 문제가 되는 건물 등은 건축설계단계에서 상가의 특수성을 고려하는 것이 매우 중요하다. 특히 1층 상가를 어떻게 배치할 것인지, 얼마만 한 면적으로 설계할 것인지 등의 내용이 상가임대가, 상가매매가와 직결되어 있으므로 매우 중요하다.

   중요한 부분은 아니지만 위 그림의 김밥집 앞에 있는 턱이나 난간은 없애는 게 좋다. 고객의 접근에 장애가 된다. 건물 뒤쪽은 주차장 진입로이므로 차량 진입에 애로가 없게 하는 데만 집중하면 된다.

가장 아쉬운 숙박업소 건물

너무 아쉽다. 이 부분만 상가로 바꾸면 큰돈 안 들이고도, 건물 가격이 20억 정도는 오른다고 얘기해 주고 싶었는데, 남의 건물에 눈독 들이는 미친× 이랄까 봐 그냥 안타깝게 지켜만 보고 있었다. 그런데 최근에 리모델링하고 있다고 한다. 혹시 내 생각과 똑같나? 주인분이 상가를 볼 줄 아시나? 어떻게 바뀌나 궁금하여 현장에 가서 물어보니 그냥 현 상태의 리모델링이란다.

왜 묻느냐고 물어 "제가 상가를 좀 볼 줄 아는데, 이 부분만 상가로 만들면 건물 가격이 몇 십억 오를 거 같아서 혹시 그걸 아시고 이 부분을 상가로 짓나 해서요."라고 얘기하니, "주인이 알아서 하겠지요. 자기 재산인데."라고 한다. 맞긴 맞다. "자기 재산, 어떻게든 가치를 올리려 할 텐데, 안 하는 거 보면 가치가 안 오르니 안 하겠지."라고 생각하는 게 당연하다. 근데 몰라서 못하는 경우도 정말 많다. 알면 한다. 상가의 가치를 모르면 토지주 혹은 건물주는 절대 할 수가 없다.(현실에서는 영업이 너무 잘 돼서 상가를 통한 가치증대 방안에 별 관심이 없을 수도 있다.)

아래 그림의 빨간색 박스 부분을 헐어내고 상가로 들이면 건물 전면이 약 27m이므로 1층 주차장 부분의 약 10m 정도만 사용하면 전용 10평 상가 최소 4~5개가 가능할 수 있다.

정확한 사항은 전문가인 건축사분의 상담이 반드시 필요하나, 용적률에 조금 여유만 있다면 부설주차장 설치기준 상 숙박업소나 1, 2종 근린생활시설이나 모두 다 시설면적

134㎡당 1대로 같아서 큰돈 안 들이고, 해당 부분에 상가를 지을 수 있다. 그렇게 되면 대형 프랜차이즈에 임대를 주어도 되고, 아니면 상가를 4~5개 정도로 나누어 따로따로 임대를 주어도 된다.

필자의 생각으로는 주변을 감안했을 때 이 정도의 입지이면 전용 10평 상가 4~5개, 총 임대료로 대략 1,000만원 정도 받을 수 있을 듯하다. 건물 가치가 대략 최소 20억 이상 오른다는 얘기다.

현재 1층과 지하를 주차장으로 사용하고 있으니 큰 비용을 들이지 않고도, 현재의 이용 상태에 치명적인 문제를 야기하지 않고도 건물 가치를 20억 정도 늘릴 수 있다면 얼마나 매력적인 얘기인가! 상가의 입지와 그 가치를 알면,

설마 용적률을 다 채워지었을까? 핵심 입지는 아니니 조금 여유 있게 짓지 않았을까? 그러면 주차 여건이 해결되므로 건축물에 크게 손대지 않고도 해당 부분에 어느 정도의 상가를 지어도 되니 아주 좋을 텐데, 건축물대장을 떼어보니 정확한 시설면적은 알 수 없으나 주차 부분에 여유가 없어 보인다. 아쉽게도 현 건물을 그대로 두고 주차장의 일부를 상가로 변경하는 것은 쉽지 않을 듯하다. 건축 당시에 앞 부분을 다른 건물인 것처럼 디자인하면 위층의 영업에 피해가 가지 않으면서도 건물의 총 가치를 최대화할 수 있었을 텐데. 물론 2층으로 올라가는 출입문을 다른 쪽으로 이동할 필요는 있겠지만

위 그림처럼 사실상 한 건물이지만 상가와 숙박업소가 다른 건물인 것처럼 보이게 하기

위해 A와 B를 구분하는 경계를 두툼하게 만들고(파란색 부분) A와 B의 건축재료의 재질과 색상, 디자인 등을 달리해 준다. 그리고 A 부분에 있는 숙박업소의 출입구를 상가 A에서 먼 쪽인 C 부근으로 옮기면 더 좋을 듯하나, 이는 다른 여러 변수를 감안해야 하므로 하나의 안 일뿐이다.

  1층과 지하는 주로 주차장으로 쓰고 있는 듯한데, 건축 당시부터 A 해당 부분을 상가로 만들면 줄어드는 만큼의 주차장 면적은 숙박업소 쪽의 면적에서 줄이면 될 듯하다. 주차 여건이 아주 안 좋아지면 주차상황을 고려해가면서 상가 부분을 줄이면 된다. 아래 그림 처럼만 해도 실평수 10평 이상의 상가를 3개 정도는 만들 수 있고 이런 경우 건물가치의 상승은 최소 10억 이상 될 가능성이 높다. 숙박업소 쪽의 줄어드는 면적에 따른 가치 감소보다는 상가로 인한 가치상승이 훨씬 더 많을 것으로 판단한다.

지하층의 아쉬움

아래 그림처럼 지하층을 이용하기 위해서는 좌측의 출입구를 이용해야 한다. 지하층은 접근성도 나쁘고 가시성도 모두 안 좋다. 그런데 설계단계에서 가) 부분을 이렇게 만들었으면 어떨까?

즉 그림처럼 지하로 연결되는 출입문을 보도 쪽으로 내면 현재의 출입구보다 고객들이 자연스럽게 지하층을 1층처럼 이용할 수 있을 듯하다. 지하가 사실상 1층이 되어 고객 접근성과 가시성이 매우 좋아진다. 당연히 상가의 가치가 급상승함은 물론이다. 옆의 벽면 부분은 광고 간판 효과를 내도 되고, 아니면 조금 파서 해당 부분에 식탁이나 간편의자 등을 설치해 테라스처럼 사용해도 좋고

06

상가가치가 증가하면
매매가격도 급등한다

앞에서 살펴본 여러 가지의 상가가치 증대방법을 사용한다면 상가가치가 얼마나 오를까?

××역 최고 핵심 요지 부근 다이소의 경우

사례 중 ××역 최고 요지 부근에 위치한 다이소는 지하의 접근성과 가시성을 개선해 거의 1층과 비슷한 수준이 된 리모델링의 대표적 성공사례이다. 그 다이소의 임대가를 알기 위해 주변 공인중개사무소에 문의했다. 중

개소 사장님 얘기로는 임차인분이 주인과 직접 거래를 해서 알 수는 없고 또한 그전에는 지금만큼 넓지 않았는데 여러 개를 합해 다이소가 사용하는 것으로 바뀌어 정확히 알기는 힘들다고 한다. 다만, 그전의 경우처럼 건물 안으로 들어가는 구조와 지금처럼 밖에서 바로 진입할 때와는 임대료가 아무리 못해도 50% 이상은 차이가 날 거라고 한다. 필자는 최소 두 배 정도는 차이가 날 거라고 생각한다.

가령 전과 같이 빌딩 안을 통해서만 지하로 진입하는 경우에 임대료가 보증금 1억, 월세 500만원이라고 가정하면, 지금처럼 외부와의 접근성과 가시성이 좋아진 이후엔 주변 공인중개사무소 사장님 이야기로는 최소 월세가 750만원 이상, 필자의 생각으로는 1,000만원 이상으로 상승할 것으로 보인다. 필자의 생각은 배제하고 주변 공인중개사무소에서 얘기한 최소 50% 인상을 기준으로 매도가는 얼마나 상승했는지 계산해보자.

과거와 같이 접근성과 가시성이 극히 열악하였을 때 지하는 매매수익률을 매우 높게 주어야 매도가 가능하므로 8% 이상(솔직히 필자 생각으로는 10% 이상) 주어도 매도가 쉽지 않았을 것이다. 가령 보증금 1억 월세 500만원이라고 가정하고 매매수익률이 8% 라면 매도가는 8억 5천만원 정도로 추산되는데 접근성과 가시성이 좋아지며 임대료가 상승해 보증금 1억 월세가 750만원이 된다면 매매가는 12억 2,500만원으로 급상승한다. 임대료가 월 250만원 상승, 매매가는 약 4억원 상승한다.

(수익률에 따른 매매가 계산은 p275를 참고하기 바란다.)

그런데, 과연 이게 다일까?

이게 다가 아니다. 가치상승의 핵심은 매매수익률이 변화한다는 데 있다.

접근성과 가시성이 안 좋아 인기가 없던 지하의 경우는 매매수익률을 후하게 주어야만 매도가 가능하지만, 지금과 같이 거의 1층처럼 접근성과 가시성이 좋아지면 매매수익률이 낮아도 매도가 가능해진다. 즉 과거에는 매매수익률을 8% 이상 주어야 매도 가능성이 있었다면, 지금은 6% 정도면 충분히 매매 가능성이 있을 듯하다. 이 부근의 1층 좋은 자리는 4% 정도만 되어도 매도가 가능하다.

수익률 6%에 매도가 가능해진다면 매매가는 얼마일까? 주변 공인중개사무소 사장님 얘기대로 최소 50% 상승한 것으로 보아 보증금 1억 월세 750만원이라면 매매수익률 6%로 계산 시 매매가는 16억원, 필자의 의견대로 보증금 1억 월세 1,000만원이라면 매매수익률 6% 계산 시 매매가는 21억원. 과거에는 월세도 작고 매매수익률도 후하게 줘야 해서 매도가도 작아져 8억 5천만원 정도인데, 지금은 임대료의 상승은 물론 매매수익률도 변화하여 매매가도 16~21억원으로 급상승하게 된다.

임대료 상승은 50%밖에 안 되는데, 매매수익률이 변화함으로써 매매가는 50%만 상승하는 8억 5천만원이 아니고, 16~21억원 선에서 형성된다. 부동산 가치상승은 단순히 임대료의 상승에 그치는 게 아니라 매매수익률을 변화시켜 매매가를 급상승시킨다.

요약해보자. 가령 종전 임대료가 보증금 1억, 월세 500만원이라고 가정하면, 이때 예상 매도가는 지하의 특수성상 수익률을 후하게 주어야 매도가 가능하므로 8억 5천만원 수준인데, 접근성과 가시성이 좋아져 임대료가 50% 오른다고 가정하면(필자는 두 배 정도는 오를 수 있다고 본다. 다만 가치는 두 배 이상 올랐으나 임대료는 임대료 상한선 등으로 인해 바로 조정할 수 있는 게 아니다.), 임대료는 보증금 1억, 월세 750만원이 되며, 이때 예상 매도가는 12억 2,500만원이 아니고, 매매 수익률의 변화로 인해 16~21억원으로 급상승하게 된다.

이것이 주택과 다른 상가의 특수성이다. 접근성과 가시성의 개선 등과 같은 부동산 가치를 상승시키는 방법은 매매수익률에 변화를 줌으로써 매매가의 급상승이라는 마술을 보여준다. 상가를 제대로 아는 사람도 별로 없지만, 혹시 상가입지를 볼 줄 아는 상가 초고수라는 분들조차 이런 매매수익률의 변화에 따른 매매가의 급등락을 모르는 경우를 너무 많이 보았다.

상가의 가치와 가치의 증감에 대해 깊이 있게 생각하지 못하면, 상가가 다른 부동산 투자상품인 토지나 주택에 비해 어려울 수밖에 없다. 상가의 가치에 대해 정확히 알면 알수록 상가가 토지나 주택과 같은 다른 투자상품에 비해 비교할 수없이 쉽다고 말한 필자의 생각에 100% 동의할 것이다.

반대의 경우도 상정해보아야 한다. 지금의 다이소처럼 접근성과 가시성이 좋아 거의 1층 역할을 하는 지하가 어떤 불가피한 이유로 과거와 같이 건물 내로 들어가야만 접근할 수 있는 진짜 지하로 바뀌는 경우, 임대가의 변화는 물론 그에 따른 매매수익률의 변화, 그로 인한 매도가의 급락 가능성을 고려해야 한다. 상기 물건의 경우 집합건물의 특성상 다이소 계약기간이 끝나면 원 상태대로 원상복구가 행해져야 하는지도 모르고 그런 경우라면 혹시 지금의 상황을 염두에 두고 저 상가를 샀을 때 매우 큰 위기에 처해질 수도 있다.

××역 부근 숙박업소 중 일부를 상가로 바꿀 때 가치상승

앞에서 살펴본 '××역 상가건물, 내가 건축주였다면'편에 나오는 숙박업소의 일부를 상가로 바꾼다면 상가가치가 얼마나 상승하는지 살펴보자.

숙박업소의 빨간 박스 부분을 상가로 바꾸면 임대료를 얼마나 받을 수 있을까?

해당 편에서 필자의 생각에 전용 10평 상가 4~5개 정도면 약 1,000만원, 즉 10평당 200만원 정도 선에서 받을 수 있을 거라고 하였다. 해당 편을 쓴 지 한참 지나 필자의 생각을 확인하기 위해 해당 물건 주위의 임대가와 매매 가능한 수익률을 알아보았다. 주변 공인중개사무소를 방문해 물어보았다. "사장님, 저기 숙박업소 1층을 만약 상가로 바꿔 임대한다면 전용 10평 정도면 200만원은 받을 수 있을까요?" 사장님 왈 "최소 200이죠". 정확성을 높이기 위해 다른 공인중개사무소를 방문해 똑같이 질문했다. 거기 사장님 왈 "전용 10평이면 아마 300은 받을걸요" 필자의 예측이 거의 맞았다.

전용 10평 상가 4~5개를 만든다면 임대료는 약 1,000만원 이상일 것이고, 매매수익률이 6% 면 팔릴 수 있다고 하니(필자의 생각도 6% 수준 정도가 될 거라고 생각한다.) 매매가는 약 20억 정도 될 듯하다. 저 부분만 상가로 바꿀 수 있다면 부동산 가치가 20억 정도 상승하는 것이다. 물론 상가로 만들면 그만큼 숙박업소 면적이 줄어들 가능성이 높아서 가치가 하락하는 부분도 있는데 가치 상승분이 이를 상쇄하고도 많이 남을 듯하다.

포인트

가치상승은 임대료의 상승분만 아니라 매매수익률의 변화를 야기할 수 있고, 매매수익률의 변화는 부동산 가치의 변화, 즉 매매가격의 급등으로 귀결될 수 있다. 반대의 경우라면 상가가 喪家(상갓집)가 될 수도 있다.

상가매입 시, 이것만은 반드시 확인하자.

상가매입 시 큰 손해를 예방하려면 이 점만은 확인해봐야 한다.

제시받은 임대차 현황이 맞는지 확인하라.

소개받은 건물을 계약할 때는 계약 직전 반드시 임차인과 직접 만나 임대차 내역이 맞는지, 계속 임차하여 사용할 건지, 임대차 계약시점이나 만기시점은 언제인지 등, 공인중개사로부터 제시받은 사항과 맞는지 확인해야 한다.

참고로 계약 갱신 요구권과 관련해 2018년 10월 16일 개정 이후 새로 체결되거나 갱신된 계약만이 10년의 임대차 기간을 보장받으며, 2018년 10월 16일 이전에 체결한 임대차 계약은 5년의 임대차 기간을 보장받는다.(대법원2020. 11. 5. 선고2020 다241017 판결) 또한 임차인들의 원상복구에 관한 특약 유무를 확인하여야 한다.

임대차 내역의 진실성을 확인하라.

제시받은 임대차 내역이 맞는다면 이젠 임대차 내역이 주변 시세 대비 적정한지를 확인할 차례이다. 상가는 수익환산법으로 매매가가 결정되는 특성상 상가임대료가 과도하게 책정되어 있으면 매매가도 당연히 높아지므로 임대료 현황이 주변 시세 대비 어떤지 반드시 체크해봐야 한다. 개별 물건에 따라 다르겠으나, 주택과 달리 상가는 입지에 따른 임대료 차이가 심하므로 관심 물건 바로 옆 상가 이외에는 비교 대상이 되지 않을 수도 있다.

물건 주변의 과거의 매매가를 참고하고 싶을 때는 밸류맵, 디스코, 부동산플래닛 등의 사이트가 큰 도움이 될 수 있다. 과거의 거래내역 중 최근의 것 위주로 직접 가서 확인해보고 임대가 등도 조사하여 소개받은 물건과 비교해보는 것도 좋다. 그리고 수익률을 계산할 때는 대출액을 제외한 것으로 판단함이 기본이다. 대출을 낀 상태에서의 수익률은 당연히 높아질 수밖에 없어서 필히 대출을 제외한 상태에서의 수익률이 얼마나 되는지 확인해 봐야 하며, 임대료 계산 시 부가세가 포함된 것이지도 확인해야 한다. 부가세는 별도라고 생각함이 일반적이다.

건축물대장을 확인하여 위반 건축물 여부를 확인하라.

건축물대장을 발급받아 위반건축물 등재여부를 확인해야 한다. 위반건축물로 등재되었다면 이행강제금은 물론 임대가 어려울 수도 있다. 자유업종은 위반건축물이 있어도 임대가 가능하지만 비자유업종은 관할관청으로부터 허가증이 발급되지 않아 임대가 사실상 힘들 수 있다. 정부24(www.gov.kr) 홈페이지에서 무료로 열람 가능하다. 아래 그림에서 보면 건축물대장에 위반건축물로 표기되어 있고, 위반건축의 내용을 알 수 있다.

			일반건축물대장(갑)		위반건축물			(3쪽 중 제 1 쪽)
고유번호	4128510100-1		민원24접수번호	20200831 -	명칭	주건축물제1동	호수/가구수/세대수	0호/5가구/0세대
대지위치	경기도 고양시 일산동구 식사동			지번		도로명주소	경기도 고양시 일산동구 위서대	
※대지면적	276.2 ㎡	연면적	633.4 ㎡	※지역	제2종일반주거지역	※지구		※구역
건축면적	162.48 ㎡	용적률 산정용 연면적	633.4 ㎡	주구조	철근콘크리트구조	주용도	다가구주택, 제2종근린생활시설	층수 지하 0층/지상 5층
※건폐율	58.83 %	※용적률	229.33 %	높이	16.4 m	지붕	경사지붕	부속건축물 동 ㎡
※조경면적		※공개 공지·공간 면적		※건축선 후퇴면적		※건축선 후퇴거리		m

건축물 현황					소유자 현황			
구분	층별	구조	용도	면적(㎡)	성명(명칭) 주민(법인)등록번호 (부동산등기용등록번호)	주소	소유권 지분	변동일 변동원인
주1	1층	철근콘크리트구조	제2종근린생활시설(일반음식점)	103.6		경기도 고양시 일산동구 위서 53-9.		2013.11.20
주1	2층	철근콘크리트구조	제2종근린생활시설(사무소)	162.48			/	등기명의인표시변경
주1	3층	철근콘크리트구조	다가구주택	122.66				
주1	4층	철근콘크리트구조	다가구주택	122.66				

이 등(초)본은 건축물대장의 원본 내용과 틀림없음을 증명합니다.

건축물 현황이 건축물대장과 일치하는지 확인하라.

위반건축물이라는 표기가 없어도 실제 건축물대장상의 용도와 다르게 사용되고 있다면, 실제 현황은 위반건축물이므로 후에 문제가 될 수 있다. 건축물대장에는 용도가 근린생활시설로 되어 있는데 주택으로 사용하는 경우가 상당히 있다. 보통 상가입지가 안되는 곳이 주택으로의 불법 용도변경이 많다. 상가가 들어갈 자리가 아닌데 주차 요건이 한결 여유로운 상가로 일단 건축설계를 한 후 공실이 생기니 주택으로 불법적인 용도변경을 하는 경우이다. 이런 물건은 경매에서 수차례 유찰됨은 기본이다. 적발되면 이행 강제금까지 물게 된다.

주차장이 건축물대장상의 용도와 실제로는 다르게 사용되는 경우도 많다. 주차장을 무단으로 상가나 원룸으로 사용하고 이 부분까지 월세수입으로 잡아 매매가를 과대 포장하는 경우이다.

건축물대장상의 주차내역과 실제 주차 현황을 확인해야 한다. 건축물대장상에는 4대인데 실제로는 2대 밖에 없을 수 있다. 또한 각 층의 면적도 확인해야 한다. 가령 3층 이상은 일조권 사선제한으로 면적이 줄어들 수 있어 대장상으로는 3층 면적이 2층에 비해 작은데, 실제 현황에서는 두 층의 면적이 같다면 건축물대장상에 위반건축물로 등재가 되어 있지 않았다고 하더라도 나중에 문제가 될 수도 있다.

토지 용도지역을 확인하라.

토지이용규제시스템(luris.molit.go.kr)에서 토지이용계획확인원을 발급받아 용도지역이 무엇인지 꼭 확인해봐야 한다. 용도지역이 무엇인지에 따라 용적률에 차이가 발생해 토지가격에 영향을 미칠 수 있다. 아래 그림의 경우 일반상업지역으로 나오므로 건폐율은 60%, 용적률은 800%이다. 만약 자연녹지지역이라고 표기되어 있다면 건폐율은 20%, 용적률은 50%이므로 토지 가격에 차이가 나는 것이다.

또한 용도지역이 주거지역이면 일조권 사선제한을 받으므로, 정북방향의 인접 대지경계선으로부터의 거리에 따라 일정 높이 이하로 건축하여야 한다. 반면 상업지역은 일조권 제한이 없어 토지를 보다 효율적으로 이용할 수 있는 장점이 있다. 다만, 용도지역이 무엇이냐도 중요하지만, 필자의 경험상 상가는 용도지역보다 좋은 입지 여부가 훨씬 더 중요하다. 상가는 절대적으로 입지가 핵심이지 용도지역이 핵심이 아니다. 그럼에도 용도지역에 빠져 상가입지의 중요성을 간과하는 사람들을 많이 본다.

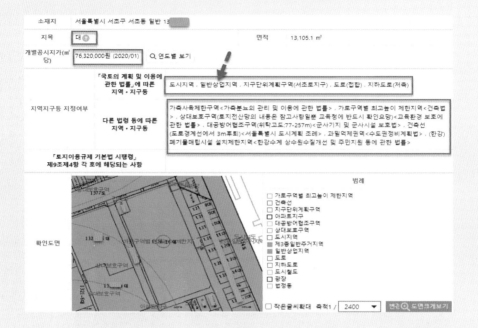

소재지	서울특별시 서초구 서초동 일반 13◯◯◯		
지목	대⊕	면적	13,105.1 m²
개별공시지가(m² 당)	76,320,000원 (2020/01) Q 연도별 보기		

지역지구등 지정여부	「국토의 계획 및 이용에 관한 법률」에 따른 지역·지구등	도시지역 , 일반상업지역 , 지구단위계획구역(서초로지구) , 도로(접합) , 지하도로(저촉)
	다른 법령 등에 따른 지역·지구등	가축사육제한구역<가축분뇨의 관리 및 이용에 관한 법률> , 가로구역별 최고높이 제한지역<건축법> , 상대보호구역(토지전산망의 내용은 참고사항일뿐 교육청에 반드시 확인요망)<교육환경 보호에 관한 법률> , 대공방어협조구역(위탁고도:77-257m)<군사기지 및 군사시설 보호법> , 건축선 (도로경계선에서 3m후퇴)<서울특별시 도시계획 조례> , 과밀억제권역<수도권정비계획법> , (한강)폐기물매립시설 설치제한지역<한강수계 상수원수질개선 및 주민지원 등에 관한 법률>
	「토지이용규제 기본법 시행령」 제9조제4항 각 호에 해당되는 사항	

확인도면

범례

☐ 가로구역별 최고높이 제한지역
☐ 건축선
☐ 지구단위계획구역
☐ 아파트지구
☐ 대공방어협조구역
☐ 상대보호구역
☐ 도시지역
☐ 제3종일반주거지역
☐ 일반상업지역
☐ 도로
☐ 지하도로
☐ 도시철도
☐ 광장
☐ 법정동

☐ 작은글씨확대   축척1/ 2400 ▼   변경 Q 도면크게보기

토지에 대한 제한사항을 확인하라.

토지에 대한 제한사항은 토지이용계획확인원을 보면 알 수 있다. 용도지역분만 아니라 도시계획이나 이용제한 등의 사항을 확인해봐야 한다. 혹시 도로에 저촉되어 있는지, 가로구역별 높이제한이 있는지, 지구단위계획 구역인지 등의 제한사항을 토지이용계획확인원의 지역지구 등 지정 여부 란에서 확인할 수 있다. 가령 지구단위계획구역으로 나와 있는 경우 관할 관청 도시계획과 등에 전화하면 그 내용을 알 수 있다. 위 그림에서 개별공시지가 밑에 있는 지역지구 등 지정 여부에 나타난 내용이 당해 토지에 관한 상세한 신상명세서이다.

도로를 확인하라.

건축이 가능하려면 4미터 이상의 도로와 접해야 하는데, 혹시 4미터가 안되면 건축 시 도로 부분으로 내 땅이 들어갈 수도 있으니 도로가 좁은 경우 4미터가 되는지 확인해봐야 한다.

기타 사항

① 등기부등본을 발급받아 권리관계에 특별한 문제가 없는지 확인해야 한다. 물론 이때 소유자 관계도 확인한다. 저당권 등 제한물권 관련 내용이 많으면 가격 흥정의 여지가 있다.

② 상가건물 내에 유흥업종이 있는 경우 취득세 중과세 대상이므로 구청 재산과나 세무과에 취득세 중과세 대상인지 문의해보는 것이 좋다.

③ 공실인 경우 영업장 폐쇄 여부와 사업장등록 말소 여부도 확인해 볼 필요가 있다. 말소가 되어 있지 않으면 나중에 영업하는데 애로가 있을 수 있으므로 미리 계약서에 특기한다. 불법영업으로 인한 행정처분 등이 있는지도 문의하고 관련 내용을 계약서에 특약사항으로 부기하는 것이 좋다.

④ 물건을 소개받을 당시에는 건축도면을 제출받을 가능성이 없지만 계약 성사단계에서는 계약에 건축물 도면을 제출받아 옥상부터 점검을 하는 게 좋다. 특히 10년 이상 된 건물의 경우에는 누수현상이 많이 발생하므로 이를 확인할 필요가 있다. 이때 건물 리모델링도 같이 염두에 두고 어떻게 바꿀 것인지 살펴보는 게 좋다.

상가(상가주택·상가건물·꼬마빌딩)매매 시 부가세가 발생한다. 매매 계약을 할 때에는 부가세가 별도인지 아닌지를 확인해야 한다. 부가세에 관한 조항이 없으면 나중에 매도자와 매수자 간에 문제가 발생할 수 있다. 부가세 별도라는 말이 없으면 보통의 경우에는 매매금액에 부가세가 포함된 것으로 본다. 매매계약서에 '건물 분 부가세 별도'라는 문구를 기재하면, 매도자가 건물분 매매가액의 10%(부가세율)를 포함한 세금계산서를 매수인 앞으로 발행하고, 이를 신고 납부한다는 의미이다. 따라서 매수인은 부가세를 포함한 금액까지 매도인에게 지급하여야 한다.

매수인이 일반과세자라면 매입세액 공제로 납부한 부가세를 환급받을 수 있다. 사업자가 없다면 매매 계약 후 20일 이내 세무서에 사업자 신고를 하여야 환급을 받을 수 있다. 매도인이 간이과세자인 경우에는 세금계산서를 발행할 수 없으므로 매수자에게 받아서 낼 수가 없다. 따라서 특약에 '부가세 별도' 표기가 불필요하다. 간이과세자라면 부가세는 매도인이 부담해야 하는 금액으로, 건물분에 대하여 3%를 납부해야 한다. 매도인이 비사업자(건물을 가지고 있지만 사업자등록증이 없는 경우)라면 부가세 문제는 발생하지 않는다.

또한 사업용 부동산의 양도가 포괄적 양도에 해당하면 재화의 공급으로 보지 않기 때문에 부가세 과세대상에서 제외된다. 따라서 납부와 환급 등과 같은 절차를 생략할 수 있다. 포괄양수도 계약이란 사업에 대한 모든 권리와 의무를 다른 사업자에게 승계시키는 것으로, 사업의 동질성은 유지하면서 사업자 명의만 변경되는 것이다.

부가세 포괄양도양수를 하려면 매도자와 매수자가 사업자등록이 있어야 한다. 매도자가 일반과세자이면 매수자도 일반과세자 이어야 하고, 매도자가 간이과세자일 경우에는 매수자는 간이과세자 또는 일반과세자 둘 다 가능하다. 포괄양도양수 특약 사항에 이런 내용을 담으면 된다. "본 계약은 포괄양도양수 계약으로 하며, 사업에 관한 권리와 의무를 포괄적으로 승계하며 양도 양수한다. 포괄양도양수 계약으로 인정되지 않을 경우에는 부가 가치세는 매매대금과 별도로 한다."

매수자는 사업개시일(양수일)로부터 20일 이내 사업자 등록을 해야 하고, 매도자의 폐업 신고는 양도일이 속하는 달의 말일로부터 25일 이내에 해야 한다. 세무분야는 전문 분야이므로 매도 매수 시 세무사의 도움을 받아 진행할 필요가 있다.

| 손오공 | 상가·빌딩 투자는 손오공의 5L2V가 답이다 | 5L2V |

- '좋은 입지' 분석법 **5L** 거시동선 상의 입지, 주동선 상의 입지,
  좋은 접근성과 가시성, 큰 구매수요, 적은 상가공급
- '좋은 가격' 분석법 **2V** 상가가치 분석법, 상가가치 증대법

4부

상가·꼬마빌딩 투자 실전편

매력적인 수익을 실현한

나의 실전 상가투자 경험기

아래의 모든 투자 물건은 필자 본인이 혼자서 직접 선정한 물건으로서, 물건 선정의 기준은 두 가지다. 제1의 기준은 입지의 우수성 여부(즉 상가로서 좋은 물건인가 여부), 제2의 기준은 가치의 우수성(즉 싸게 사서 남길 수 있는가 하는 점) 여부이다. 물건 선정은 전적으로 본인 혼자 결정했으나, 투자 진행은 본인 단독으로 한 경우도 있고 본인 포함한 수인(친인척 혹은 지인)이 공동으로 진행한 경우도 있다.

필자는 13년간의 상가투자에서 단 한 번도 실패한 적이 없으며, 언제나 큰 성공을 거두었다. 투자 성공의 가장 중요한 요인은 좋은 입지의 상가를, 좋은 가격에 샀기 때문이다. 사례 모두가 그 지구(동네)에서 상당히 좋은 입지였고, 허름하여 남들은 가치를 모르거나 혹시 알아도 관심이 없는 것을 매우 저렴하게 샀다는 공통점이 있다.

상가투자를 안정적으로 하면서도 큰 성공을 거두기 위해서는 '좋은 입지'를, '좋은 가격(싼 가격)'에 사는 것이 중요하다. 그렇지 않고 입지가 안 좋은 것을 사서 혹시 많이 남았다고 하여도, 혹은 좋은 입지를 비싸게 사서 혹시 남았다고 하여도 그런 행운은 오래가지 못한다. '좋은 입지'를 '좋은 가격' 즉 싸게 사서 여유 있게 기다릴 줄 아는 것이 상가투자 성공의 핵심이다.

01

유치권 미리 합의하고
낙찰 잔금을 내다

나의 상가투자 첫 사례

- 2008타경610× 물건번호× 경기도 파주시 금촌2동 98×-× ×××××× ×××호
- 주동선 상의 입지, 매우 좋은 가시성, 큰 구매수요, 좋은 가격
- 매입일 : 2009년6월
- 매입가 : 17,433만원

이 물건이 필자의 상가 직접 투자 첫 시작을 알리는 물건이다.

2006년부터 주택투자를 재미있게 하고 있었는데, 리먼브라더스 사태 이후 냉각기가 계속되었다. 한동안 쉬다가 주택투자의 시대는 당분간 오지 않을 듯하여 상가로 눈을 돌리게 되었는데 그 주요 원인은 이 책의 서문에서도 밝혔듯이 부모님이 1973년 이후 항상 상가주택을 임대하고 계셔서 상가임대는 필자에겐 매우 익숙한 분야였기 때문이다. 수십 년을 옆에서 보아왔기에 꽤 자신 있었지만 그래도 직접 투자를 시작할 때는 다소 두려움도 있었고 처음 몇 건의 투자 성공 여부가 롱런에 매우 큰 영향을 미

칠 수 있다는 생각에 신중을 기했다. 특히 상가투자 첫 건은 반드시 성공하여야 한다고 생각해 입지가 우수하면서도 안정적인 물건, 그러면서도 매우 저렴한 물건, 혹시 예상과 달라도 손해가 나지 않을 물건을 찾고 또 찾았다.

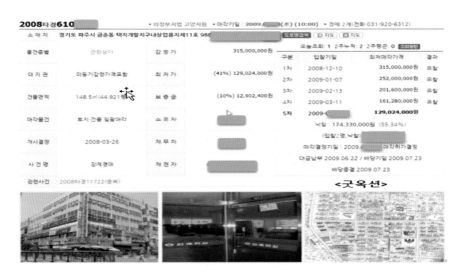

본 건도 위 조건에 부합하는 물건 중 하나로 계속 염두에 두고 있었다. 하지만 다른 일로 잠깐 잊고 있었는데 우연히 재테크 카페 동료 등과 파주 부근을 지나오다 갑자기 떠올라 차 안에서 이 물건 이야기를 하게 되었다. 같이 할 생각이 있으면 참여하라고 얘기하니 차에 같이 타고 있던 5인 중 4인이 동참하겠다고 하여 공동으로 진행하게 된 물건이다. 원래는 나 혼자 혹은 당시 친하게 지내던 동료하고만 진행하려던 건이었는데 차를 같이 타고 파주 쪽을 지나오다 불현듯 생각난 것을 계기로 여러 명과 같이 하게 된, 파주 쪽을 지나지 않았으면 놓칠 수도 있었던 물건이었다. 이 물건을 계기로 평소 상가입지와 상가가치를 매우 중시하는 필자의 생각이 틀리지 않았음을 확인하였고, 이후에도 거의 같은 눈으로 투자 물건을 선정하게 된다.

필자가 이 물건을 상가투자 첫 물건으로 선정한 계기는 크게 두 가지다.

하나는 다소 높은 층에 위치해 있지만 입지적으로 아주 좋은 자리라는 것이다. 입지적 우수성은 그림을 보면서 후술하겠다. 둘째는 이 물건은 상가가치에 비해 굉장히 저렴하다. 물론 유치권이 걸려 있어서 이 문제를 어떻게 푸느냐가 관건이었는데, 유치권 관련 내용과 진행과정을 비교적 소상히 알고 있어서 막연한 입장은 아니었다. 왜냐하면 일 년 전인 2008년 초 이미 이 상가의 6층이 낙찰되었는데 낙찰자가 앞에서 언급한 재테크 카페의 회원으로 상당한 경매 고수였으며, 유치권자와 유치권 소송을 진행하고 있었던 터라 유치권의 현황과 진행상황을 들을 수 있었다. 필자도 각종 자료를 근거로 판단했을 때 경매고수분의 승소가 매우 높다고 생각했으나, 필자는 다툼이 있는 것을 굉장히 꺼려하는 성격이라 단기간에 협상이 안되면 굳이 일면식도 없는 사람과 소송으로 일합을 겨루고 싶지는 않았다.

또한 이 물건의 비용 대비 수익을 미리 시뮬레이션해 본 바, 유치권 소송에서 이긴다 해도 상당한 시간이 흐른 이후라면 수익 면에서 성공하지 못할 가능성이 높고, 그렇다면 굳이 이 물건에 집착할 필요 없이 다른 물건을 찾는 게 낫다고 판단했다. 따라서 유치권자와 물건 입찰일 전 적당한 선에서 합의 가능성이 있으면, 즉 유치권 비용을 지불하고도 많이 남을 가능성이 있으면 입찰하고 합의 가능성이 없으면 입찰을 하지 않는다는 계획 아래 협상을 진행하였다.

협상은 물건을 선정한 필자와 필자의 동료 중 1명, 둘이서 주도적으로 진행하여 총 6~7회 정도 만난 것으로 기억한다.

유치권자는 성격이 원만했던 분으로 기억하는데, 특이한 것은 협상을 위해 만날 때마다 항상 조직(?)의 세계에 몸담은 분들과 동석하였다. 유치권 협상을 위해 모인 자리에서, 아는 사람이 있는데 식사 같이해도 되는지 물어 "그렇게 하시지요." 하면 같이 합석하는 식이었는데, 합석한 분들이 ××파 부두목이거나 예전 신문에서 읽은 적이 있던 ×××× 나이트 사건 ××대장, 싸움으로 인해 다섯 손가락 중 몇 개가 없는 분 등이었다, 태어나서 한 번도 본 적 없고 상상할 수도 없었던 다른 세계의 얘기를 듣곤 했는데 특별히 위협을 받은 적은 한 번도 없었다.

이런 진행상황을 공투 진행자들에게 얘기하니 한 명은 계속해도 괜찮은 건지 두려움을 나타내어, 별문제 될 게 없다고 다독인 적도 있다. 주고도 많이 남으면 하는 것이고 주고 남을 게 없다면 협상을 끝내면 되는 것이니 두려움을 가질 이유가 전혀 없었고 매우 단순했다. 협상이 최종 타결된 날 처음으로 물건 공투자 모두와 유치권자가 처음으로 만났다. 2,000만원대에서 협상이 타결됐던 것으로 생각했는데, 책을 쓰려고 자료를 찾아보니 3,200만원인 것으로 보인다. 역시 기억은 왜곡되기 쉽다. 32,00만원에 합의를 보고 유치권 권리 취하서 및 유치권 포기, 항고권 포기각서 등을 제출받아 잔금일 대출을 진행하는데 이상이 없도록 하였다. 낙찰가는 1억 7,433만원, 취득비와 유치권 비용 등 약 4,200만원, 총 2억 1,633만원이 들었는데, 잔금대출이 1억 5,600만원, 후에 임대보증금으로 2,000만원 등이 회수되어 결과적으로 순수 투입금은 약 4,033만원 정도이다.

주변 공인중개사무소에서는 장기간 공실이었고 고층이며, 임대가가 너무 비싸다고 하며, 임대를 놓기 힘들 거 같다는 얘기가 대세였다. 하지만 나의 판단으로는 본 물건은 코너목이라서 가시성이 너무 좋았고, 본 물건 주변의 커다란 구매수요와 이들 구매수요의 주요한 흐름(주동선)이 본 물건이 있는 건물로 향하고 있었다. 그리고 시세에 비해 워낙 싸게 구입해서, 여유 있게 기다리면 임대 놓는 데는 별문제가 없다고 생각했다.

상가투자로는 사실상 첫 물건이지만 필자는 부모님 옆에서 36년이라는 긴 세월 동안 상가임대를 지켜본 경험이 있어서 크게 걱정하지는 않았다.

지금처럼 좋은 상가의 구비조건인 "좋은 입지조건 5가지, 좋은 가격"이 핵심이라고 명확히 설정하지는 않았지만, 그 당시에도 분명히 본 물건 주변에 큰 구매수요가 존재하는지(구매수요), 이들이 본 상가를 주로 이용하는지(주동선), 이 상가의 접근성과 가시성이 좋은지(접근성과 가시성), 가격이 저렴한지(좋은 가격)에 대해 끊임없이 질문했던 것을 생생히 기억한다. 지금과 다른 게 있다면 그 당시에는 거시동선에 대해 지금처럼 명확히, 구체적으로는 생각하지 않았다는 점이 차이가 나는 정도이다. 36년 동안의 간접경험에서 자연스레 입지 보는 법과 가치 판단의 중요성을 배운 것 같다.

이 정도로 좋은 물건이 힘들면 할 만한 게 없다고 생각했다. 잔금 치른 후 약 두 달 후에 우리나라 굴지의 교육업체에서 아주 마음에 들어 하며 임대차 계약(보증금 2,000만원 월세 240만원)을 하게 된다. 임대차계약이 이뤄진 후 용도변경과 관련해 문제가 발생하는데, 별문제 없이 임차인이 해결한 것으로 기억한다. 내 기억으로 원래 본 물건은 근생인데, 근생으로 할 수 있는 학원(교습소) 면적이 꽉 차서 교육시설로 용도변경을 하는 문제가 발생했는데, 임차인이 이 물건을 워낙 맘에 들어 해 자신들이 알아서 한 것으로 기억한다.

지금이야 세부적인 내용에 대해서도 상당한 지식을 가지고 있지만 그때는 상가투자 초보라 세부사항에 대해 대비가 되어 있지 않았다. 필자가 이 책에서 상가임대인인 상가투자자는 상가임차인이나 상가중개인과는 입장이 많이 다르다고 하였다. 필자가 상가투자에서 언제나 크게 성공한 것은 잡다한 상가투자 세부사항을 남보다 많이 알아서 가 아니다. 투자의 핵심은 상가법규나 특수한 세부사항을 많이 아는 것이 아니다. 좋은 상가 자리를 알아보는 법과 좋은 상가 자리를 싸게 사는 것이 핵심이다.

여하튼 교육 대기업 직영점이 임차하여 매도 당시까지 계속 영업을 잘 하고 있던 물건이다. 매도는 공투자 중 일인(매입 당시 유치권을 주도적으로 풀던 2인 이외)이 전담하였다. 좋은 물건이었지만 매수의향자가 많지 않아 매도기간이 생각보다 길었다. 매도 기간도 길고 매도 관련 상담을 혼자 담당하여야 하는 특성상 매도를 담당하던 공투자도 많이 힘들었을 것이다.

사람들의 고정관념 중 하나가 1층 상가를 고집한다는 것이다. 물론 다른 층보다는 1층이 훨씬 좋지만 더 중요한 것을 놓치고 있다. 안 좋은 입지의 1층보다는 핵심 입지 5층 코너목이 훨씬 좋다. 물론 핵심 입지 1층 코너목은 당연히 더 좋지만, 그래서 상가입지 보는 법을 알아야 한다. 또한 거품이 낀 입지나 가치보다 제값을 받지 못하는 입지를 찾아내려면, 상가가치 보는 법을 알아야 한다. 명심하라. 투자의 성패는 '좋은 입지'를, and '좋은 가격'에 사야 한다는 것을.

이제 본 물건과 관련해 입지의 우수성을 간단하게나마 살펴보자.

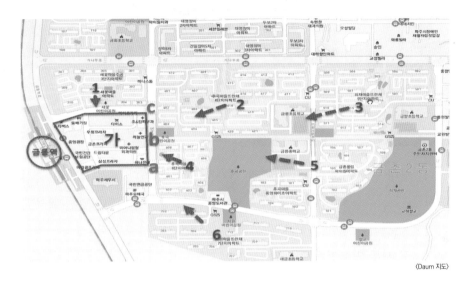

〈Daum 지도〉

본 상가가 포함된 가) 상업지역은 주위 약 1만 세대가 제일 많이 이용하는 상가들이 밀집한 곳이다. 위 그림의 번호 1~6은 약 6천 세대가 밀집한 아파트단지(주변 전체는 약 1만 세대)로 화살표는 이들이 가)의 상업지역을 이용할 경우 이동의 큰 흐름(방향)을 나타낸 것이다. 약 6천 세대인 2~6의 구매수요는 가)를 이용하기 위해 a) b) c) 중 어느 동선을 주로 이용하여 상업지역인 가)를 이용할까? 특별한 이유가 없다면 당연히 최단거리 원칙상 b)를 가장 많이 이용할 가능성이 높다.

아래 그림처럼 b)는 2, 3, 4, 5의 구매수요가 가장 가깝게 가)의 중심상업지역으로 이동하는 통로일 뿐만 아니라, 신호등이나 자동차 등의 제약 없이 보행자 전용으로 안전히 이용할 수 있어서 당연히 2, 3, 4, 5라는 6,000세대의 주동선이 된다. 반면 c)나 a)는 그림과 같이 신호등과 차도 등으로 인한 제약이 있다.

  6천 세대의 주동선일뿐만 아니라 가시성도 너무 좋다. 6천 세대가 중심 상가로 가는 주동선 상에서 볼 때 눈에 확 띈다. 당시 임차인이었던 교육대기업××도 이런 점에 강하게 주목하여 용도변경의 애로점(화장실 공사)에도 불구하고 선뜻 임차인이 되었던 것이다.

정리하면 13년 전의 아득히 오래된 투자 물건이지만 본 건은 필자의 투자성향을 아주 잘 대변해 주는 물건이다.

필자가 매우 중시하는 '큰 구매수요, 구매수요의 주동선, 매우 좋은 가시성, 저렴한 가격'이 모두를 어느 정도는 만족시키는 물건이다.

거시동선 상에서도 별문제가 없고, 5층이라는 단점으로 접근성이 약간 빠지나 엘리베이터를 이용하면 접근성에서도 크게 문제가 되지는 않는다. 사실 이런 물건은 매월 쏠쏠한 알을 낳는 화수분이므로 매도할 필요가 없으나 그래도 공투물건은 깔끔하게, 그리고 가급적 빨리빨리 정리하는 것이 서로를 위해 좋다. 칼같이 원칙을 지켜도 길어지면 초기의 고마움도 잊고 초심도 잃어 잡음이 생길 수밖에 없다.

매입일 : 2009년 6월, 공실 약 2개월, 매도일 : 2012년 4월, 매도가 : 25,000만원

(단위 : 만원)

감정가	낙찰가	유치권 해결비용	취득비용	총 취득가액	대출	임대 보증금
31,500	17,433	3,200	1,000	21,633	15,600	2,000

주) 취득비용 및 총 취득가액은 대략적인 금액임.

월세	월대출 이자	월수입	연간월세 실수입액	실투자금	실투자금 대비 연간 월세수익률	시장수익률 (보통 통용 되는 수익률)
240	86	154	1,848	4,033	45.8%	15.4%

주) 시장 수익률 = (월세수입×12개월)/(매매가 혹은 낙찰가 - 보증금)
- 이 건의 경우 유치권 해결 비용이 있으므로 시장수익률계산 시 낙찰가 혹은 매매가는 유치권 비용까지 포함하여 계산하는 것이 타당하다

02

첫 사례처럼 마법의
수익을 계속 이어가다

상가투자 두 번째~네 번째 사례

지면 관계상 두 번째, 세 번째, 네 번째 사례는 매입가 내역, 임대내역, 매도내역을 간단히 올린다. 조금의 과장도 없는 사실이다. 필자가 중시하는 100전 100승의 상가투자 필승 조건에 대체로 부합하는 물건들이다. 각각의 물건은 지역은 서로 다르지만 매우 유사한 공통점이 있다.

특히 '주동선 상의 입지, 좋은 접근성과 가시성, 큰 구매수요, 좋은 가격'의 측면에서 그러하다.

필자의 상가 물건 보는 시각이 일관되게 유지되고 있음을 알 수 있다.

(필자는 안정성을 매우 중시하는 성향이 있어, 중심상가나 유흥상가 등 주로 유동인구에 기반을 둔 상가는 근린상가에 비해 그다지 좋아하지는 않는다. 하지만 입지가 상당히 좋고 매우 좋은 가격(싼 가격)인 경우라면 당연히 검토 가능하다.)

- 상가투자 두 번째 사례 : 2009-×××××-001

  서울시 강서구××동×××× 상가동×××호
- 안정적인 아파트 단지내상가로 코너목
- 주동선 상의 입지, 우수한 접근성과 가시성, 큰 구매수요, 좋은 가격

매입일 : 2010년 ×월, 매도일 : 2015년 1월, 매도가 : 4억 5,300만원

(단위 : 만원)

감정가	낙찰가	취득경비	총 취득가액	임대 보증금	월세	공실
64,000	34,200	1,800	36,000	3,500	235	1개월

주) 취득비용은 대략적인 금액임.

월세	월대출 이자	월수입	연간월세 실수입액	실투자금	실투자금 대비 연간 월세수익률	시장수익률 (보통 통용 되는 수익률)
29,300	110	125	1,500	3,200	46.9%	9.2%

주) 시장 수익률 = (월세수입×12개월)/(매매가 혹은 낙찰가 - 보증금)

- 상가투자 세 번째 사례 : 2010타경7×××

  경기도 고양시××구××동 ××× ×××호
- ××시장 코너목 상가
- 주동선 상의 입지, 매우 좋은 가시성, 큰 구매수요, 좋은 가격

매입일 : 2011년 ×월, 공실 2개월, 매도일 : 2013년 4월, 매도가 : 3억 8,500만원

(단위 : 만원)

감정가	낙찰가	취득경비	총 취득가액	임대 보증금	월세	공실
47,000	31,100	약 1,500	32,500	2,500	230	2개월

월세	월대출 이자	월수입	연간월세 실수입액	실투자금	실투자금 대비 연간 월세수익률	시장수익률 (보통 통용 되는 수익률)
27,300	약 120	약 110	1,320	2,900	45.5%	9.7%

- 상가투자 네 번째 사례 : 2011타경1××××(×)
  서울시 동대문구××동×××-×× ×××호
- 대단지 아파트 출입구 바로 앞 코너목 상가
- 주동선 상의 입지, 매우 좋은 접근성과 가시성, 큰 구매수요, 좋은 가격

매입일 : 2012년 ×월, 매도일 : 2014년 6월, 매도가 : 2억 6,900만원

(단위 : 만원)

감정가	낙찰가	취득경비	총 취득가액	임대 보증금	월세	공실
34,000	21,100	약 1,100	22,100	500	150	0개월

월세	월대출 이자	월수입	연간월세 실수입액	실투자금	실투자금 대비 연간 월세수익률	시장수익률 (보통 통용 되는 수익률)
19,000	약 79	약 71	852	2,600	32.8%	8.8%

03

파출소를 낙찰받고
전면 리모델링하다

- 2009-020××-001 서울 성북구 하월곡동 96-××
- 주동선 상의 입지, 매우 좋은 접근성과 가시성, 웬만한 구매수요, 좋은 가격
- 매입일 : 2015년8월, 감정가 : 2,650만원
- 매입가 : 16,124만원

물건관리번호 : 2009-020▮▮-883 　　　　物건상태 : 낙찰　공고일자 : 2015-06-08　조회수 : 1307

[상가용및업무용건물 / 기타상가용및업무용]
서울 성북구 하월곡동 96-▮

[일반공고] [매각] [인터넷] [국유재산(캠코)] [일반경쟁] [최고가방식] [총액]

처분방식 / 자산구분	매각 / 국유재산(캠코)
용도	기타상가용및업무용
면적	토지 - / 건물 120.81 m²
최초예정가액 ❓	26,500,000원
감정평가금액 ❓	26,500,000원
입찰방식	일반경쟁(최고가방식) / 총액
입찰기간 (회차/차수)	2015-06-15 10:00 ~ 2015-06-16 18:00 (021/001)
유찰횟수/입찰진행횟수	0 회 / 1 회
집행기관	한국자산관리공사
담당자정보	서울국유재산부 / 1588-5321

[📷 사진] [📷 360°] [🗺 지도] [📍 지적도]
[📍 위치도] [📋 감정평가서] [📋 현황조사서]

[입찰유형]
- ☑ 전자보증서가능
- ☐ 2회 이상 입찰가능
- ☐ 2인 미만 유찰여부
- ☑ 공동입찰가능
- ☑ 대리입찰가능
- ☐ 차순위 매수신청가능

최저입찰가(예정금액)　　**26,500,000원**

이 번 물건은 앞에서 언급했던 물건들과는 달리 굉장히 새로운 부분이 많은 물건이라서 상세히 소개한다. 겉보기에는 파출소를 리모델링해서 수익을 얻은 단순한 물건으로 볼 수 있으나 훨씬 더 많은 논점이 숨겨져 있다. 이 물건과 관련한 논점이 무엇이 있을까? 필자의 설명을 보기 전에 미리 생각해 보시라.

이 물건 입찰 즈음 필자는 리모델링을 진행해보고 싶었는데 파출소가 공매로 나왔다.

살펴보니 최고는 아니지만 동네의 핵심 입지이다. 주택으로서는 별로인데 상가로서는 아주 쓸 만한 물건이다. 눈에 확 띄게 리모델링해 놓으면 임대나 매각에서 전혀 문제가 되지 않을 것이라고 자신했다. 혹시 최악의 경우에는 이곳에 맞는 업종(가령 호프집)으로 직접 개업해야겠다고 생각했다. 술집이 굉장히 잘 될 거라고 예상은 했지만 장사는 필자와 맞지 않음을 잘 알아서 웬만하면 임대 놓고 임차인에게 매각하거나 혹은 바로 매각하는 방법 등을 우선 생각했다.

다만 지금 현재의 건물 모습으로는 마을의 핵심 입지 상가로서의 제 가치를 발휘할 수가 없었다.

개방감을 주어 접근성과 가시성을 높여 주어야겠다고 생각하고 도면을 수십 장 그려봤다. 어떻게 고쳤을 때 상가로서 최고의 기능을 할 수 있을까? 저 건물이 동네의 중심이 되게 하는 방법은 무얼까? 어떻게 하면 동네 사람 모두가 저 건물 옥상에 앉아 마을을 보며 한잔하고 싶다고 생각하게 할 수 있을까?

사실 주택은 건축사가 해당 분야 전문가이므로 가장 좋은 도면을 그릴 수 있다. 그런데 상가도 과연 그럴까? 상가는 진짜 상가 전문가가 아니면, 가장 관련성 있는 전문가인 공인중개사분들도 잘 모른다. 건축사분들은 건축에 관해서는 당연히 최고의 전문가이지만 상가 전문가는 아니다. 상가는 특수성이 강해 극소수의 상가 전문가만이 안다. 그런데 상가입지는 물론 상가의 가치까지 잘 알면서, 거기다가 월세를 최대한 받을 수 있는 상가건축 설계까지 할 줄 아는 상가 전문가가 과연 몇이나 될까?

상가의 특수성을 제대로 이해하고 상가 밑그림을 그릴 줄 알아야 월세를 최고로 받을 수 있고 그에 따라 매도가를 최대한 받을 수 있다. 만약 본 건을 주택으로 임대 놓고 매도했을 때, 그리고 적당히 페인트만 칠하고 상가 임대를 놓았을 때와 접근성과 가시성을 최대화한 후 상가를 놓고 임대료를 받다가 10년 후쯤 매각했을 때를 비교하면 총 임대료와 매각가의 합이 얼마나 차이가 날까?

아무리 작게 잡아도 최소 몇 배 차이가 날 것이다. 본 건을 낙찰받고 주변 공인중개사무소에 임대가나 매매가가 얼마나 될까 타진했을 때 보이던 한

결같은 극도의 회의적 반응들, 하지만 필자는 100% 자신 있었음을 생생히 기억한다.

본 건은 기존에 있는 건물을 그대로 놓아둔 채 단순히 부분 손질하는 수준이다. 그럼에도 이렇게 대혁신이 일어났는데,,, 맨땅에 그것도 대지가 이상하게 생겼다던가, 지대가 높다던가, 땅값이 매우 비싸 상가를 효율적으로 배치해야 하는 경우 등과 같이 특수한 경우, 상가를 어떻게 배치하는가에 따라 적게는 수억 많게는 수십억 차이가 나는 건 지극히 당연하지 않을까?

우선 입찰가와 관련해 살펴보자.

건물만 매각되며 토지는 구유지 즉 구청 소유. 구유지 관련 사항은 나중에 매도와 관련이 있어서 후술하겠다. 감정가는 2,650만원, 공매 입찰가를 얼마 쓰느냐가 관건이었다. 건물 자체의 가격이야 2,650만원이 될 수도 있고 조금 더 될 수도 있겠지만, 건물이 들어서 있는 입지가 동네의 핵심 입지이다. 주택으로서는 쓸모가 없지만 상가로 바꾸면 너무 좋다. 당연히 구미가 당긴다.

이 즈음 상가투자를 꽤 해봤고 항상 엄청난 성공을 거두고 있었지만 점점 큰 위험 없이 투자할 만한 물건이 줄어들고 있음을 느끼고 있었다.(사실 물건이야 많지만 필자는 잘 안 풀려도 손해는 없고, 일반적인 경우라면 엄청난 수익이 기대되는 경우에만 입찰을 하는 성향이 있다.) 따라서 새로운 분야인 리모델링을 경험해 보고 싶다는 생각이 상당히 컸을 때였다. 바로 그때 본 건이 나타났고 리모델링하기에는 적격의 물건이라는 판단이 섰다. 꽤 안 좋은 상황을 가정했을 때도 손해는 안 나고 리모델링 경험은 해보고, 이 수준에서 입찰가를 정하자는 생각을 했다,

모든 상황의 변화를 감안해 수십 개의 시뮬레이션을 해본 바 최악의 경우를 가정해도 1억 6천만원 정도면 손해 없이 리모델링 경험까지 해볼 수 있다고 파악되었다. 필자가 쓸 수 있는 최대 입찰가는 1억 6천만원 선이었다. 1억을 넘기면 거의 낙찰될 거로 예상했지만, 나와 같이 생각하는 사람이 한 사람 정도 있을 수 있다고 생각해 그 1인을 넘기 위해 6천만원을 더 올려 1억 6만천원을 살짝 넘기는 선을 선택했다. 감정가의 6배를 넘긴 수준, 2등하고 8천만원 정도 차이가 난 것으로 기억한다. 원래 예상대로 1억 정도로 썼으면 가장 좋았는데, 혹시 나처럼 생각하는 사람이 한 사람 정도 있을 수 있음을 가정해 확 높였는데, 그 1인은 없었다.

필자는 수익형 상품을 입찰할 때 각종의 변수에 따른 예상수익과 예상 손실 등을 수십 차례 시뮬레이션 해보고 당초 예상보다 상당히 안 좋게 상황이 전개될 때도 손해가 나지 않는 수준에서 입찰가를 결정한다.

좋은 물건에, 좋은 가격으로 입찰을 해서, 낙찰이 되면 거의 예외 없이 큰 수익으로 이어지는 것은 어찌 보면 너무나 당연한 결과일 뿐이다. 입지에 대한 철저한 분석만큼 가치에 대한 철저한 분석이 이루어져야 한다. 그런데 시중에는 상가가치에 대해 제대로 설명한 책이 떠오르지 않는다. 입지 못지않게, 아니 입지보다 훨씬 더 가치에 대한 정확한 분석이 중요하다. 이 책이 독자 여러분이 궁금해하는 상가가치에 대한 답을 주는 책이 되었으면 한다. 상가가치를 제대로 보는 법을 알면 상가가 다른 부동산 상품인 토지나 주택에 비해 비교할 수없이 쉽다고 자연스레 느끼게 될 것이다.

상가 보는 눈이 트여 상가임대가를 예측할 수 있고 이에 따른 매매가의 변화를 알면 미래 수익을 거의 정확히 예측할 수 있다. 이게 가능해지면 상가투자가 토지나 주택투자보다 당연히 훨씬 쉽다고 느낄 수밖에 없고 필자의 말에 100% 공감할 것이다.

입찰가 1억 6,124만원도 그렇게 나온 금액이다. 남들은 감정가 2,650만 원의 6배를 넘는 한심한 가격이라고 생각할지 모르지만, 필자가 쓴 이 금액은 수익에 영향을 주는 모든 요소를 변화시키면서 도출해낸 가장 합리적인 입찰가인 것이다.

이제 리모델링과 관련해서 살펴보자.

필자는 본 물건이 마을의 핵심 입지이지만 주택으로서는 큰 가치가 없고 상가로서는 잘 리모델링하면 가치를 상당히 올릴 수 있다고 보았다. 우선 다음 페이지 사진에서 좌측의 동그라미 해당 부분의 현수막을 철거하고 통유리 등을 설치하여 개방감을 주려 했다.

〈입찰 즈음 본 물건의 모습〉

또한 건물 전면 부분도 벽을 상당 부분 헐어내고 폴딩도어 등으로 개방감을 주려 했다. 또한 옥상에 철 구조물을 설치하고 환하게 조명을 주어 마을에서 가장 눈에 띄는 곳이 되게 하고 테라스를 설치해 누구나 한 번쯤 옥상에서 마을을 내다보면서 맥주나 커피 한잔하고 싶다는 욕구를 느낄 수 있게 해야겠다고 생각했다. 건물 전체는 노란색 계열로, 옥상의 철 구조물은 빨간색으로 칠하여 눈에 확 띄게 하고 싶었다. 다행히 평소 잘 알고 지내던 건축사분이 워낙 실력이 출중하셔서 내 의도를 거의 95% 이상 그대로 실현시켜 주셨다. 굳이 아쉬운 점 을 찾는다면 건물 외벽 색을 좀 더 눈에 띄게 했으면 좋았을 것 같다는 부분이다.

〈리모델링 직후의 건물 모습〉

리모델링하기 전엔 본 건 주위에선 저런 쓸모없는 건물을 왜 샀지, 안타깝다는 식의 평이 돌았지만 리모델링이 다 완성된 후에는 마을 전체의 분위기를 살렸다는 얘기를 많이 들었다. 리모델링이 시작되기 전에는 아무도 관심을 보이지 않았지만 리모델링이 진행되어 건물의 모습을 갖추게 되면서 임대문의 전화가 계속 오기 시작했다. 많은 문의 중에서도 현재의 매수자이자 당시 임차인이 가장 적격이라 임대차 계약을 하게 되었다. 보증금 9천만원/월세 300만원

〈리모델링 직후의 건물 모습〉

옥상이 굉장히 밝다. 여기서 마을을 내려다보며 호프 한잔 혹은 커피 한잔하고 싶게 만들어야겠다고 생각했고 내 의도대로 웬만큼 완성되었다.(디테일한 부분이지만 옥상을 영업용으로 사용하려면 특히 주의해야 할 사항이 있는데 글이 너무 길어져서 이만 줄이기로 한다.)

〈임차인 분이 들어오면서 다시 리모델링한 건물 모습〉

주변에서 bhc를 성공적으로 운영하던 분과 임대차 계약(나중에 이 분이 이 물건을 매수하였다)을 하였는데, 프랜차이즈의 특성상 다시 인테리어를 하였다. 필자가 인테리어 공사를 하기 전에 임차를 얻었다면 상당한 금액을 할인해 주었을 텐데, 너무 아까웠지만 리모델링을 하기 전에는 아무도 관심을 두지 않았다. 필자 같은 사람은 건물의 외부 모습만 보고 물건의 가치를 판단하는 것이 아니고 물건의 고유 가치가 얼마나 되는지 특히 입지의 가치를 제대로 판단하려 애쓰고 물건의 실제 가치를 제대로 실현하는 방법을 찾으려 노력하는데, 많은 사람은 물건의 가치를 현재의 모양이나 쓰임만 보고 판단하는 경향이 있다. 그러니 필자에게 기회가 오는 것이라 자족한다.

본 건을 임차한 분은 내 의도와는 다르게 옥상을 영업용으로 사용하지 않았다. 필자는 옥상에서 큰 수익은 안 나도 마을 주민들에게 보이는 효과가 매우 크고 옥상의 어느 한쪽에 전화번호 광고판을 설치하면 주문판매에 효과가 좋을 거라고 생각했다. 그래서 임차인분에게 그 이유를 물어보니 그거 아니어도 음식을 튀겨내는 속도가 주문을 따라가지 못해서 굳이 그렇게까지 할 필요가 없다고 하였다.

이제 현수막 철거와 관련해 얘기해보자.

현수막이 있는 상태라면 상가는 치명적이다. 상가로서 기능할 수 없다. 그래서 물건 입찰 전 현수막 철거가 가능한지를 면밀히 검토하였고 그 가능성을 확신할 수 있었다. 필자가 낙찰받고 전화로 몇 차례 현수막 이전을 요구했을 때 구청 담당자는 원래 있던 것이고 옮길 장소도 없다고 하면서 당연히 못한다고 했는데 필자는 어떤 근거로 현수막 철거를 자신했을까?

서울시 옥외광고물 등 관리조례 제11조 1항 2호에는 "현수막을 주변 또는 건물과 조화되게 표시하여야 하며, 창문을 막아서는 안 된다."라고 규정하고 있다. 이를 근거로 필자는 다음과 같은 민원(내용증명 성격임)을 발송하게 되고 이에 따라 구청은 바로 입장을 바꾸게 된다.

"본 현수막게시대는 과거 설치 당시부터 본 건물의 창문(5개)을 막고 있는 불법 현수막게시대이며, 현재에도 그 불법 상태가 그대로 유지되어 방치되고 있는 실정이다. 본 현수막게시대는 현행법규를 위반하고 있는 불법 현수막게시대로서 본 건물이 파출소로서 공용재산이었던 과거에는 서로 보완관계에 있고 행정기관(파출소와 성북구청) 간의 문제이므로 불법 현수막게시대라도 문제가 되지 않았으나, 매각계약이 이루어진 현재에는 명백한 불법 현수막을 넘어 개인의 사유재산권을 본질적으로 침해하는 상황에 이르게 되었다. 또한 서울시 옥외광고물 등 관리조례 제12조 1항 1호에는 생활환경을 심히 저해하거나 생활에 불편을 줄 우려가 있는 곳에는 현수막 지정 게시대를 설치하지 말도록 규정하고 있는데, 본 불법 현수막게시대는 불법·합법을 넘어 생활에 엄청난 불편을 끼치고 있음이 또한 명백하다.(이하 생략)" 이러한 근거 이외에도 민법 제2조 신의성실의 원칙, 공유재산 및 물품관리법 제36조 2항, 공유재산업무편람 제2절 라. 용도지정입찰, 국유재산처분기준(2014년 기획재정부) 제4조 매각제한, 제5조 매각승인 등 대상재산, 국가배상법 제2조 1항, 성북구 행정서비스 헌장 전문 등을 인용해 현수막 철거의 당위성을 설명했다.

이러한 근거 하의 현수막 이전 요구에 구청은 바로 자세를 바꿔 이전해주겠다고 하였으나, "올해는 예산이 없어서 바로 할 수는 없고 예산을 세워 내년에 이전해 주겠습니다."라고 말했다. 이전비는 그리 크지 않은데 현수막 거치대가 철거될 때까지의 손해는 훨씬 크므로 원래는 구청이 부담하여 이전해야 하나, 필자가 부담할 테니 빨리 이전해달라고 하였다. 현수막 거치대가 철거될 때까지 기다리는 경우 약 1년 정도 소요된다고 가정하면 그때까지의 임대료 수입이 수천만원이므로 현수막 거치대 철거비용과 비교할 바가 아니다. 그리하여 필자의 부담으로 바로 이전을 하여 상가임대에 전혀 지장을 받지 않았다.(나중에 구상권 청구도 가능하나, 필자도 양보한다는 생각으로 하지 않았다.)

이제 본 상가의 매매와 관련해 설명해보자.

본 물건은 구유지 위의 파출소를 용도폐지하면서 민간에 매각된 것이다.

이 물건은 성북구에 사용료를 매해 지불해야 하지만 계속 사용하는데 별 문제는 없어 보인다. 그렇기 때문에 입찰한 것이다. 그런데 만약 국유지 불하처럼 불하가 된다면 어떻게 될까?

구유지 불하의 경우에도 2개 감정평가법인이 해당 구유지에 대한 감정평가를 한 후 산술평균하여 매각대금을 결정한다. 감정평가에 있어서는 개별 공시지가가 기준이 되기는 하지만 시가로 감정하기 때문에 일반적으로 공시지가보다는 비싼 것이 일반적이다. 이 땅은 상가로서는 꽤 좋은 입지로서 토지가격 이상을 하므로 만약 불하가 가능해서 거의 주변 시세대로 매각을 한다면 주택으로서는 별 매력이 없지만 상가로서는 상당히 매력적일 가능성이 높다. 그런데 이 땅의 용도가 도로 부분이 많아 불하 가능성은 높지 않을 듯하다. 필자의 생각으로는 앞으로도 몇 십 년 동안 지금처럼 사용료를 내면서 계속 사용할 가능성이 제일 높다.

그런데 혹시 도로가 난다든지 혹은 기타의 사유로 수용이 되어 본 건물을 철거하게 되는 상황이 되면 어떻게 될까?

건물을 철거하게 되는 경우 당연히 보상금을 받게 되지만 그건 건물 감정평가에 따라 결정될 것이므로 현실적으로 들인 금액보다 훨씬 모자랄 가능성이 높다. 그럼 본 물건의 매수인(기존 임차인)은 다 잃을까?

건물 철거는 이축권과 관련이 있다. 도로 등과 같은 공공사업의 시행으로 인해 철거되는 경우 공공이축권을 받게 되는데 쉽게 도로딱지라고도 하며, 경기도도 최소 수익을 넘고 서울 시내의 경우는 더 높은 게 일반적이다. 지금처럼 사용료를 내면서 계속 사용해도 좋고, 불하가 된다면 또 좋고, 혹시 도로가 나면 훨씬 더 좋은,,,, 지면 관계상 이만 줄이기로 한다.

매입일 : 2015년 8월, 매도일 : 2016년 9월, 매도가 : 40,000만원

(단위 : 만원)

감정가	낙찰가	취득경비	총 취득가액	임대 보증금	월세	공실
2,650	16,124	약 9,000	약 800	약 25,924	9,000	300

공실 =	월 대출이자	월수입	연간월세 실수입액	실투자금	실투자금 대비 연간 월세수익률	시장수익률 (보통 통용 되는 수익률)
3개월	–	300	3,600	16,924	21.3%	22.3%

주) 시장 수익률=(월세수입×12개월)/(매매가 혹은 낙찰가- 보증금)(이 건의 경우 리모델링 비용이 있으므로 시장 수익률 계산 시 낙찰가 혹은 매매가는 리모델링 비용까지 포함하여 계산하는 것이 타당하다.)

04

필자의 투자 물건 사례의 공통점

'좋은 입지', '좋은 가격'

위에서 살펴본 필자의 상가투자 사례에서도 알 수 있듯이, 13년 전 첫 상가투자 이후 지금까지 필자의 상가투자 물건에는 한결같이 이어지는 공통점이 있다. 그것은 매물 소재지 부근에서 꽤 '좋은 입지'를, '좋은 가격'에 매입했다는 것이다. '좋은 입지'의 상가를, '좋은 가격'에 사면 상가투자는 성공한다.

이 책이 '좋은 입지' 여부, '좋은 가격' 여부를 판단할 혜안을 제공해 줄 것이다.

이 책이 당신을 성공의 길로 인도할 것이다.

이 책을 읽은 당신은 이미 준비된 투자자·개발자·공인중개사·예비자영업자·건물주이다.

이 책의 핵심 내용을 8자로 요약하면 다음과 같다.

'좋은 입지', '좋은 가격'

긴 글 읽어 주셔서 감사합니다. 독자분들의 성투를 기원합니다.

참고자료

1) 다음지도
2) 네이버지도
3) 각 시에서 매년 발표하는 사회조사보고서– 현재는 어느 특정 시점일, 자체 시내(혹은 다른 시와 군) 에서의 이동에 대해 즉, 같은 시내라도 어느 동에서 어느 동으로 출근을 하는지, 이동수단은 무엇인지, 이동에 소요되는 시간은 얼마나 걸리는지 등 세부사항에 대한 연구가 진행된 게 없는 것으로 보인다. 자치단체별로 이런 자료가 쌓여야 사회기반시설의 적정 입지가 어디인지 알 수가 있고 도시계획은 물론 상가입지분석, 상권분석에도 큰 도움이 된다. 매년 사회조사를 실시할 때 이런 부분에 대한 질문도 추가되었으면 한다.
4) 김채만 외, 교통카드 자료가 알려주는 대중교통 이야기, 정책연구2019-35, 경기연구원, 2019년.
5) 이미영, 대중교통카드 자료를 활용한 수도권 통행분석, 국토정책, 국토연구원, 2015년10월.
6) 오병록, 제3호, 2014년9월. 가구통행실태조사 자료를 이용한 통행특성 분석과 생활권 기준 설정연구–서울시를 중심으로, 서울도시연구 제15권
7) 이석주, 2015년11월30일. 장동익, 교통카드 이용실적 자료 기반의 대중교통 이용자 시공간 패턴분석 및 시뮬레이션 모형 구축, 한국 교통연구원,
8) 『상업용 부동산 임대 동향조사』, 통계정보보고서, 한국감정원, 2019.12.
9) 김종근, 주승민, 층별 효용 비율분석을 통한 상권 특성 분석과 동향 탐색, 한국감정원 부동산 시장 분석보고서 (2015년 상반기 동향 및 하반기 전망).
10) 김영혁, 초고층 오피스빌딩의 층별 효용격차 사례분석, 한국감정원.
11) 신상영, 조권중, 서울의 범죄 발생 특성과 안심도시 추진방안, 정책리포트161, 서울연구원, 2014.2.17
12) 최성은, 안용준, 세종시 인구 이동 특성과 정책방향 연구, 정책연구2018-16, 대전세종연구원, 2018년7월
13) 최석현 외2인, 수도권 인구 이동 요인과 고용구조 변화, 기본연구2016-14, 경기연구원, 2016년11월
14) 김리영, 고양시 인구이동의 공간적 특성연구, 기본19-09, 고양시정연구원, 2019년11월15일
15) 김대성, 도시설계의 전략적 접근과 반복적 심화에 의한 디자인 프로세스, 환경논총 제50권, 2011년
16) 변나향외3인, 공공업무시설의 계획 현황과 개선방향 연구, 일반연구보고서2017-1, 건축도시공간연구소, 2017년12월31일
17) 김상일, 서울시 업무공간 수요 예측 및 공급 가능성 진단연구, 시정연2005-R-02, 서울시정개발연구원, 2005년9월30일
18) 문수영외, 업무시설 적정 공간면적 설계기준 개발 연구, KICT 2013-206, 한국건설기술연구원, 2013년12월
19) 박상수, 비주거용 건물 시가표준액 조정기준 개선방안, 한국지방세연구원, 2015년1월2일
20) 이원희, 김준형, 상가분양가의 결정 요인: 서울 마곡지구를 중심으로, 서울도시연구 제19권 제4호, 서울연구원, 2018년12월
21) 설민석, 동대문 의류 소매상권의 공급사슬구조 변화에 관한 연구, 서울대 환경대학원, 2015년2월
22) 경리단길을 통해 본 핫플레이스의 성장과 쇠퇴, KB 금융지주연구소, 2019년8월7일
23) 서울시 골목상권 매출액에 영향을 미치는 요인에 관한 연구, 서울도시연구 제20권 제1호, 서울연구원, 2019년3월
24) 이미영, 2015년6월. 수도권 통행 인구의 공간이동 실태분석 및 시사점– 대중교통카드 자료를 중심으로, 국토연2015-06, 국토연구원,
25) 조응래, 수도권3기 신도시 광역교통대책 추진방안, 이슈&진단No.373, 경기연구원, 2019년6월.
26) 강공석, 나도 분양전문가, 미래북스, 2019년8월10일
27) 강공석, 분양실무와 스토리텔링, 미래북스, 2019년8월10일
28) 강공석, 분양마케팅, 미래북스, 2019년8월10일

29) 김장섭, 대한민국 부동산의 미래,, 트러스트북스, 2016년6월20일

30) 홍성일외1인, 상가투자 비밀노트, 지혜로, 2016년8월27일

31) 김인만외1인, 참쉽다 상가투자, ㈜첨단, 2019년4월24일

32) 최원철외6인, 상가투자 보물찾기, 매일경제신문사, 2014년9월30일

33) 최원철, 최원철의 상가투자 바이블, 상가몽땅, 2019년7월8일

34) 경국현, 상가투자에 돈 있다. 이코북, 2007년12월27일

35) 신일진외1인, 상가 형성 원리를 알면 부동산 투자가 보인다. 한국경제신문, 2019년1월31일

36) 김종율, 대한민국 상가투자지도, 한국경제신문 한경BP, 2020년9월17일

37) 김종율, 나는 집 대신 상가에 투자한다. 베리북, 2016년8월11일

38) 박경환, 부동산의 꽃, 돈되는 상가빌딩, 도서출판 선미디어, 2012년

39) 이원재, 발칙한 발상이 부동산 성공투자를 부른다. 매일경제신문사, 2021년1월20일

38) 김세호, 내 생애 짜릿한 대박 상가투자법, 매일경제신문사, 2020년3월25일

40) 박종일, 상가투자 핵심 노하우, 이레미디어, 2017년1월9일

41) 장경철, 나도 상가투자로 월세 부자가 되고 싶다. 원앤원북스, 2016년9월1일

42) 권강수, 시크릿: 성공률99% 실전 상가투자의 정석, 경향비피, 2020년3월

43) 최원철, 신 상가투자 보물찾기, 매일경제신문사, 2016년7월

44) 성종수, 건물주가 된 사람들의 상가투자 노하우, 아라크네, 2017년2월

45) 권재우, 노후 연금 상가투자가 답이다. 권재우창업전략연구소, 2019년2월

46) 신일진, 실전 상가투자 완전 정복, 매일경제신문사, 2009년12월

47) 한린규, 나도 월세를 받고 싶다. 밥북, 2019년10월

48) 한광호, 한국 부자들의 상가투자X-파일, 아라크네, 2005년1월

49) 권강수, 부자들의 상가투자, 한스미디어, 2018년4월

50) Andy Kim, 아파트 살 돈이면 상가주택에 투자하라. 제네베라, 2020년4월

51) 황두연, 노후가 든든한 블루칩 상가투자법, 국일증권경제연구소, 2006년3월

52) 황창서, 상가투자로3년 안에5억 만들기, 원앤원북스, 2004년12월

53) 경국현, 상가투자 성공 원칙, 이코북, 2010년5월

54) 박경환, 상가 특강, 예문, 2008년6월

55) 이승주, 아파트를 버리고 상가에 투자하라, 예문, 2005년10월

56) 전철, 상가 점포 투자 어떻게 할까요?, 중앙경제평론사, 2003년9월

57) 배용환, 서울휘의 월급 받는 알짜상가에 투자하라, 국일증권경제연구소, 2018년2월

58) 김윤수, 빌사남이 알려주는 꼬마빌딩 실전 투자 가이드, 천그루숲, 2020년12월

59) 김주창, 꼬마빌딩 건축 실전 교과서, 보누스, 2021년3월

60) 임동원, 임동권의 한 권으로 끝내는 꼬마빌딩 재테크, 2018년11월

61) 나창근, 나의 꿈, 꼬마빌딩 건물주 되기, 북오션, 2018년1월

62) 전호진, 곡 알고 싶은 꼬마빌딩 투자의 모든 것, 원앤원북스, 2017년4월

63) 오동협, 어쩌다 건물주란 없다. 영림카디널, 2019년9월

64) 민성식, 부자의 계산법, 진서원, 2019년9월

65) 황준석, 답없는 월급쟁이 닥치고 나처럼 해! 수익형, 연금형 부동산이 답이다. 예스하우스, 2012년5월

66) 최영식, 수익형 부동산 투자법, 팜파스, 2008년12월

67) 고종옥, 불황에 뜨는 수익형 부동산, 매일경제신문사, 2010년7월

68) 안민석, 수익형 부동산의99%는 입지다. 원앤원북스, 2017년6월

69) 박경환, 실전! 상권분석과 점포개발, 상상예찬, 2010년6월

70) 박경환, 상권분석과 점포개발 신전노트, 메가랜드, 2019년3월

71) 전창진 등, 점포개발을 위한 상권분석론, 부연사, 2011년8월

72) 이상윤, 상권분석론, 두남, 2018년2월

73) 정양주, 위치 하나로 월 매출10배 차이 나는 상권의 정석, 라온북, 2020년8월

74) 한국경제신문, 한국부자들이 탐내는 알짜 상권, 한국경제신문사(한경비피), 2007년4월

75) 전준우, 성공 창업을 위한 상권 입지 분석, 매일경제신문사, 2010년3월

76) 이종규, 입지.상권분석 및 상업시설MD 방법론, 부연사, 2018년9월

77) 정승영, 부동산입지론, 2015년6월

78) 루이지 살바네쉬, 상업용부동산 입지, 부연사, 2004년9월

79) 선종필, 대박상가 재테크 대해부, 중앙일보 조인스랜드, 2007

80) 남우현, 부동산 가치평가 무작정 따라하기, 길벗, 2017년7월

81) 강대현, 부동산 가치투자 전략, 살림Biz, 2009년10월

82) Phil Holmes, 부동산 투자분석과 가치평가, 부연사, 2002년1월

83) 편집부, 감정평가 및 보상법전, 하우패스, 2018년4월

84) 강정훈외, 감정평가 및 보상법규 판례정리분석, 법학사, 2018년4월

85) 배명호, 감정평가 및 부동산가격공시법론, 북랩, 2020년11월

86) 한국산업인력공단, 감정평가(부동산,동산감정평가), 진한엠앤비, 2015년7월

87 오윤섭, 오윤섭의 부동산 가치투자, 원앤원북스, 2018년10월

88) 윤태권, 동대문시장 상권별 쇼핑성향과 상권 선택요인 비교, 충북대, 2001

89) 서나경, 상권분석에 관한 연구: 명동, 강남역 일대 상권을 중심으로, 광운대, 2008

90) 강현무, 골목 상권의 매출액과 성장 결정요인, 가천대학교, 2018

91) 박동선, 일산신도시의 중심상권활성화를 위한 상권분석에 관한 연구, 한국토지주택공사 토지주택연구원, 2019

92) 유정수, 신,구시가지의 상권특성 비교연구: 성남시를 중심으로, 강남대학교, 2010

93) 김지현, 신촌 상권에 미치는 영향분석 : 연세대학교 학생수를 중심으로, 고려대학교, 2018

94) 이우진, 상업용부동산 임대료 결정요인에 관한 연구: 수원역 상권을 중심으로, 건축대학교, 2011

95) 김지원, 골목 상권 매출 변화에 영향을 미치는 상권 특성 연구, 서울대, 2018

96) 집합건물법 해석사례집, 법무부 법무심의관실, 2014년2월

97) 건축법 서울시건축조례 질의회신집Part.1, Part 2, 서울특별시 건축기획과, 2013년12월

98) 2012 주차장법 민원 처리 매뉴얼, 국토해양부 도시광역교통과, 2012년10월

HOW
상가 · 꼬마빌딩 재테크

2021년 5월 7일 초판인쇄
2021년 5월 10일 초판발행

지은이   손오공
편집인   류원선
펴낸이   류긍선
펴낸곳   도서출판 북마을
         서울시 중구 을지로 114-10, 909호
전 화   02) 2263-9262
팩 스   02) 945-9265
이메일   bookmaeul3@naver.com
등 록   2021년 3월 31일(제2021-000044호)

값 18,000원   ISBN 979-11-974460-0-9(13320)

* 잘못된 책은 구입처에서 바꿔드립니다.
* 이 책의 전부 또는 일부 내용을 사용하려면 사전에 도서출판 북마을의 동의를 받아야 합니다.